U0554441

BLUE BOOK

智 库 成 果 出 版 与 传 播 平 台

餐饮产业蓝皮书

BLUE BOOK OF CATERING INDUSTRY

中国餐饮产业发展报告
（2024）

ANNUAL REPORT ON CATERING INDUSTRY DEVELOPMENT
OF CHINA (2024)

主　编／赵文珂　佟　琳
副主编／张晓文　王文江

社会科学文献出版社
SOCIAL SCIENCES ACADEMIC PRESS (CHINA)

图书在版编目（CIP）数据

中国餐饮产业发展报告.2024／赵文珂，佟琳主编；
张晓文，王文江副主编.--北京：社会科学文献出版社，
2024.12.--（餐饮产业蓝皮书）.--ISBN 978-7-5228-
4719-1

Ⅰ.F726.93

中国国家版本馆 CIP 数据核字第 20249PE955 号

餐饮产业蓝皮书

中国餐饮产业发展报告（2024）

主　　编／赵文珂　佟　琳
副 主 编／张晓文　王文江

出 版 人／冀祥德
组稿编辑／周　丽
责任编辑／王玉山　徐崇阳
文稿编辑／王雅琪
责任印制／王京美

出　　版／社会科学文献出版社·生态文明分社（010）59367143
　　　　　地址：北京市北三环中路甲 29 号院华龙大厦　邮编：100029
　　　　　网址：www.ssap.com.cn
发　　行／社会科学文献出版社（010）59367028
印　　装／天津千鹤文化传播有限公司

规　　格／开本：787mm×1092mm　1/16
　　　　　印 张：18.5　字 数：276 千字
版　　次／2024 年 12 月第 1 版　2024 年 12 月第 1 次印刷
书　　号／ISBN 978-7-5228-4719-1
定　　价／160.00 元

读者服务电话：4008918866

餐饮产业蓝皮书编委会

主要编撰者简介

杨　柳　经济学博士，正高级经济师，硕士研究生导师，中国烹饪协会会长，兼任世界中餐业联合会监事会主席、中国商业联合会副会长。曾主编餐饮管理专业系列教材，出版餐饮专著，主持多项省部级课题，在国家一级刊物发表多篇学术论文；曾获第二届中国出版政府奖、全国商业科技进步奖一等奖等多个奖项。

邢　颖　副教授，世界中餐业联合会会长，曾任中国全聚德（集团）股份有限公司董事长。主编高等教育自学考试《餐饮经济学导论》《餐饮企业战略管理》等教材以及餐饮产业蓝皮书，曾获"中国餐饮业年度十大人物"等奖项。

荆林波　博士，博士生导师，二级研究员，享受国务院政府特殊津贴专家，现任中国社会评价研究院院长，21世纪"百千万人才工程"国家级人选，经贸政策咨询委员会委员，供应链政策咨询委员会委员，国家标准化管理委员会委员，多个部委特聘专家。兼任中国物流学会副会长、中国商业经济学会副会长、中国社会科学情报理事会副理事长、中国信息经济学会副理事长等。参与多项国家和部委的重大课题研究及重要文件起草，获得孙冶方经济科学奖、万典武商业经济学奖、"有突出贡献中青年专家"等多项荣誉。

于干干　博士后，二级教授，第十四届全国政协委员，云南开放大学校长，云南省哲学社会科学创新团队（餐饮文化与产业升级）首席专家。

赵文珂　世界中餐业联合会秘书长，《中国饮食文化百科全书》联合主编，兼任世界中餐业联合会饮食文化专家委员会秘书长、昆明学院旅游学院餐饮管理专业硕士生行业导师、国家职业技能鉴定质量督导员，2023 年获得"全国巾帼建功标兵"称号。

佟　琳　中国烹饪协会副会长兼秘书长，主要研究方向为服务经济和餐饮产业经济，参与多项国家级餐饮行业及营养膳食研究课题。

前　言

2023 年，中国餐饮产业的复苏势头强劲，得益于国家经济的稳步复苏以及一系列促消费政策的实施，全年餐饮收入突破 5 万亿元大关，同比增长 20.4%，达到了 52890 亿元，实现了跨越式增长。这不仅是数字的跃升，更彰显了产业整体的韧性与创新能力。餐饮产业的复苏代表了整个市场信心的恢复和消费活力的重新释放。推动高质量发展不仅是餐饮产业发展的要求，也是推动餐饮产业转型升级、向更高标准迈进的必经之路。

进入 2024 年，全球和国内经济环境趋于复杂，消费结构、消费习惯发生变化。2024 年 7 月 30 日召开的中央政治局会议明确指出，外部环境变化带来的不利影响增多，国内有效需求不足，经济运行出现分化，重点领域风险隐患仍然较多，新旧动能转换存在阵痛。我们要清晰认识到，挑战的背后蕴含着巨大的机遇，既要直面挑战，又要以战略眼光寻找新的发展契机。区域经济发展的不均衡使得各地区餐饮产业表现有所差异，应根据不同区域的消费特点制定更具针对性的策略，挖掘新的经济增长点。另外，中餐的全球化为国内餐饮产业带来了广阔的发展前景。随着中华文化影响力在全球范围内的提升，国际市场对中餐的需求持续增长，我们要推动中餐品牌的国际化发展，将中餐的独特魅力传播至世界的每一个角落。

展望未来，我们相信中国餐饮产业将继续展现出强大的创新能力和强劲的发展韧性。在复杂多变的经济环境中，我们将以更加开放的心态和创新的

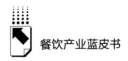

思维拥抱变革、把握机遇，推动餐饮产业迈向更加多元化、个性化和国际化的未来。让我们携手并进，推动中国餐饮产业走向繁荣和进步。

中国烹饪协会
世界中餐业联合会

摘　要

《中国餐饮产业发展报告》（餐饮产业蓝皮书）自 2006 年编写出版以来，始终坚持聚焦餐饮产业发展的前沿和热点问题，深入准确地分析产业发展状况，已经成为餐饮产业研究成果的重要载体和传播中华饮食文化的重要媒介。

《中国餐饮产业发展报告（2024）》分为总报告、地区发展篇、专题报告篇 3 个部分。

总报告部分第一篇报告详细介绍了 2023 年中国餐饮市场运行的特点，指出中餐的高质量国际化发展是中国餐饮业发展的亮点，深入分析中国餐饮业发展的新趋势并对 2024~2025 年餐饮业高质量发展进行展望。第二篇报告写明中国餐饮市场主体是推动餐饮业高质量发展的核心力量。地区分布方面，餐饮大省如山东、广东、江苏等的市场主体数量和收入占比突出，但整体分布不均衡。此外，餐饮业日益重视知识产权保护，成为发展的新亮点。

地区发展篇依托北京、上海、广东、江苏、安徽、湖南、海南、陕西、澳门的餐饮产业运行数据，对各地餐饮产业运行特点进行分析。各地通过开展文旅活动、推动健康饮食、促进数字化转型等举措带动了区域餐饮市场的发展。各地餐饮企业为适应市场变化，关注线上线下相结合的运营模式并提升服务质量和效率。

专题报告篇以川菜、小吃、民族特色餐饮、团餐、快餐、火锅为研究对象，分析发展现状、市场环境、成功经验及面临的挑战和机遇。专题报告篇

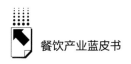

还对中国团餐业态社会责任综合指数进行了分析，并对美国餐饮业发展情况进行了研究，提出了可借鉴的经验。

关键词： 中国餐饮产业　市场主体　社会责任　消费业态

目 录 ⟍⟋

Ⅰ 总报告

Ⅱ 地区发展篇

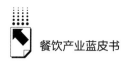
Ⅲ 专题报告篇

皮书数据库阅读**使用指南**

总 报 告

B.1
砥砺前行，餐饮业进入高质量发展的
历史新阶段
——中国餐饮业 2023 年发展回顾与 2024~2025 年展望

餐饮产业联合专项课题组*

摘　要： 2023 年，我国总体经济回升向好，高质量发展扎实推进，主要
预期目标圆满实现。受宏观经济影响，消费规模再创新高，消费引擎作用凸
显，餐饮消费需求逐步释放，叠加旅游与假期消费带动，餐饮经济实现恢复
性增长。进入 2024 年，餐饮业持续恢复，但餐饮消费需求正在发生较大变
化，餐饮市场结构逐步调整，餐饮经济增长依然受一些不确定因素影响，行
业面临新的发展机遇与挑战。展望 2024~2025 年，餐饮业高质量发展扎实
推进，要在促进产品和服务创新、创新餐饮消费场景、推进餐饮数字化赋
能、弘扬中华优秀餐饮文化等方面进一步发力。

---

* 本报告课题组由中国烹饪协会、世界中餐业联合会联合组建。课题组组长：张晓文、王文
江。课题组成员：赵文珂、陈娟娟、王雨曦、刘泽润、高洁。执笔人：陈娟娟，中国烹饪协
会政策法规研究室主任，主要研究方向为中国餐饮业产业经济、政策法规；刘泽润，世界中
餐业联合会行业研究部干事，主要研究方向为餐饮业发展、中餐国际化、国际餐饮发展。

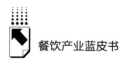

关键词： 高质量发展 规范化发展 中餐国际影响力

2023年，我国经济回升向好，就业形势总体稳定，居民收入继续增加，全国居民人均可支配收入比上年实际增长6.1%，全国居民人均消费支出比上年实际增长9.0%。全国居民人均食品烟酒消费支出占人均消费支出的比重为29.8%，比上年下降0.7个百分点，全国居民人均服务性消费支出增长14.4%，占人均消费支出的比重为45.2%，比上年提高2.0个百分点。餐饮产业总体恢复发展，全年餐饮收入大幅增长20.4%。进入2024年，餐饮产业高质量发展扎实推进，发展信心进一步恢复。

一 2023年中国餐饮产业宏观运行分析

（一）国民经济整体回升向好

2023年，我国实现国内生产总值126.1万亿元，比上年增长5.2%。全年人均国内生产总值为89358元，比上年增长5.4%。社会消费品零售总额为471495亿元，比上年增长7.2%（见图1）。

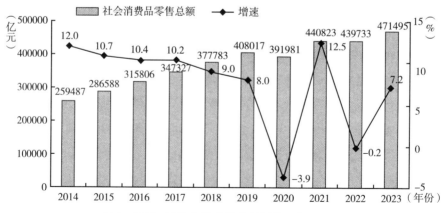

图1 2014~2023年社会消费品零售总额及增速

资料来源：根据国家统计局数据整理。

从全国各省份情况看，2023 年餐饮收入增速最快的是甘肃省，达 36.2%；海南省、上海市、北京市、辽宁省的增速较快，分别达到了 34.4%、33.3%、32.5%、30.8%。四川省餐饮收入增速下降，为 −10.1%（见表 1）。

表 1　2023 年各省份餐饮收入及增长率

单位：亿元，%

地区		餐饮收入	同比增速
东部	北京市	1314.6	32.5
	上海市	1505.3	33.3
	海南省	351.0	34.4
	山东省	4345.5	19.9
	江苏省	4907.0	20.4
	辽宁省	901.5	30.8
	浙江省	3662.0	14.9
	广东省	5763.4	26.5
	河北省	1304.5	8.1
	福建省	2090.0	10.8
中部	江西省	366.6	14.0
	安徽省	2925.6	13.7
	山西省	847.2	12.2
	河南省	2887.0	15.0
	吉林省	562.2	10.1
	黑龙江	583.3	18.9
	湖北省	3478.9	12.5
	湖南省	2575.5	12.3
西部	重庆市	2310.7	20.6
	四川省	3011.5	−10.1
	贵州省	—	5.0
	青海省	78.8	19.0
	西藏自治区	81.7	19.2
	新疆维吾尔自治区	508.8	19.3
	陕西省	1249.0	10.7
	云南省	1807.7	19.2

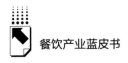
续表

地区		餐饮收入	同比增速
西部	内蒙古	666.4	18.4
	广西壮族自治区	1266.0	3.6
	宁夏回族自治区	183.5	10.8
	甘肃省	86.8	36.2

注：上海市统计口径含住宿，甘肃省统计口径为限额以上，贵州省餐饮收入数据未公布。
资料来源：根据国家统计局数据整理。

（二）餐饮市场恢复发展

2023 年初，旅游消费、餐饮消费逐步恢复，餐饮市场进入恢复发展时期。2023 年，国内出游人数为 48.91 亿人次，比上年增加 23.61 亿人次，同比增长 93.3%。国内游客出游总花费 4.91 万亿元，比上年增加 2.87 万亿元，同比增长 140.3%。2023 年，全国餐饮收入为 52890 亿元，同比增长 20.4%，餐饮收入增速高于社会消费品零售总额增速 13.2 个百分点（见图 2）。餐饮收入占社会消费品零售总额的 11.2%，呈现上升趋势（见图 3）。

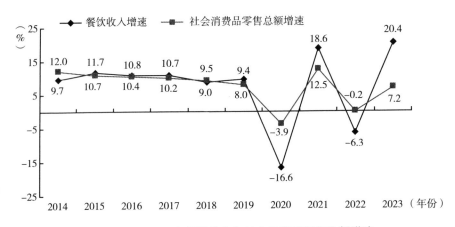

图 2　2014~2023 年餐饮收入与社会消费品零售总额增速

资料来源：根据国家统计局数据整理。

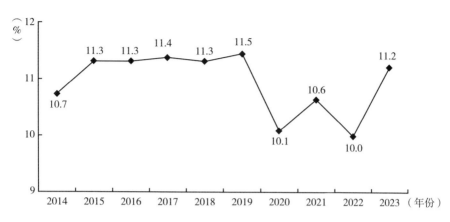

图3　2014~2023年餐饮收入占社会消费品零售总额的比重

资料来源：根据国家统计局数据整理。

2023年，限额以上餐饮收入增速总体高于餐饮收入增速，为20.9%（见图4）。2022年，限额以上餐饮收入下滑幅度总体小于餐饮收入下滑幅度，说明一定规模的限额以上餐饮企业具有较强的抗风险能力。2019~2022年，限额以上餐饮收入占餐饮收入的比重持续提高（见图5）。

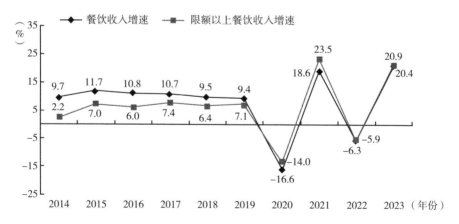

图4　2014~2023年餐饮收入与限额以上餐饮收入增速

资料来源：根据国家统计局数据整理。

图5　2014~2023年限额以上餐饮收入占餐饮收入的比重

资料来源：根据国家统计局数据整理。

2023年，餐饮业复苏，节假日期间更是迎来了餐饮消费的小高峰。根据中国烹饪协会假期餐饮市场调研数据，2023年春节、"五一"、中秋国庆期间，受访餐饮企业营业收入与上年同期相比实现大幅增长，分别上涨24.7%、149.0%、67.5%。纵观2023年全年，1~2月餐饮市场回暖，3月以后餐饮收入增速始终保持两位数，其中第二、第四季度表现尤为亮眼，餐饮收入增速分别达到31.7%、27.3%（见图6）。

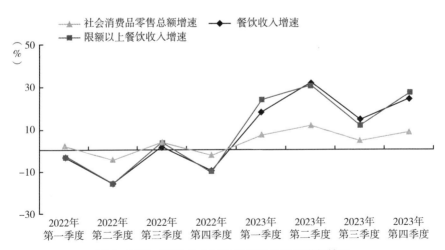

图6　2022~2023年全国餐饮市场各季度增长情况

资料来源：根据国家统计局数据整理。

二 2023年中国餐饮市场运行特点

（一）快速复苏态势强劲

2023年，全国餐饮收入为52890亿元，同比增长20.4%；占社会消费品零售总额的11.2%，比上年上升1.2个百分点。随着生产生活有序恢复，促消费政策持续发力，各地积极开展"文旅+美食""展演+美食"等促消费活动，推动了餐饮行业的快速复苏，充分体现了餐饮经济韧性强、潜力大、活力足等特点。

（二）政府高度重视餐饮消费

2023年我国餐饮业明显复苏，但同时，餐饮服务供给质量和结构仍难以满足人民日益增长的美好生活需要，餐饮消费信心不足等问题仍然存在。对此，政府部门高度重视。2023年国务院《政府工作报告》明确指出，要推动餐饮、文化、旅游、体育等生活服务消费的恢复。国家发展改革委《关于恢复和扩大消费的措施》指出，要扩大餐饮服务消费。商务部确定2023年为"消费提振年"，将2023年3月定为"消费促进月"，并于2023年3月23日在四川成都启动了"中华美食荟"活动，全国各地响应号召，积极开展各项活动促进消费。

（三）数智化加速产业升级

伴随数智化基础设施进一步完善，供应链数字化、管理数字化、营销数字化和消费数字化快速推进。百胜中国在多个场景实现了人工智能落地，通过个性化的App和小程序提升用户体验。北京华天积极发展私域平台，将经营重点向线上转移，先后推出华天线上会员商城和自营外卖小程序。快乐蜂（中国）通过使用OFC食材成本监控平台，加强了食材成本管控。凯瑞集团等企业在数字化转型、创新和收益等方面均有突出亮点，为餐饮业数智化发展提供了思路和借鉴。

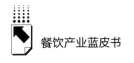

（四）消费者健康饮食需求上升

近年来，大家对于健康餐饮的消费意识明显增强，越来越多的消费者更加重视营养均衡、食品安全和环境友好。中国烹饪协会持续向公众普及营养健康相关知识，提高消费者健康素养，加强营养健康能力建设和营养健康数据共享，开展健康人才培养，起草了《餐饮营养配餐师技能要求与评价》等相关团体标准，不断提升餐饮业营养健康水平，同时引导餐饮企业开发符合消费者需求的营养健康类产品。餐饮品牌企业也十分注重倡导健康生活方式。健坤集团倡导食品安全、营养、绿色、健康理念，为客户建立健康档案，按月调查分析和调整；广州大家乐推出系列健康菜品；香天下优先选用生态友好食材，带给消费者健康安全的饮食体验。

（五）餐饮消费更加注重"质价比"

在宏观经济形势复杂严峻的背景下，消费者就餐选择更加务实理性，更加追求"质价比"。头部餐饮企业营收恢复但客单价走低，各类餐饮套餐直播、团购兴起，餐饮行业的"质价比"获得更多关注。中国烹饪协会调查数据显示，2023年中秋、国庆假期客流量增幅明显大于营收增幅，客单价有所下降。面对消费趋势的改变，九毛九、西少爷、南城香、呷哺呷哺等连锁餐饮企业纷纷采取"降价不降质"的模式，迎合市场需求，平价路线的蜜雪冰城开出3万店。

（六）跨界合作成为新的增长点

随着餐饮业的创新发展，跨界合作成为新的增长点。餐饮企业在主营业态之外开辟新赛道，一些品牌餐饮企业涉足新零售领域。非餐饮企业加入餐饮赛道，如中国邮政开咖啡店、格力成立餐饮管理公司等。跨界联名创新不断，如瑞幸咖啡与中国茅台联手推出"酱香拿铁"、奈雪的茶联名东阿阿胶、棒约翰联名奥尼尔等。"超市+餐饮"模式悄然兴起。711、全家等便利店销售的便当熟食一直以来受到年轻人及工作繁忙的白领人士欢迎，"盒马+餐饮""永辉+餐饮""物美大食堂"等跨界合作越来越多，成为新的消费增长点。

（七）"美食+"促进地方消费

"美食+"作为一种创新的产业融合模式，对促进地方消费、拉动地方经济发展的作用日益显著。"美食+旅游"为地方带来了大量的游客；"美食+体验"为消费者提供了更加丰富的消费体验；"美食+文化"擦亮了地方美食品牌，提升知名度，吸引更多的消费者，大大促进了当地的消费。2023年，淄博烧烤"出圈"，淄博旅游收入大幅增长。"味道湖南·去湘当有味的地方"旅游美食体验季的开展、《中国湘菜志》的编纂等，全方位推动发展旅游业与提振消费的有效结合。

三 中餐的高质量与国际化发展是中国餐饮业发展的亮点

中餐作为中国餐饮业发展的主体部分，凝聚了中华民族的饮食生活精华，也是中华优秀传统文化的重要组成部分，具有历史悠久、食材广泛、工艺精湛、品类丰富、风味多样、兼收并蓄、守正创新等特点。从经济学角度看，中餐在培育特色产业、吸纳劳动就业、促进经济发展、助推乡村振兴等方面发挥着重要作用。从文化和社会角度看，中餐在满足人们美好生活需要、塑造品牌形象、传承中华文明、增进国际交流与合作方面有着独特优势。

（一）各地高度重视地方菜系发展

中国地大物博、历史悠久，各个区域都有自己独特的历史文化、物候条件、食材原料、饮食习惯、烹饪技法等，这些独特性形成了不同的地方菜系，菜系之间又有融合与借鉴。这些菜系是在当地人长期的饮食生活中形成的，很难严格划分它们之间的界限，但可以从它们的菜肴用料、制作工艺、口味与艺术风格、饮食文化等方面加以区分。早期的四大菜系——鲁菜、川菜、粤菜与淮扬菜在全国乃至全球具有较大的影响力，对中餐的高质量发展和中华饮食文化的传播发挥了引领作用。

近年来，随着经济、社会和文化的发展，国家陆续出台了一系列政策文

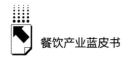

件，采取积极措施为中华饮食文化的弘扬与传承、中餐的创新发展奠定良好的基础。越来越多的地方开始高度重视地方菜系的转型升级，通过制定支持政策、开展饮食活动、组织技能赛事、加强交流合作等促进地方菜系的发展。

在支持地方菜系发展方面，广东省走在了前面。2018 年 8 月 30 日，广东省人力资源和社会保障厅印发了《广东省"粤菜师傅"工程实施方案》，实施"粤菜师傅"行动计划、"粤菜师傅"就业创业行动计划、"粤菜师傅"职业发展行动计划，提升粤菜烹饪技能人才培养能力和质量，打造"粤菜师傅"文化品牌。2022 年 11 月 30 日，广东省第十三届人民代表大会常务委员会第四十七次会议表决通过《广东省粤菜发展促进条例》，自 2023 年 1 月 1 日起正式实施。这是中国第一部关于促进地方菜系发展的地方性法规。广东省部分城市依据《广东省粤菜发展促进条例》，结合本地粤菜发展实际，制定了区域性法规：2022 年 12 月 15 日，佛山市第十六届人民代表大会常务委员会第十一次会议通过《佛山市广府菜传承发展条例》；2022 年 12 月 30 日，潮州市第十六届人民代表大会常务委员会第十次会议通过《潮州市潮州菜传承与产业促进条例》；2022 年 12 月 30 日，江门市第十六届人民代表大会常务委员会第十次会议通过《江门市侨乡广府菜传承发展条例》；2022 年 12 月 30 日，汕头市第十五届人民代表大会常务委员会第十二次会议通过《汕头市潮汕菜特色品牌促进条例》；2023 年 1 月 13 日，梅州市第八届人民代表大会常务委员会第十一次会议通过《梅州市客家菜传承发展促进条例》。2023 年 3 月 30 日，广东省第十四届人民代表大会常务委员会第二次会议批准了上述五市的法规文件。广东省及各城市关于促进粤菜发展的地方性法规明确规定了政府部门、行业企业、行业协会、普通高等学校、职业学校、各类相关研究机构等主体的法律义务，创新性地提出了推进职业技能等级与职称衔接、大力推动"粤菜师傅"工程高质量发展、传承弘扬粤菜文化。

其他省份根据区域地方菜系发展实际，制定了相关支持政策和促进措施：2017 年 12 月 17 日，陕西省人民政府办公厅印发《推进陕菜品牌建设行动方案》；2018 年 3 月 26 日，四川省人民政府办公厅印发《四川省促进川菜走出去三年行动方案（2018—2020 年）》；2018 年 7 月，湖北省人民政府办公厅印发《关于推动楚菜创新发展的意见》；2022 年 12 月 20 日，云南省人民政府办公厅印发《滇菜标准化品牌化产业化发展三年行动计划（2023—2025 年）》；2024 年 6 月 18 日，山西省商务厅等 14 个部门联合印发《山西省晋菜晋味突破提升行动方案》；等等。2024 年以来，四川省商务厅会同四川省司法厅推动川菜地方立法，《四川省促进川菜发展条例（草案）》已列为省政府 2024 年制定类立法项目。世界中餐业联合会连续 7 年举办地方菜发展交流会，业内人士认为，在各级政府和社会各界的大力支持下，各个地方菜系取得特色化、精细化发展，中华饮食文化内涵更加丰富，凝聚力、想象力和创造力更加凸显，餐饮消费市场呈现勃勃生机，特色品牌企业开始在全国各地乃至海外落地生根，中餐进入高质量发展的历史新阶段。

（二）中餐国际化发展优势凸显

饮食文化是体现国家特色与文化的代表性媒介，也是国家宝贵的资产。不同国家、地区的人们可由饮食相聚、相知，各地区、各民族对中餐的接受、借鉴、融合与创新，为世界饮食文明大家庭增添了更多的精彩元素。中餐作为中国人的生活智慧与中华传统文化的缩影，是促进中外文化交流的重要纽带，可助力实现"各美其美，美美与共，天下大同"的文化多元性、多样性发展。

1. 中餐国际化发展现状

中餐在海外的发展已有上百年的历史，广泛的全球分布、较高的认可度、众多的中餐馆、庞大的就业人数以及深远的文化传播影响，使得中餐成为增强中华文化国际传播能力的重要力量。为了准确了解海外中餐发展情况，近年来，世界中餐业联合会组建课题组尝试做过两次调研统计，但仍不够深入与全面。第一次于 2018 年 7 月开始，课题组联系了国外相关企业做了一次调研。2022 年 9 月，根据相关部门的要求，课题组做了第二次调研，根据美国、日本、韩国、法国、比利时、荷兰、德国、英国、阿联酋、墨西哥、俄罗斯、秘鲁、智利的中餐业组织反馈，13 个国家的中餐馆数量达 15.3 万家，就业人数达 110 万人。根据会员反馈情况、一些国际研究数据推算，截至 2022 年 12 月，全球中餐馆约有 50 万家，就业人数约为 260 万人。

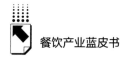

2. 中餐国际化发展特征

中餐是外国人眼中最能代表中华文化的元素，海外中餐馆也是展示中华文化的窗口。总体上说，中餐国际化发展有以下特征。

第一，普遍的小而散。目前，中餐依然是海外华商从事的最为普遍的行业，在一些国家的行业占比超过90%。中餐膳食结构以植物性原料为主体，主食、副食分类清晰，以稻米为主；动物性原料以猪肉为主，烹调技艺精湛，以味为核心，以养为目的，特别注重味之鲜美。再加上烹饪技法、风味体系多样，广受世界各国人民的欢迎。但由于中餐最早主要是海外华商为生存而寻求的行业，且主要走的是亲民路线，所以大多数海外中餐馆具有店面小、装修简单、工作人员少的特点。

第二，国外中餐的高质量发展趋势增强。经过近200年的发展，为适应市场需求和中餐业的主动求变，国外中餐发展逐步成熟，一些企业渐渐发展为国际餐饮业大品牌，吸收、借鉴了一些外国餐饮的成功经验，更加注重发展质量、效益与文化传播，不断提升烹饪技能、菜品质量、服务水平、经营水平、品牌竞争力等；众多的海外中餐馆也通过多种方式推动转型升级和提质增效。

第三，中国餐饮品牌"走出去"进入新的机遇期。中餐"走出去"一直是中国餐饮业发展的重要课题，许多地方或餐饮品牌企业高度重视推动中餐"走出去"，通过多种途径寻求国际化发展路径。从"走出去"的情况看，民间自发是基础，企业主导是动力，官方活动是支撑，内外联动是补充。从"走出去"的特征来看，首先，中式正餐代表着中餐的发展方向，全聚德、眉州东坡、半岛餐饮、东来顺、阿里疆、俏江南、云海肴、农耕记、成都映象、花家怡园、河南阿五、洞庭春等品牌已经在海外开设餐厅。其次，发展最快的业态是火锅和饮品。再次，一些小吃品牌如沙县小吃、兰州拉面等，呈现快速发展的趋势。最后，东南亚成为中餐"走出去"的首选目的地，蜜雪冰城、霸王茶姬、瑞幸咖啡、海底捞、太二酸菜鱼等纷纷布局东南亚市场，很多国内中餐企业都把华人众多、人均消费较高的新加坡作为进入西方发达市场的"第一站"。

3. 经典案例

在中餐国际化发展方面，一些地方和企业积累了丰富的经验，探索了成功路径，成为发展典范。它们发展成熟，标准化程度较高，通过深入研究当地法律法规、风土人情、饮食习惯等实现融合发展，并发挥在菜品研发、经营管理、人才管理等方面的优势，精选开店国家和区域，发挥了较好的示范作用。

第一，沙县小吃。沙县小吃是小吃业态的成功品牌，门店遍布全球，年营业额超百亿元，并带动了物流配送、餐饮服务及旅游等产业的发展。2022年新增加拿大、印度尼西亚两个品牌合作国，沙县小吃品牌合作国已达10个，向泰国、文莱、巴基斯坦等10个国家申请国际商标注册。截至2023年11月底，沙县小吃已向74个国家和地区申请注册"沙县小吃"商标，在68个国家和地区被核准注册，在海外66个国家和地区发展沙县小吃门店170多家。沙县小吃还在法国成立了合资公司，开设了5家店（2022年增加两家），并在勒布朗—梅尼埃市筹建中央厨房，占地约5300平方米，形成规范、标准的中华美食（沙县小吃）欧洲供应体系。

第二，兰州拉面。自2015年起，兰州拉面逐步走向海外，知名品牌金味德、东方宫、马子禄、安泊尔在美国、加拿大、法国、日本、韩国、马来西亚、澳大利亚、新西兰等地开店。2023年，甘肃金味德集团牵头，联合培黎学院、兰州资源环境职业技术大学、兰州现代职业学院等启动了"兰州牛肉拉面研学体验培黎工坊"暨"金味德牛肉拉面"品牌国际连锁项目。该项目落户新西兰、美国、英国、俄罗斯、西班牙、澳大利亚、加拿大等近10个国家，成为兰州拉面"走出去"的新模式。

第三，海底捞。海底捞把"走出去"作为重要发展方向。截至2024年9月底，海底捞在国外共有122家门店，其中新加坡20家、越南17家、马来西亚17家、美国13家、泰国11家、日本10家、韩国8家、印度尼西亚8家、加拿大7家、澳大利亚6家、英国3家、菲律宾1家、阿联酋1家。

4. 中餐国际化发展应关注的主要问题

目前，中餐国际化发展既面临机遇，也面临一些挑战与问题。中餐国际化发展应关注的主要问题如下。第一，需要认真研究目标国家的法律法规等规范性要求。第二，需要认真研究目标国家的餐饮市场、风味体系、饮食偏好、饮食禁忌等。第三，需要认真研究中国关于企业"走出去"的规定要求、支持政

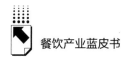
策等。第四，需要正确处理守正与创新之间的关系。第五，需要做好国际化发展战略规划与布局，准确进行业态、市场定位与团队建设。第六，需要关注目标国家餐饮消费的主流市场，做好目标国家合作伙伴选择、店面选址等。

当前，中餐已经发展到一个新的历史阶段，即从满足人们基本饮食生活需要向满足人们美好饮食生活需要转变，从达到食品安全水平向达到营养健康、实现高质量发展转变。在新阶段，要发挥好中餐的优势，更好地服务经济社会的高质量发展和中华文化的国际传播，可以从以下几个方面发力：一是加大对中餐发展的政策引导与支持力度，尽快出台产业发展规划和高质量发展指引，并加大对海外中餐发展的支持力度；二是深入挖掘中华饮食文化，不断提升产业发展的内生动力；三是进一步推动中华烹饪技艺的守正创新，不断提升菜品、服务的供给品质；四是优化整合产业要素资源，坚持以质取胜，进一步提升专业化、精细化、特色化、品牌化、标准化和国际化发展水平；五是进一步创新产品与服务理念，促进营养健康、合理膳食、餐桌文明综合发展；六是加强与互联网、大数据、人工智能等技术的深度融合，通过使用新技术、发展新业态、塑造新模式和开发新产品，提高产业生产效率，减少资源能源消耗；七是加强与农业、工业、数字经济的深度融合，实现供给模式向"产品+服务"的转变，发挥平台经济等新的增长点优势；八是进一步加强对中华优秀饮食文化的研究阐释与活态利用，推进中国美食故事和中国声音的全球化表达、区域化表达、分众化表达，充分发挥中餐亲和力和实效性优势，展示丰富多彩、生动立体的中国形象。

四 中国餐饮业发展的新趋势

（一）可持续发展是时代特征

联合国将"可持续发展"定义为既能满足当代人的需要，又不对后代人满足其需要的能力构成威胁的发展。2015 年 9 月，193 个会员国在联合国发展峰会上通过了《变革我们的世界：2030 年可持续发展议程》（以下简称

《2030 年议程》）。我国将落实《2030 年议程》同实施"十四五"规划等中长期发展规划有机结合，成立了由 45 家政府机构组成的跨部门协调机制，推动多个可持续发展目标取得积极进展。《2030 年议程》涵盖 17 个可持续发展目标，其中与饮食紧密相关的目标有 4 个，包括：消除一切形式的贫困；消除饥饿，实现粮食安全，改善营养状况；确保人人享有水和卫生设施并对其进行可持续管理；确保可持续的消费和生产模式。

毋庸置疑，真正的可持续发展不是单个行业、组织或主体可以完成的，其是系统性、生态性的事业，需要全行业、全社会的共同努力。餐饮业与人民群众生活紧密相关，是促消费、惠民生、稳就业的重要领域。餐饮业在助推乡村振兴、推广健康烹饪模式与营养均衡配餐、推动厨余垃圾源头减量和资源化利用、助力健康生活方式形成、促进节约资源和反食品浪费等方面发挥了独特优势。通过增强履行社会责任的意识与能力，形成行业可持续发展的良好氛围，提升发展质量和国际竞争力，餐饮业与其他行业联合推动全社会共同履行社会责任，为实现可持续发展目标、推进中国式现代化做出积极贡献。

（二）规范化是基本内涵

规范化对于餐饮业发展至关重要，它不仅能够促进行业的稳定、公正、透明和可预期，还是实现可持续发展的关键。规范餐饮业发展的主要文件包括国家法律法规、部委规章、强制性国家标准等。

从国家法律法规层面来看，与餐饮业紧密相关的主要有《中华人民共和国食品安全法》《中华人民共和国价格法》《中华人民共和国消费者权益保护法》《中华人民共和国产品质量法》《中华人民共和国反食品浪费法》等。《中华人民共和国食品安全法》涉及食品生产和加工，食品流通和餐饮服务，食品添加剂的生产经营，食品相关产品的生产经营，食品生产经营者使用食品添加剂，食品、食品添加剂和食品相关产品的安全管理等方面的规范。《中华人民共和国价格法》是规范价格行为、发挥价格合理配置资源作用、稳定市场价格总水平、保护消费者和经营者合法权益的法律文件，也是餐饮市场主体实施价格行为的依据。《中华人民共和国消费者权益保护法》

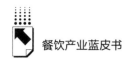

规定了餐饮市场主体实施经营活动时应该对消费者履行的主要义务。《中华人民共和国产品质量法》规定了餐饮经营者在制作、加工产品时应承担的质量责任。《中华人民共和国反食品浪费法》明确了食品生产者、食品经营者、餐饮服务提供者的反食品浪费义务。同时，《中华人民共和国食品安全法实施条例》《中华人民共和国消费者权益保护法实施条例》是为了落实《中华人民共和国食品安全法》《中华人民共和国消费者权益保护法》而制定的具体规定，以便更好地保障食品安全、维护消费者权益。另外，国务院制修订的《价格违法行为行政处罚规定》明确了价格违法行为的处罚方式。

从部委规章层面来看，国家市场监督管理总局制定的《食品经营许可和备案管理办法》《食品相关产品质量安全监督管理暂行办法》《食品生产经营监督检查管理办法》《明码标价和禁止价格欺诈规定》等文件，是餐饮业重要的管理规定。《食品经营许可和备案管理办法》旨在规范食品经营许可和备案活动、加强食品经营安全监督管理、落实食品安全主体责任。《食品相关产品质量安全监督管理暂行办法》提出加强餐饮业食品相关产品质量安全监督管理。《食品生产经营监督检查管理办法》强调对餐饮业实施监督检查。《明码标价和禁止价格欺诈规定》强调规范餐饮业明码标价行为，预防和制止价格欺诈。

从强制性国家标准层面来看，《餐饮服务通用卫生规范》《餐（饮）具集中消毒卫生规范》是两部重要的餐饮业标准。《餐饮服务通用卫生规范》由国家卫生健康委员会、国家市场监督管理总局联合发布，规定了餐饮服务活动中食品采购、贮存、加工、供应、配送以及餐（饮）具、食品、容器、工具清洗、消毒等环节的安全要求和管理准则，适用于餐饮服务经营者和集中用餐单位的食堂。《餐（饮）具集中消毒卫生规范》由国家卫生健康委员会、国家市场监督管理总局联合发布，规定了餐（饮）具集中消毒的相关要求。

除了上述文件外，还有国家相关部门发布的其他规范性文件以及地方政府发布的相关法规等，为餐饮业规范化发展奠定了基础。

（三）标准化是主要方向

中共中央、国务院于2021年10月印发了《国家标准化发展纲要》，提出优化标准化治理结构，增强标准化治理效能，提升标准国际化水平，加快构建推动高质量发展的标准体系，为中国餐饮业标准化发展指明新方向、提出新任务。2024年3月18日，国家市场监督管理总局等18个部门联合发布《贯彻实施〈国家标准化发展纲要〉行动计划（2024—2025年）》，强调实施加强消费品标准化建设行动，建立健全消费品质量分级标准体系，推动产品和服务消费体验标准研制，深入实施制止餐饮浪费等国家标准。

中国餐饮业的标准化发展包括两个方面，一是行业标准化，二是企业标准化。在企业标准化方面，国家市场监督管理总局于2023年8月31日印发了《企业标准化促进办法》，要求企业"实施和参与制定国家标准、行业标准、地方标准和团体标准，反馈标准实施信息；制定和实施企业标准；完善企业标准体系，引导员工自觉参与执行标准，对标准执行情况进行内部监督，持续改进标准的实施及相关标准化技术活动等"。同时，提升企业标准化水平，提高产品和服务质量，推动高质量发展。近年来，中国餐饮业的标准化水平得到很大提升，以行业标准、地方标准、团体标准为主体的标准体系已经形成，许多品牌企业还制定了企业标准。越来越多的企业积极参与制定国家标准、行业标准、地方标准和团体标准，在促进企业快速发展的同时，为整个行业的转型升级提供了新的动力。

（四）高质量是内在要求

国家高度重视中国餐饮业的高质量发展，陆续制定一系列政策，明确发展方向和支持举措。经国务院批准，商务部等9个部门于2024年3月联合印发了《关于促进餐饮业高质量发展的指导意见》（以下简称《指导意见》），旨在稳定和扩大餐饮消费，支持餐饮业高质量发展，进一步增强消费在国内大循环中的主体作用。《指导意见》从提升餐饮服务品质、创新餐饮消费场景、增强餐饮业发展动能、弘扬优秀餐饮文化、促进绿色发展、优化餐饮业营商环境、加强组织保障7个方面提出22项政策措施，推动餐饮业高质量发展，更好地满足人民日益增长的美好生活需要。国务院于2024年8月3日印发的《关于促进服务消费高质量发展的意见》，从挖掘基础型消费潜力、激发改善型消费活力、培育壮大新型消费、增强服务消费动能、优化服务消费环

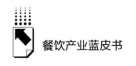

境 5 个方面提出 20 项政策措施，促进服务消费高质量发展，并把支持餐饮住宿消费作为重点。国务院办公厅于 2024 年 9 月 2 日发布的《关于以高水平开放推动服务贸易高质量发展的意见》，从推动服务贸易制度型开放、促进资源要素跨境流动、推进重点领域创新发展、拓展国际市场布局、完善支撑体系 5 个方面提出 20 项政策措施，推动服务贸易高质量发展，并强调支持中华老字号等知名餐饮企业开展中餐品牌国际化经营，提升中华餐饮文化国际影响力。

（五）科技化是创新动力

科技的进步使餐饮业获得新的发展动力，随着人工智能、大数据、物联网等新兴技术在餐饮业的日益普及，餐饮业的科技化发展进一步加快，餐饮业在传承传统技艺的基础上不断创新，在科技赋能下焕发新的生机与活力。

第一，人工智能的引进有助于提升餐饮企业的运营效率。应用智能厨房设备以及智能烹饪技术，餐饮业能够更快捷地完成烹饪任务，并在保证菜品质量和口味一致性的同时提高整体服务效能。另外，拥有烹饪技术、食品化学等专业知识的人工智能工具，可以分析数据和信息，给消费者带来全新的烹饪与饮食体验。《食品经营许可和备案管理办法》专门规定了自动设备从事食品经营活动的许可与备案管理要求。

第二，对于餐饮企业来说，提供可访问、详细和准确的数据越来越重要。应用大数据技术可以帮助餐饮企业了解消费者的消费行为，进而根据供求关系变化情况开发新的菜单、加强库存管理，以减少浪费、提高经营效益。另外，大数据还能为企业营销和品牌推广提供有力的支撑，帮助企业制定更精准的营销策略，提升市场竞争力。

第三，物联网技术使中餐业的供应链管理得到强化和升级。从食材采购到销售的全过程都能被实时监控，保证食材的新鲜度与安全性，并能对物流配送流程进行有效优化，提高供应链的效能与透明性，使企业的运营成本有所降低。

五　展望2024～2025年，餐饮业高质量发展扎实推进

2024 年是中华人民共和国成立 75 周年，是实现"十四五"规划目标任务的

关键一年。2024 年国务院《政府工作报告》强调要着力扩大国内需求，优化消费环境，开展"消费促进年"活动，实施"放心消费行动"，加强消费者权益保护。

餐饮业要围绕相关政策文件的具体要求，培育一批知名餐饮品牌、美食集聚区、小吃产业集群、餐饮促消费平台，加快餐饮数字化赋能，推动中餐国际交流合作，进一步发挥对扩大消费、稳定就业、保障民生、传承和弘扬中华优秀文化的重要作用，助力构建新发展格局，扎实推进高质量发展。

（一）餐饮市场保持长期向好的基本面不会变

餐饮业是促消费、惠民生、稳就业的重要领域，是传承和弘扬中华优秀传统文化的重要载体。2024 年 1~7 月，全国餐饮收入实现 30647 亿元，比上年同期增长 7.1%，呈现较强复苏势头，餐饮市场依然保持长期向好的基本面。

（二）促进产品和服务创新，应对消费变化新趋势

随着消费者对餐饮服务品质要求的日益提高，餐饮企业应注重开发和推广具有低糖、低脂、高纤维等特点的健康菜品，满足消费者对健康饮食的需求。要落实食品安全"四个最严"要求，从原料准入、供应链和末端监管方面提升食品安全水平。

（三）创新餐饮消费场景，优化餐饮供给格局

按照商务部办好"中华美食荟"活动要求，举办各具特色的餐饮促销活动，培育餐饮消费热点。大力发展夜间餐饮、休闲餐饮、文旅主题餐饮、老年餐饮等，培育"名菜""名小吃""名厨""名店"，助力打造地方特色餐饮品牌，促进餐饮与相关产业融合发展。利用专题研讨会、产业大会、专业展览会等多种形式，加强国内外餐饮业新技术、新产品、新模式的交流合作，培育全产业链对接合作平台。

（四）推进餐饮数字化赋能，大力发展"数字+餐饮"

餐饮业要加大对人工智能、大数据、区块链等新兴技术及智能设备的应

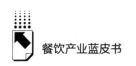

用力度，提高运营效率。促进供应链系统智能化，确保食材来源的可追溯性。推进餐饮数字化赋能，培育一批餐饮数字化示范企业。

（五）弘扬中华优秀餐饮文化，加快推动中餐"走出去"

拓展国际市场，需要餐饮企业从多个维度做出努力，打造中餐国际品牌。要强调文化特色和故事性，增强中餐吸引力。行业协会商会要引导餐饮企业积极开拓海外市场，创新开展"中文+职业技能"项目，鼓励中餐厨师赴境外从业。加强地方特色餐饮文化内涵挖掘和保护，积极推动体现中华餐饮文化的非遗项目申报工作，引导餐饮企业加强国际交流合作。

（六）强化餐饮技艺传承，加大人才培养力度

强化餐饮技艺传承和加大人才培养力度是提升餐饮业整体水平的关键。政府要支持"中国烹饪名师""中国烹饪大师"开展技艺传承工作，鼓励餐饮从业者对传统烹饪技艺进行深入研究创新，形成具有地方特色和文化内涵的菜品。有效发挥行业协会平台机制作用，推动餐饮业职业教育校企合作，大力发展职业教育与行业培训，助力打造一批校企合作示范项目。举办餐饮领域职业技能竞赛，落实人才强国战略，为餐饮业发展提供人才支撑。

（七）规范预制菜发展，全面提升品质

预制菜产业是近年来发展迅猛的新兴食品产业。国家市场监管总局等6个部门联合印发的《关于加强预制菜食品安全监管 促进产业高质量发展的通知》、商务部等9个部门联合印发的《关于促进餐饮业高质量发展的指导意见》，均对预制菜规范发展提出了明确要求。餐饮企业要积极作为，参与标准制定，积极搭建预制菜技术联合开发平台，不断提升预制菜品质，确保预制菜的食品安全和健康发展。

（八）拓展餐饮业新零售赛道，增强市场竞争力

拓展餐饮业新零售赛道，有助于餐饮企业在新的市场环境下实现转型升

级，发挥市场竞争优势。品牌餐饮企业要充分利用现有的供应链开发相关的零售产品，提升新零售客户服务体验，增强消费者的品牌黏性。

（九）完善餐饮业标准体系，有效发挥引导和规范作用

结合行业发展需要，建立健全餐饮业标准体系。完善中餐评价标准，培育具有国际影响力的中餐评价体系。在餐饮安全标准方面，要建立和完善从食材采购、贮存、加工到餐桌的全流程餐饮安全标准体系。在餐饮服务质量标准方面，要优化服务流程，确保服务质量的一致性。在餐饮环境氛围标准方面，要注重融入地方特色和文化元素，提升餐饮业的文化价值和吸引力。在餐饮绿色发展标准方面，要推行节能减排和资源循环利用，减少食品浪费，体现资源节约、环境友好。

（十）加大政策支持力度，激发餐饮消费潜能

要加大餐饮企业税收优惠力度，降低增值税率，提供税收减免，允许抵扣更多的经营成本。要强化对餐饮企业的金融支持，通过低息贷款、贷款担保、延长还款期限等方式减少餐饮企业融资成本。要优化营商环境，简化行政和审批流程，提供一站式服务，降低创业门槛和时间成本。要鼓励技术创新，支持餐饮企业采用智能化设备、在线订餐服务、无接触配送等新技术和创新模式，提升效率和消费体验。

现代餐饮业正处于一个快速变化、加快整合的时代，消费者需求日益多样化，新业态新模式不断涌现，市场竞争日趋激烈。面对新挑战新机遇，要全面贯彻落实党的二十大和二十届三中全会精神，按照中央经济工作会议部署和国务院《政府工作报告》要求，全面贯彻新发展理念，坚定信心、抢抓机遇，努力打造餐饮业新质生产力，培育发展新动能，扎实推进餐饮业高质量发展。

B.2
2023~2024年中国餐饮市场主体
发展报告

餐饮市场主体研究课题组 *

摘　要： 餐饮市场主体变化是餐饮经济发展的风向标。随着餐饮市场主体的优化升级，餐饮经济结构不断调整优化。2023年以来，中国餐饮市场主体进入新的发展调整期。本报告通过分析2023年至2024年上半年的餐饮市场主体数量、地区分布、类型分布等情况，为深化中国餐饮业研究和促进行业高质量发展提供参考。

关键词： 餐饮市场主体　行业发展　高质量发展

餐饮市场主体①是餐饮经济的力量载体，也是餐饮业发展的主力军。培育壮大餐饮市场主体，对于激发餐饮市场活力、满足人们不断提高的饮食生活需要、促进餐饮业高质量发展具有重要意义。

一　餐饮市场主体数量变化情况

餐饮市场主体的数量与质量决定着行业发展的基础。近年来，餐饮市场主体不断发生变化，但总体来说，与宏观经济发展、餐饮消费需求、创业者

---

　* 本报告课题组由世界中餐业联合会、企查查、中国食品报社单位联合成立，成员包括赵文珂、王文江、刘泽润、顾欢欢、王昕晔、范维海、孙霞。

　① 本报告中的餐饮市场主体是指31个省份取得食品经营许可证，且经营主体业态为"餐饮服务经营者""单位食堂/集中用餐单位食堂"的市场主体，不包括中国港澳台地区。

的职业选择等紧密相关。据统计，截至 2024 年上半年，全国存续的餐饮市场主体共有 5716242 家，其中餐饮服务经营者有 5344635 家，占 93.5%；单位食堂/集中用餐单位食堂有 382315 家，占 6.7%（见表 1）。

表 1　截至 2024 年上半年全国存续的餐饮市场主体数量及占比

单位：家，%

类别	数量	占比
餐饮服务经营者	5344635	93.5
单位食堂/集中用餐单位食堂	382315	6.7

注：因为餐饮服务经营者、单位食堂/集中用餐单位食堂这两个数据是有交叠项的，即一家企业可能既是餐饮服务经营者，又是单位食堂/集中用餐单位食堂，所以表 1 数据比总的餐饮市场主体数量略高，占比上也存在一些误差。

资料来源：企查查。

2023 年以来，餐饮市场进入调整期，餐饮市场主体总数在减少，主要表现为注册量低于注销/吊销量。2023 年注册 563828 家，注销/吊销 600449 家；2024 年上半年注册 166567 家，注销/吊销 325589 家。需要关注的是，2024 年上半年，餐饮市场主体注销/吊销量是注册量的 1.95 倍（见表 2）。

表 2　2023~2024 年全国餐饮市场主体注册量和注销/吊销量

单位：家

年份	注册量	注销/吊销量
2023	563828	600449
2024	166567	325589

注：2024 年统计截至上半年。

资料来源：企查查。

二　餐饮市场主体地区分布情况

一个地区的餐饮市场主体数量与其经济发展水平、餐饮消费需求、市场

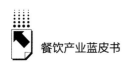

竞争程度、供应链发展水平等关系密切，总体来看，各地区餐饮经济发展不平衡，餐饮市场主体数量区别较大。

（一）各地区餐饮市场主体分布情况

各地区餐饮市场主体数量与餐饮收入有一定的正相关关系。从 2024 年上半年餐饮收入看，广东省、江苏省、山东省、浙江省、四川省、安徽省位居前六，六省的餐饮收入合计为 13032.9 亿元（见表 3），占全国的 49.7%。其中，广东省的餐饮收入排在第 1 位，为 2893.0 亿元，占全国的 11.02%。

表 3　2024 年上半年餐饮收入全国排名前 10 的地区

单位：亿元，%

序号	地区	收入	占比
1	广东省	2893.0	11.02
2	江苏省	2622.0	9.99
3	山东省	2140.2	8.16
4	浙江省	1900.0	7.24
5	四川省	1842.2	7.02
6	安徽省	1635.5	6.23
7	湖南省	1380.5	5.26
8	重庆市	1237.5	4.72
9	福建省	1058.1	4.03
10	云南省	948.7	3.61

注：部分地区数据未公布，排序依据已公布数据进行。
资料来源：各地统计部门。

上述六省的餐饮市场主体数量同样位居前六，只不过前 3 位的顺序有变化，其中山东省第一、广东省第二、江苏省第三。六省餐饮市场主体数量合计为 2565131 家，占全国的 44.9%。其中，山东省数量为 615409 家，占全国的 10.77%（见表 4）。

表4 2024年上半年各地区餐饮市场主体数量及占比

单位：家，%

序号	地区	数量	占比
1	山东省	615409	10.77
2	广东省	552020	9.66
3	江苏省	528260	9.24
4	浙江省	302773	5.30
5	四川省	299472	5.24
6	安徽省	267197	4.67
7	云南省	266052	4.65
8	福建省	252046	4.41
9	河南省	231244	4.05
10	江西省	186542	3.26
11	贵州省	185723	3.25
12	河北省	181499	3.18
13	湖北省	174753	3.06
14	湖南省	169992	2.97
15	广西壮族自治区	154887	2.71
16	陕西省	151697	2.65
17	上海市	147647	2.58
18	吉林省	130452	2.28
19	甘肃省	107475	1.88
20	黑龙江省	104744	1.83
21	内蒙古自治区	104546	1.83
22	辽宁省	102002	1.78
23	北京市	90933	1.59
24	山西省	83757	1.47
25	海南省	72671	1.27
26	天津市	72094	1.26
27	重庆市	70994	1.24
28	新疆维吾尔自治区	36940	0.65
29	西藏自治区	30955	0.54
30	青海省	21027	0.37
31	宁夏回族自治区	20293	0.36

注：因统计分类原因，部分主体未计入。

资料来源：企查查。

从主体业态来说，餐饮服务经营者数量位居前六的分别是山东省、广东省、江苏省、四川省、浙江省、云南省，合计数量为2424742家，占全国的45.4%。其中，山东省排在第1位，数量为588673家，占全国的11.01%（见表5）。

表5　2024年上半年各地区餐饮服务经营者数量及占比

单位：家，%

序号	地区	数量	占比
1	山东省	588673	11.01
2	广东省	527824	9.88
3	江苏省	495337	9.27
4	四川省	278306	5.21
5	浙江省	274691	5.14
6	云南省	259911	4.86
7	安徽省	247970	4.64
8	福建省	243027	4.55
9	河南省	211657	3.96
10	贵州省	178287	3.34
11	江西省	172966	3.24
12	湖北省	159318	2.98
13	河北省	158271	2.96
14	湖南省	155977	2.92
15	陕西省	138596	2.59
16	广西壮族自治区	138581	2.59
17	上海市	137949	2.58
18	吉林省	125155	2.34
19	甘肃省	103072	1.93
20	黑龙江省	100980	1.89
21	内蒙古自治区	98816	1.85
22	辽宁省	91683	1.72
23	北京市	79938	1.50
24	山西省	71916	1.35
25	海南省	71007	1.33
26	天津市	65643	1.23
27	重庆市	63909	1.20
28	新疆维吾尔自治区	35616	0.67

续表

序号	地区	数量	占比
29	西藏自治区	30557	0.57
30	青海省	20171	0.38
31	宁夏回族自治区	18825	0.35

注：因统计分类原因，部分主体未计入。

资料来源：企查查。

单位食堂/集中用餐单位食堂数量位居前六的分别是江苏省、浙江省、山东省、广东省、河北省、四川省，合计数量为159277家，占全国的41.7%。其中江苏省排在第1位，数量为33534家，占全国的8.77%（见表6）。

表6　2024年上半年各地区单位食堂/集中用餐单位食堂数量及占比

单位：家，%

序号	地区	数量	占比
1	江苏省	33534	8.77
2	浙江省	28618	7.49
3	山东省	27214	7.12
4	广东省	24538	6.42
5	河北省	23771	6.22
6	四川省	21602	5.65
7	河南省	19925	5.21
8	安徽省	19736	5.16
9	广西壮族自治区	16703	4.37
10	湖北省	15782	4.13
11	湖南省	14282	3.74
12	江西省	13806	3.61
13	陕西省	13514	3.53
14	山西省	12159	3.18
15	北京市	11940	3.12
16	辽宁省	10528	2.75
17	上海市	10403	2.72
18	福建省	9245	2.42
19	云南省	7849	2.05

续表

序号	地区	数量	占比
20	贵州省	7663	2.00
21	重庆市	7172	1.88
22	天津市	6610	1.73
23	内蒙古自治区	5890	1.54
24	吉林省	5404	1.41
25	甘肃省	4509	1.18
26	黑龙江省	3833	1.00
27	海南省	1803	0.47
28	宁夏回族自治区	1501	0.39
29	新疆维吾尔自治区	1346	0.35
30	青海省	874	0.23
31	西藏自治区	420	0.11

注：因统计分类原因，部分主体未计入。
资料来源：企查查。

（二）各地区餐饮市场主体注册情况

2023 年至 2024 年上半年，从餐饮市场主体注册量来说，位居前六的地区分别为山东省、广东省、江西省、安徽省、浙江省、上海市，六地合计注册 371493 家，占全国的 50.9%。其中，山东省位居第一，总注册量为 100609 家，占全国的 13.77%（见表7）。

表7 2023 年至 2024 年上半年各地区餐饮主体注册量及占比

单位：家，%

序号	地区	2023 年注册量	2024 年上半年注册量	总注册量	占比
1	山东省	91122	9487	100609	13.77
2	广东省	55289	34070	89359	12.23
3	江西省	36169	12554	48723	6.67
4	安徽省	35526	11901	47427	6.49
5	浙江省	32113	12047	44160	6.05

续表

序号	地区	2023 年注册量	2024 年上半年注册量	总注册量	占比
6	上海市	30683	10532	41215	5.64
7	湖北省	25421	11529	36950	5.06
8	陕西省	27182	9751	36933	5.06
9	四川省	31879	2945	34824	4.77
10	天津市	23069	8917	31986	4.38
11	河北省	27136	2279	29415	4.03
12	广西壮族自治区	24069	4123	28192	3.86
13	甘肃省	15088	4590	19678	2.69
14	云南省	14155	3641	17796	2.44
15	山西省	12032	3910	15942	2.18
16	吉林省	14695	652	15347	2.10
17	江苏省	10275	4163	14438	1.98
18	福建省	10027	4234	14261	1.95
19	黑龙江省	8514	2205	10719	1.47
20	北京市	7621	2392	10013	1.37
21	河南省	8141	1224	9365	1.28
22	内蒙古自治区	6748	1449	8197	1.12
23	湖南省	4297	1980	6277	0.86
24	贵州省	3779	2304	6083	0.83
25	辽宁省	3625	693	4318	0.59
26	新疆维吾尔自治区	1565	1232	2797	0.38
27	海南省	1175	1015	2190	0.30
28	西藏自治区	875	354	1229	0.17
29	宁夏回族自治区	955	180	1135	0.16
30	青海省	460	177	637	0.09
31	重庆市	143	37	180	0.02

资料来源：企查查。

　　值得注意的是，2023 年至 2024 年上半年，各地区新注册餐饮市场主体在存续市场主体中所占的比重明显不同，天津市、上海市、江西省、陕西省 4 个地区所占比重均超过 20%，天津市位居第一，占比达到 37.19%；另外，

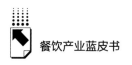

湖北省、山西省、甘肃省、安徽省、广西壮族自治区、广东省、河北省、山东省、浙江省、北京市占比均超过10%（见表8）。

表8　2023年至2024年上半年各地区新注册餐饮市场主体占存续市场主体的比重

单位：%

序号	地区	占比
1	天津市	37.19
2	上海市	25.12
3	江西省	22.59
4	陕西省	22.12
5	湖北省	19.30
6	山西省	17.07
7	甘肃省	16.85
8	安徽省	15.88
9	广西壮族自治区	15.59
10	广东省	14.62
11	河北省	14.02
12	山东省	13.44
13	浙江省	12.87
14	北京市	10.65
15	四川省	9.32
16	吉林省	9.03
17	黑龙江省	8.58
18	新疆维吾尔自治区	7.21
19	内蒙古自治区	6.46
20	云南省	6.04
21	宁夏回族自治区	5.18
22	福建省	4.98
23	辽宁省	3.76
24	河南省	3.66
25	西藏自治区	3.65
26	湖南省	3.53
27	贵州省	3.04
28	青海省	2.90
29	海南省	2.82
30	江苏省	2.59
31	重庆市	0.24

资料来源：企查查。

三　餐饮市场主体类型分布情况

餐饮市场主体类型主要包括个体工商户、有限责任公司、社会组织、学校、个人独资企业、股份有限公司、医疗机构、合伙企业等 18 种。其中，个体工商户有 4630896 家，有限责任公司有 878622 家。

从地区分布看，北京市是唯一餐饮有限责任公司登记数量超过个体工商户数量的区域，前者是后者的 2.91 倍，上海市、山西省、浙江省、天津市 4 个地区的餐饮有限责任公司登记数量与个体工商户数量的比值也较高（见图 1）。

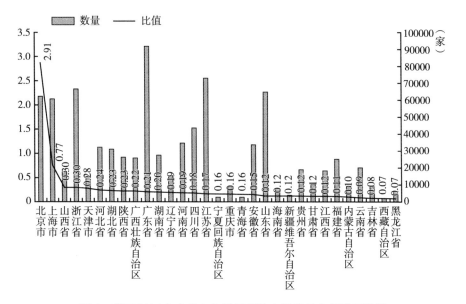

图 1　截至 2024 年上半年各地区餐饮有限责任公司登记数量及其与个体工商户数量的比值

资料来源：企查查。

在餐饮市场主体中，港澳台商投资企业有 37852 家，外商投资企业有 29789 家，合计占 1.18%。在外商投资企业中，中外合资经营企业有 3996

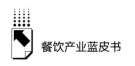
家，中外合作经营企业有 232 家，外商投资股份有限公司有 21894 家，外资企业有 3014 家，其他外商投资企业有 653 家（见表 9）。

表 9　截至 2024 年上半年全国餐饮外商投资企业存量

单位：家

类型	存量
中外合资经营企业	3996
中外合作经营企业	232
外商投资股份有限公司	21894
外资企业	3014
其他外商投资企业	653

资料来源：企查查。

广东省、上海市、江苏省、浙江省、北京市位居餐饮港澳台商投资企业、外商投资企业总数前五。其中，广东省位居第一，数量为 10432 家，占全国的 15.4%。在港澳台商投资企业方面，广东省、上海市、江苏省、北京市、浙江省位居前五；其中广东省位居第一，数量为 7030 家，占全国的 18.6%。在外商投资企业方面，江苏省、上海市、浙江省、广东省、北京市位居前五；其中江苏省位居第一，数量为 4756 家，占全国的 16.0%。值得关注的是，江苏省已超越上海市，成为外商投资餐饮市场的首选地（见表 10）。

表 10　截至 2024 年上半年各地区餐饮港澳台商投资、外商投资企业数量

单位：家

序号	地区	港澳台商投资企业数量	外商投资企业数量
1	广东省	7030	3402
2	上海市	4754	4591
3	江苏省	4134	4756
4	浙江省	2537	4033
5	北京市	2951	1898
6	山东省	1375	1740
7	福建省	1951	694

序号	地区	港澳台商投资企业数量	外商投资企业数量
8	四川省	1830	395
9	辽宁省	1053	1018
10	安徽省	758	1217
11	湖北省	1520	384
12	河北省	1051	690
13	天津市	852	870
14	湖南省	942	643
15	陕西省	681	490
16	河南省	511	523
17	江西省	832	170
18	广西壮族自治区	327	350
19	吉林省	336	314
20	山西省	352	295
21	云南省	443	150
22	黑龙江省	248	300
23	重庆市	393	112
24	海南省	217	215
25	内蒙古自治区	159	217
26	贵州省	313	38
27	甘肃省	189	77
28	新疆维吾尔自治区	22	88
29	宁夏回族自治区	48	52
30	青海省	36	44
31	西藏自治区	7	23

资料来源：企查查。

四　餐饮市场主体知识产权[①]保护情况

积极申请知识产权、注重知识产权保护是一个行业高质量发展的重要标志之一。中国餐饮业从技术研发到产品制造再到市场经营的全链条知识产权发展体系正在形成。

---

① 餐饮市场主体知识产权主要包括商标、发明专利、作品著作权三类。

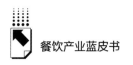

（一）餐饮市场主体的知识产权数量

截至 2024 年上半年，餐饮市场主体申请商标 321638 件、发明专利 5138278 件、作品著作权 655761 件（见表 11）。

表 11　截至 2024 年上半年全国餐饮市场主体知识产权申请量

单位：件

类型	商标	发明专利	作品著作权
数量	321638	5138278	655761

资料来源：企查查。

（二）各地区知识产权分布情况

近年来，餐饮市场主体越来越重视知识产权。但分地区看，知识产权的数量又有差距。总体上看，北京市、江苏省、广东省、浙江省、上海市餐饮市场主体的知识产权数量位居前五，合计 3564205 件，占全国的 56.5%（见表 12）。其中，广东省、北京市、江苏省、浙江省、上海市在商标数量上位居前五，合计 154164 件，占全国的 42.6%。北京市、江苏省、广东省、浙江省、上海市在发明专利数量上位居前五，合计 3077833 件，占全国的 57.7%。北京市、江苏省、浙江省、安徽省、山东省在作品著作权数量上位居前五，合计 412191 件，占全国的 62.8%。

表 12　截至 2024 年上半年各地区知识产权数量

单位：件

序号	地区	数量
1	北京市	977817
2	江苏省	813832
3	广东省	731666
4	浙江省	571595
5	上海市	469295

续表

序号	地区	数量
6	安徽省	349396
7	山东省	330196
8	湖北省	272841
9	四川省	225076
10	天津市	163474
11	陕西省	162287
12	福建省	155277
13	辽宁省	137466
14	河北省	128973
15	河南省	127966
16	江西省	105899
17	湖南省	91727
18	吉林省	84233
19	广西壮族自治区	77243
20	重庆市	64963
21	山西省	59362
22	云南省	54798
23	黑龙江省	52885
24	贵州省	33949
25	甘肃省	21601
26	内蒙古自治区	20499
27	新疆维吾尔自治区	9661
28	海南省	6861
29	宁夏回族自治区	6171
30	青海省	3144
31	西藏自治区	1504

资料来源：企查查。

总　结

餐饮市场主体是推动中国餐饮业发展的主力军。近年来，国家陆续出台

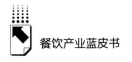
《质量强国建设纲要》《扩大内需战略规划纲要（2022—2035 年）》《关于促进服务消费高质量发展的意见》《关于促进餐饮业高质量发展的指导意见》等文件，为中国餐饮业与市场主体高质量发展奠定了良好的政策基础，也提出了更高要求。加强餐饮市场主体发展研究，不断壮大餐饮市场主体队伍，将为推动中国餐饮业转型升级、扩大和促进消费、满足人们美好饮食生活需要注入新动能。

地区发展篇

B.3

2023年北京餐饮产业发展报告*

云　程　韩　朔　宗志伟**

摘　要： 2023年，北京餐饮产业强势复苏，取得可喜的发展成绩，餐饮企业稳定发展，餐饮产业规模化发展亮点频出。民营餐饮企业、餐饮老字号、"旅游+餐饮"和餐饮国际化多点发力，为北京餐饮产业交出一份特色鲜明、成果突出的发展成绩单。2024年，北京餐饮产业将围绕北京"四个中心"建设要求，聚焦多元餐饮需求，坚持数智化赋能提质，深化多领域融通创新，积极打造国际化发展新亮点。

关键词： 餐饮　"旅游+餐饮"　餐饮老字号　国际化　北京

---

* 本报告由北京烹饪协会与民生智库联合推出。

** 云程，北京烹饪协会会长，高级政工师，主要研究方向为商业和餐饮服务业管理；韩朔，北京民生智库科技信息咨询有限公司营商环境研究中心负责人，主要研究方向为营商环境、行业研究、政府绩效评估等；宗志伟，北京烹饪协会秘书长，北京市职业技能竞赛高级裁判，主要研究方向为行业社会组织管理与服务、餐饮行业政策、餐饮促消费项目、餐饮行业发展趋势。

一 北京餐饮产业发展概况

（一）餐饮产业强势复苏

2023 年是全面贯彻党的二十大精神的开局之年，也是新冠疫情防控转段后经济恢复发展的一年。面对复杂严峻的国际环境和艰巨的国内改革发展任务，国民经济"成绩单"成色好分量足，全年国内生产总值较上年增长5.2%[①]。北京市通过宏观政策调控、推动"五子"协同联动等方式，推动经济持续回升向好。如图 1 所示，2023 年，北京市地区生产总值达到43760.7 亿元，增速与国家持平。其中第三产业增加值达到 37129.6 亿元，增长 6.1%[②]。全市三次产业构成为 0.2∶14.9∶84.8，第三产业作为北京市社会经济发展的核心支柱，对推动经济高质量发展影响较大。

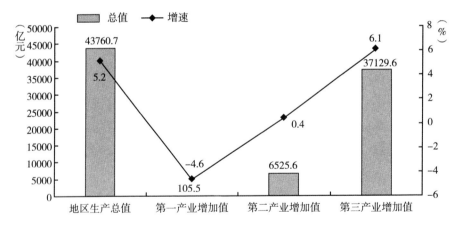

图 1 2023 年北京市主要经济数据

资料来源：北京市统计局。

[①]《全年 GDP 超 126 万亿元 比上年增长 5.2% 2023 年国民经济"成绩单"成色好分量足》，"中国青年网"百家号，2024 年 1 月 18 日，https://baijiahao.baidu.com/s? id = 1788378753501881546&wfr=spider&for=pc。

[②]《2023 年北京 GDP 达 43760.7 亿元 同比增长 5.2%》，"中国经济网"百家号，2024 年 1 月 19 日，https://baijiahao.baidu.com/s? id = 1788510434132232367&wfr=spider&for=pc。

在第三产业整体快速发展的过程中，住宿和餐饮业在众多行业中高调突围。2023 年，北京市第三产业中增速较快的 4 类行业中，住宿和餐饮业增速高达 21.1%，为全市第三产业经济发展注入强劲动力（见图2）。

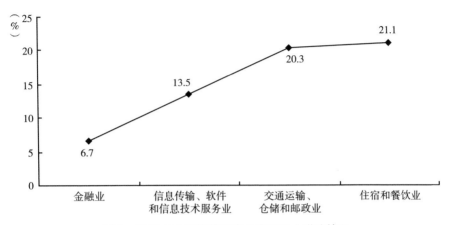

图2　2023 年北京市第三产业主要行业增速情况

资料来源：北京市统计局。

随着全市消费潜力的进一步释放，2023 年北京餐饮产业强势复苏。2023 年上半年，北京市餐饮收入同比增长 37.3%，超过同期全国增速 15.9 个百分点，高速度迈入恢复快车道。伴随餐饮产业复苏，更多企业加入餐饮赛道。仅 2023 年上半年，北京市餐饮业新增注册企业就超过 7610 家，与 2022 年同期相比上涨 63.0%。

截至 2023 年底，北京市餐饮收入首次突破 1300 亿元大关，实现餐饮收入 1314.6 亿元，占社会消费品零售总额的 9.0%，对社会消费品零售总额增幅贡献率达 52.8%。相较于 2022 年，2023 年北京餐饮收入同比增长 32.5%，增速高于全市社会消费品零售总额增速 27.7 个百分点（见图3），超出全国餐饮收入增速 12.1 个百分点。北京餐饮产业聚力冲出上年负增长低谷，显示出强劲的恢复势头。

（二）餐饮产业迎来良好发展环境

2023 年，北京市居民人均消费支出一改上年负增长态势，达 47586 元，

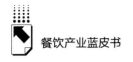
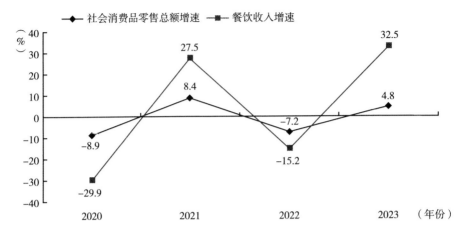

图 3　2020~2023 年北京市社会消费品零售总额及餐饮收入增速变化情况

资料来源：北京市统计局。

同比增长 11.5%，成为 2020 年以来人均消费支出最高点（见表 1）。伴随消费支出的增长，消费者消费意愿和信心逐步恢复，消费能力和水平逐渐提升。2021~2023 年北京市消费者消费意愿满意指数和消费信心指数变化情况显示，2023 年两大指数在各季度虽有波动，但基本处于正向增长态势，与 2022 年形成鲜明对比（见图 4）。2023 年，全市消费环境更加稳定，消费者消费信心不断增强，良好的消费环境为餐饮产业进一步健康发展提供了有力的基础。

表 1　2020~2023 年北京市居民人均消费支出及增速

单位：元，%

年份	支出	增速
2020	38903	-9.6
2021	43640	12.2
2022	42683	-2.2
2023	47586	11.5

资料来源：北京市统计局。

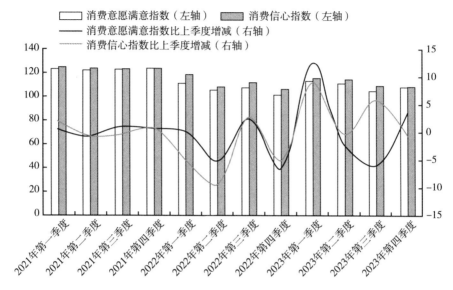

图 4　2021~2023 年北京市消费者消费意愿满意指数和消费信心指数变化情况

资料来源：北京市统计局。

在上述消费形势下，2023 年北京餐饮企业呈现较好的增长态势。截至 2023 年 11 月，北京市共有餐饮服务单位 10.11 万户，其中 2023 年新设餐饮经营主体 2.39 万户，新设餐饮经营主体的增长速度加快。相较于过去两年，北京餐饮经营主体存续比例明显提高。企查查数据显示，2023年，90.04% 的餐饮经营主体处于"正常状态"，北京餐饮产业经营稳定性明显提升（见图 5）。

比较 2021~2023 年各直辖市"正常状态"餐饮经营主体存续情况，北京明显优于上海、天津、重庆（见图 6）。经营主体、行业协会、政府部门的共同努力，市场监管系统推行的一系列诸如"餐饮开店掌中宝"小程序和"云踏勘"远程核查等"线上办"服务，以及"非现场监管"的监管效能提升等，共同促成了北京餐饮经营主体存续比例的稳定提升。加之各类协会在行业发展中的支持和服务，全市范围内形成了餐饮产业多元主体协同共治、聚力发展的良好生态。

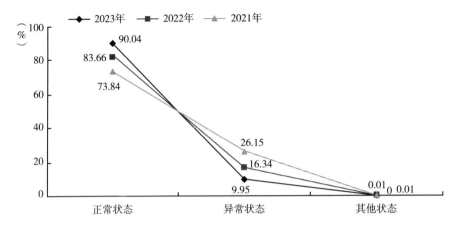

图 5 2021~2023 年北京市不同状态餐饮经营主体存续比例（含企业和个体工商户）

资料来源：企查查。

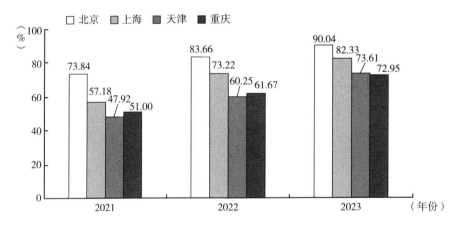

图 6 2021~2023 年各直辖市"正常状态"餐饮经营主体存续比例

随着餐饮产业的强势复苏，2023 年全市餐饮行业纳统单位为 2179 个，较上年增加 134 个。企业营业收入较上年大幅上涨 27.7%，接近千亿元。从业人数达到 26.9 万人，较上年增长 6.1%，行业的"虹吸"效应逐步显现（见表 2）。

表2 2022~2023年北京市餐饮企业数量及相关经营情况

年份	纳统单位数（个）	企业营业收入		从业人数	
		1~12月（亿元）	同比增长（%）	1~12月（万人）	同比增长（%）
2023	2179	959.1	27.7	26.9	6.1
2022	2045	727.6	−13.1	24.9	−4.8

资料来源：北京市统计局。

（三）餐饮产业规模化发展

北京餐饮产业规模化发展首先体现为餐饮企业规模逐步扩大。北京规模达100万元及以上的餐饮企业比重高于其他直辖市，头部餐饮企业（规模为5000万元以上）比重也高于其他直辖市（见图7）。

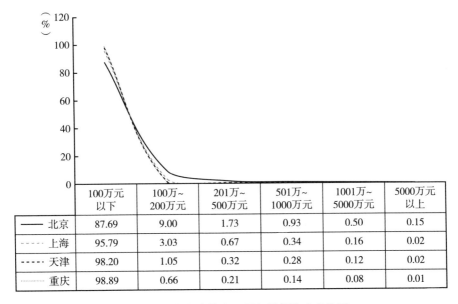

	100万元以下	100万~200万元	201万~500万元	501万~1000万元	1001万~5000万元	5000万元以上
—— 北京	87.69	9.00	1.73	0.93	0.50	0.15
----- 上海	95.79	3.03	0.67	0.34	0.16	0.02
---- 天津	98.20	1.05	0.32	0.28	0.12	0.02
······ 重庆	98.89	0.66	0.21	0.14	0.08	0.01

图7 2023年各直辖市不同规模餐饮企业比重

资料来源：相关省份统计部门。

其次是连锁经营不断发展。2021年以来，北京餐饮企业在连锁化方面呈波动上升趋势。企查查数据显示，2023年全市有分支机构的餐饮企业达到91家，是分支机构的餐饮企业达到1855家，总量超出2021年水平（见表3）。近年来，北京餐饮品牌连锁化持续推进，具有知名度和良好口碑的连锁餐饮品牌相继扩张，通过标准化管理和规模效应提高市场竞争力。2023年第二季度，北京餐饮连锁率约为40.3%，明显高于全国（34.3%）。全聚德、便宜坊、大董、庆丰包子铺、眉州东坡、东来顺、黄记煌、呷哺呷哺等品牌凭借其独特的菜品、优质的服务和良好的口碑，在市场上占据一定份额。同时，部分知名餐饮品牌开始向天津和河北市场拓展，通过连锁经营将北京餐饮文化和品牌影响力辐射到津冀地区，助力区域餐饮消费的协同升级。

表3 2021~2023年北京市餐饮企业分支机构设立情况

单位：元

年份	有分支机构企业数量	是分支机构企业数量
2023	91	1855
2022	82	1331
2021	116	1609

资料来源：企查查。

最后，北京坚持大力推进餐饮首店规模化发展。近年来，北京着力加强餐饮首店建设，逐年引入餐饮首店品牌。2023年，来自重庆的朱光玉火锅馆、广州的椰妹原生态椰子鸡等品牌首店先后进驻北京，不断丰富北京餐饮市场。据赢商大数据不完全统计，2023年，全市新开餐饮首店达到75家。与此同时，北京餐饮在首店规模化发展过程中，逐步摸索形成自有路径。一方面，积极推动餐饮首店从核心商圈向新兴商圈扩散，从传统的王府井、西单、国贸等商圈逐步向丽泽商务区、亦庄等新兴商圈拓展。同时加速向副中心延伸，越来越多的餐饮首店在副中心布局，带动当地消费升级。另一方面，餐饮首店逐步跳出传统"商圈"概念，积极向社区商业渗透，一些社区型购物中心和商业街区积极吸引餐饮首店入驻；南锣鼓巷、前门大街等历史特色文化街区也成为餐饮首店热门选区。多中心发展模式成为北京餐饮首店规模化发展的新特色。2023 年北京市餐饮首店入驻情况（部分）见表4。

表4　2023 年北京市餐饮首店入驻情况（部分）

品牌	来源地	首店开设地
朱光玉火锅馆	重庆	工人体育场
杨记隆府重庆江湖菜	重庆	三里屯附近
辣可可·小炒黄牛肉	深圳	合生汇
椰妹原生态椰子鸡	广州	朝阳大悦城
阮大兴糕团	杭州	合生汇

资料来源：根据网上公开资料整理。

二　北京餐饮产业发展特点

（一）积极培育民营餐饮企业发展沃土

餐饮产业是百业介质，关联着农业、养殖、就业、民生等方面，餐饮产业的复苏，带动了各行各业消费潜力的释放。民营餐饮企业凭借其灵活的市场定位，以及从高端到中低端消费层次的广覆盖，满足了不同消费者的需求，在餐饮行业占据了绝对体量。2023 年存续的北京餐饮经营主体中，民营企业占比达到 94.16%（见表5）。同时，餐饮产业因创业门槛相对较低、经营灵活性强、管理相对简单、贴近社区和本地市场等特点，成为个体工商户热衷参与经营的领域。截至 2023 年 9 月底，全国登记在册的个体工商户已达 1.22 亿户，其中住宿和餐饮业新设个体工商户达到 251.6 万户[①]。

---

① 《市场监管总局：前三季度全国新设个体工商户 1719.6 万户》，"光明网"百家号，2023 年 11 月 14 日，https://baijiahao.baidu.com/s? id=1782528297748754159&wfr=spider&for=pc。

表5　2019~2023年北京市民营餐饮企业数量及占比情况

单位：家，%

年份	民营企业	占比
2023	7266	94.16
2022	4602	91.28
2021	5578	91.77
2020	3907	92.76
2019	5356	93.95

资料来源：国家统计局。

为进一步促进民营经济发展，2023年7月，《中共中央 国务院关于促进民营经济发展壮大的意见》出台，为民营经济更好发展指明方向。同年9月，国家发展改革委宣布设立民营经济发展局，牵头开展民营企业服务和民营经济发展促进工作。作为民营经济渗透最广的产业之一，2023年餐饮产业迎来民营经济全新发展契机。北京市为进一步助力民营餐饮企业健康可持续发展，围绕餐饮产业经营发展痛点、难点，出台一系列解决方案，发布《北京市餐饮业合规经营手册》，以及餐饮企业市场监管合规指南、消防安全合规指南、维护市容市貌合规指南、生态环境保护合规指南、水务保护合规指南、填报统计报表合规指南、用工规范合规指南、动物防疫合规指南、清真许可合规指南、价格行为合规指南，通过对违法违规行为进行警示提示等方式，引导民营餐饮企业加强风险规避和合规经营。

（二）餐饮老字号持续焕发新活力

坚持守正创新，餐饮老字号迎来发展春天。一直以来，北京持续关注对餐饮老字号的保护、传承和发展，多措并举支持各类餐饮老字号在延续传统经营模式的基础上，聚焦新市场、新需求，探索"老品牌+新体验"的传承和创新之路。2023年，北京市商务局等9部门联合印发《进一步促进北京老字号创新发展的行动方案（2023—2025年）》，明确提出加强"老字号创新发展"的系列目标和举措，从老字号保护、传承、创新、发展4个方面提出 10 个行动和 30 项工作举措，通过知识产权保护、原址风貌保护、传统技艺传承、营销策略创新、老字号"走出去"等行动，为餐饮老字号指明了发展路径。

2023 年，中国服务贸易交易会专门设置首钢园北京老字号创新发展体验区，为餐饮老字号打造集中亮相的舞台，向世界展示北京餐饮老字号的传奇魅力。大董、东来顺、北京宴、四季民福、西部马华、同和居、全聚德、眉州东坡、瑞幸咖啡、提督入选"2023 北京餐饮十大品牌"。与此同时，部分餐饮老字号通过创新菜品、尝试跨界融合、进行数字化升级等方式，努力适应市场变化和消费者的新需求，推动自身创新突破。全聚德在推动老字号餐饮发展过程中，通过推动数字化、涉足预制菜、设计专属 IP 形象等方式，不断激发老字号的新活力，进行变革式创新。

统计数据显示，2023 年北京 244 家老字号总营业收入达到 1800 亿元[①]，餐饮老字号于 2023 年迎来新发展阶段。全聚德公司年报显示，公司 2023 年实现营业收入约 14.32 亿元，增幅高达 99.27%；净利润达到 6003 万元，同比增长 121.67%。餐饮市场的强劲复苏，为餐饮老字号带来了全新发展机遇。

（三）"旅游+餐饮"成为新增长点

2023 年是国内旅游需求"井喷式"增长的一年。全年国内出游人数达 48.91 亿人次，比上年增加 23.61 亿人次，同比增长 93.3%。国内游客出游总花费达 4.91 万亿元，比上年增加 2.87 万亿元，同比增长 140.3%[②]。在国内旅游大幅回暖的同时，"旅游+餐饮"成为经济增长的新动力。2023 年，北京市旅游收入达 5849.7 亿元，较上年增长 132.1%，其中餐饮收入达到 1021.1 亿元[③]。"五一"小长假等节假日期间，北京餐饮老字号迎来消费热潮，实现了营业收入的显著增长。其中，华天旗下各大老字号"五一"期

---

① 资料来源：北京市商务局。
② 资料来源：文化和旅游部。
③ 资料来源：北京市文化和旅游局。

间营业收入比平日增长近 50.0%，超过 2021 年和 2019 年同期水平。萃华楼各门店高峰期全天等位超过 200 桌，流水和排队等位情况已恢复到 2019 年的水平。2023 年中秋、国庆黄金周期间，北京餐饮市场再次出现消费高峰。银联商务数据显示，假日期间，全聚德、东来顺、庆丰包子铺、隆福寺餐饮营业额同比分别增长 30.0%、57.5%、40.0%、36.2%。

此外，星级饭店成为北京"旅游+餐饮"协同增长的又一发力点。截至 2023 年底，北京星级饭店数量达 299 家，在全国 50 个重点旅游城市中排名第九，在各直辖市中排名第一（见图 8）。

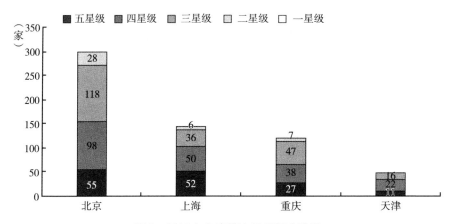

图 8　2023 年各直辖市星级饭店数量

资料来源：文化和旅游部。

统计数据显示，2023 年 4 个直辖市中，北京星级饭店餐饮收入达 46.65 亿元，高于其他 3 个直辖市（见图 9）。2023 年，北京星级饭店累计吸纳就业 4.09 万人，接近其他 3 个直辖市吸纳就业人数的总和（2023 年上海、天津、重庆 3 市星级饭店累计吸纳就业 4.20 万人）。在文化和旅游部测算的重点旅游城市星级饭店主要指标中，北京星级饭店全员劳动生产率和人均实现利润分列第 2 位和第 5 位，餐饮在其中增添了浓墨重彩的一笔。

（四）国际化步伐加快

长期以来，北京餐饮市场努力营造开放、多元的发展环境，促进餐饮企

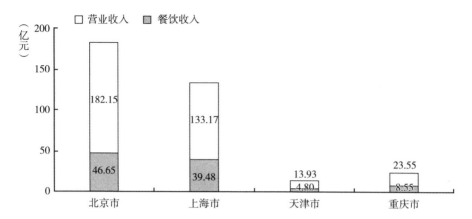

图9 2023年各直辖市星级饭店营业收入和餐饮收入情况

资料来源：文化和旅游部。

业国际化发展。2023 年，北京市港澳台商投资和外商投资餐饮企业数量合计达到 447 家，较上年增加 41 家（见图 10）。可见，北京餐饮市场的国际化步伐不断加快。

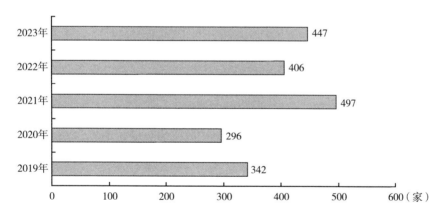

图10 2019~2023年北京市港澳台商投资及外商投资餐饮企业数量

资料来源：企查查。

2023 年，北京锚定建设"国际美食标杆城市"的目标，继续加快餐饮"走出去"和"引进来"步伐。北京本土餐饮品牌积极尝试走向国际市场，

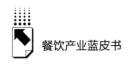
通过在海外开设分店或者参与国际合作等方式传播中华美食文化，既扩大了品牌在海外的市场份额，也反映出北京餐饮产业在国际市场的布局和规划。同时，大量国际餐饮品牌受到国内消费市场吸引，美国知名汉堡品牌 Shake Shack、ILDG 冰激凌实验室，加拿大咖啡和甜甜圈连锁品牌 Tim Hortons，瑞士巧克力品牌 laderach 莱德拉等先后进入北京市场。越来越多来自世界各地的知名餐饮品牌纷纷选择在北京开设门店，为北京带来更为多元的美食文化和消费体验。

同时，为进一步推动北京餐饮产业高质量发展、加快打造国际美食之都，北京市出台《推动北京餐饮业高质量发展加快打造国际美食之都行动方案》，提出实施国际品牌汇聚行动、美食聚集地打造行动、传统技艺振兴行动、消费场景升级行动、科技应用支撑行动、专业人才培养行动、服务品质提升行动七大专项行动，推进 22 项具体任务，以进一步促进北京餐饮市场的发展和繁荣。

三　北京餐饮产业发展趋势

（一）餐饮产业进入多元发展新时代

现阶段，消费趋势随着消费年龄和结构的转变而发生很多变化，如老字号携手"新国潮"、社区便民餐饮服务需求增长、品质餐饮要求不断提高等，餐饮产业不断进行创新突破。

当前，消费者的餐饮消费需求已经从传统的"色、香、味"需求上升至"松弛感、精致感、真实感、氛围感、社交感"的"新五感"需求[①]，即已形成对就餐环境、菜品体验、消费互动、品牌氛围和情绪价值等多方位的综合新需求，对餐饮品牌提出了更高要求。新的消费形势下，北京餐饮产业将进一步针对客户群体的背景、年龄和消费习惯，确定企业的市场定位，

---

① 《红餐中国餐饮品牌力白皮书》，红餐研究院，2023 年 10 月。

从研究符合品牌定位的消费者心理出发，精准做好菜品研发、服务创新和产品营销，持续提升餐饮企业市场竞争力。

同时，多元的餐饮消费策略将助力餐饮企业获得更好的发展。未来，北京餐饮产业将朝着多元融合的方向发展。一是加强餐饮与零售的融合，利用预制菜、特色食材和调料等进一步占领市场，拓宽销售渠道。二是打造餐饮多元体验场景，以及集就餐、社交、休闲、娱乐等功能于一体的消费环境，满足消费者多元的餐饮消费需求。三是注重品质与健康的协同升级，更多关注消费者在健康餐饮和品质生活上逐步升级的需求，加强对食品原料、营养搭配的管理，同时突出健康理念，提高健康餐饮的推广力和影响力。四是继续坚持高端与大众市场协同并进，在满足高端消费需求、打造精致餐饮品牌的同时，继续做好面向大众的餐饮消费品牌，形成差异化的餐饮品牌体系，共同推动市场发展。

（二）数智化赋能餐饮产业迭代升级

当前，国家大力推进数字化与实体经济深度融合，餐饮产业通过数字技术探索，在菜品研发、供应链保障、产品升级等方面积极研究新的增长点，餐饮产业打造数智化发展新驱动的时代已经到来。统计数据显示，2023年中国餐饮外卖线上渗透率为23.5%，到店餐饮线上渗透率为8.9%[①]。相关研究指出，当前中国餐饮产业的数智化变革与转型正在不断加速，已呈现从记录经营数据的"数据化阶段"、用数据分析问题的"数字化阶段"向智能化管理与人工智能应用的"数智化阶段"演变的趋势。北京餐饮产业将顺势而为，在发展中融入更多科技元素，助力企业走出一条特色化发展之路。2023年，麦当劳全球第一家零碳餐厅落户首钢园，成为"科技+生态+餐饮"的全新落地场景。众多餐饮企业通过引入智慧食安系统、大数据营销系统等数字化智能化运营平台，护航百姓食品安全，助力企业精准决策。未来，北京餐饮产业将进一步聚焦数字化商圈集聚效应发挥、餐饮老字号企业

---

① 资料来源：美团。

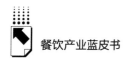
数字化升级、数字化促进绿色消费等重点领域，加强数字化建设，推动实现数智化赋能餐饮产业高质量发展。

（三）国际美食之都建设助力"四个中心"和国际消费中心建设

在加强北京"四个中心"和国际消费中心建设的过程中，建设国际美食之都已成为关键助力。2023年，北京餐饮产业持续推进行业标准和规范化建设，推出一批符合国际标准的餐饮服务，不断提升行业管理服务水平，以更好的餐饮品牌形象做好国际交往中心建设支撑。北京烹饪协会与北京和平文化基金会合作，在联合国教科文组织框架内专门设立了"国际美食长廊"项目，着力推进中外餐饮交流。同时，"一带一路·丝路美食文化节"等一系列活动也在不遗余力地宣传和推广中华餐饮文化，积极构建互动交流、开放包容的餐饮文化平台，助力北京全国文化中心建设。

北京餐饮产业国际化发展始终坚持与北京"四个中心"建设同频共振，坚持守正创新、不断前行。未来，随着越来越多的国际会议、商务活动落地北京，多样化、高品质的国际化餐饮需求将持续增长。下一步，北京餐饮产业将进一步聚焦国际化发展要求，深入推动本地菜品与不同国家和地区风味的融合创新。加强全球范围内食材供应链保障，建立稳定、安全、可持续的食材供应链，提升食材供给能力与质量。不断完善餐饮服务标准建设，持续提升北京餐饮产业在全球餐饮产业中的适应力和话语权。了解并尊重不同国家和地区的饮食文化，找准国际化餐饮的融合点，进一步提高餐饮文化的适应性。围绕高效监管、绿色低碳、节约粮食、合规经营、节能减排等国际餐饮关注重点，做好配套支撑和管理服务。

参考文献

《2023北京餐饮业观察报告》，北京商报社、北京烹饪协会、深蓝智库，2023年。

《北京餐饮"五一"成绩亮眼，多家老字号营收环比增长近50%》，今日头条，2023

年 5 月 4 日，https：//www. toutiao. com/article/7229243402557063713/？upstream_biz＝do ubao&source＝m_redirect&wid＝1721801022241。

《中秋国庆假期前三日，北京重点监测的百家企业入账 38. 3 亿元》，新京报客户端，2023 年 10 月 1 日，https：//m. bjnews. com. cn/detail/1696163426129975. html。

《因势而变·应变而兴：2024 年餐饮企业发展报告》，毕马威、中国烹饪协会，2023。

B.4
2023年上海餐饮产业发展报告

赵伟石*

摘　要： 2023年，上海餐饮产业取得显著发展，总体强势增长，但快餐小吃饮品类持证单位占比下降，反映出市场饱和且竞争激烈。上海假日餐饮经济效益显著，餐饮首店占比明显提升，川湘菜系、上海菜系和咖啡市场迅猛发展。未来，上海餐饮产业将进一步推动智能化管理和多元化发展，政府和行业协会将继续推动标准化和数字化升级，助力餐饮市场规模稳步增长。本报告提出以下推动上海餐饮产业高质量发展的建议：落实主体责任，提升行业管理水平；强化数字赋能，激发市场主体活力；反对餐饮浪费，推动产业绿色发展。

关键词： 餐饮产业　餐饮市场　餐饮经济　上海

　　2023年，上海餐饮产业发展成效显著。上海商业联合会与上海产业转型发展研究院联合发布的2023"上海世界美食分布指数"显示，全球5个大洲50个国家的美食，在上海共派生出9401家餐厅，分布于上海16个区106个镇107个街道。《2023年上海市食品安全状况报告（白皮书）》显示，截至2023年底，上海共有持证餐饮服务单位140664户，比2022年增长9.27%，其中有公共餐饮单位106207户，还有4343户临时备案的小型餐饮服务提供者。辰智大数据发布的《2023上半年中国餐饮大数据基本盘》显示，上海餐厅数量位居全国第五，达19万家，仅次于重庆、成都、广州、

＊　赵伟石，上海市餐饮烹饪行业协会副会长，主要研究方向为酒店与餐饮经济发展态势。

深圳,按面积拥有餐厅数位居全国第二(每平方公里约有30家餐厅),仅次于深圳。中国连锁经营协会联合美团在上海发布的"2023中国餐饮加盟品牌TOP100"数据显示,总部设立在上海的餐饮加盟品牌数量达到27个,连续5年位居全国第一。

一 上海餐饮产业发展情况

根据上海市统计局数据(见表1),2023年,上海限额以上住宿和餐饮业企业实现营业收入1565.65亿元,同比增长38.61%。此外,2019~2023年,上海餐饮持证单位和公共餐饮单位数量分别增长了28.6%和34.3%。值得注意的是,《2023年上海市食品安全状况报告(白皮书)》显示,上海快餐小吃饮品类持证单位在公共餐饮单位中的占比由2021年的25.1%下降至2023年的12.9%,反映出一批投资者、创业者因市场趋于饱和、竞争激烈而退出,或者转型升级为经营业务更多元、规模更大的餐饮单位。

表1　2018~2023年上海限额以上住宿和餐饮业企业营业收入

单位:亿元,%

年份	收入	同比增额	同比增速
2018	1099.86	74.47	7.26
2019	1190.25	90.39	8.22
2020	985.71	-204.54	-17.18
2021	1455.93	470.22	47.70
2022	1129.54	-326.39	-22.42
2023	1565.65	436.11	38.61

资料来源:上海市统计局。

从以上数据可以看出,2023年上海餐饮产业总体规模呈增长态势。根据国内上市餐饮企业2023年年报,海底捞、呷哺呷哺、百胜中国、唐宫中国、味千(中国)、巴比食品、上海小南国的经营收入同比分别增长33.6%、25.3%、14.7%、19.2%、27.0%、6.9%、38.4%。但也要看到,

上海餐饮市场竞争日趋激烈，尤其是小型餐饮单位面临被淘汰的危机，亟待转型升级。

二 上海餐饮经济发展情况

（一）假日餐饮经济[①]

2023年，上海假日餐饮经济取得较快发展。"五一"劳动节期间，上海餐饮收入达62.6亿元，占总消费收入的10.6%，比2021年同期增长70.0%，比2019年同期增长62.8%。豫园餐饮、新雅粤菜馆、丰收日集团、宝燕集团、顺风餐饮、大富贵、麦当劳等16个餐饮品牌约605家门店在"五一"劳动节期间的营业收入合计达1.66亿元，比2021年同期增长17.9%，比2019年同期增长27.3%。

中秋、国庆假日期间，上海餐饮堂食订单量同比增长超90%，假日主题套餐订单量同比增长178%，五角场商圈登上全国美食"热搜榜"。据调查，东湖集团、红子鸡凤凰楼、新雅粤菜馆、丰收日集团、顺风餐饮、上海1号、宝燕壹号、宝隆宾馆等20家餐饮企业在中秋、国庆假日期间实现营业收入1.56亿元，比2022年同期增长10.9%，比2019年同期增长3.3%。其中，家宴类、婚宴类订单量均取得显著增长。

（二）餐饮首店经济

早在2017年，上海就开始重视首店经济的发展，在近年来出台的相关政策文件中多次提到要制定全球新品首发、首店旗舰店落户相关标准。中商数据显示，2017~2023年，上海引进品牌首店数量持续增长，从2017年的226家增长至2023年的超1100家，其中餐饮首店占比从2017年的52%提升

---

① 本部分数据来源于消费市场大数据实验室（上海）、上海市餐饮烹饪行业协会及相关餐饮企业。

至2023年的70%。

上海不仅是国内品牌开设线下门店的首选地，更是国外高端品牌进入亚洲乃至全球市场的重要窗口。上海在餐饮首店引入上注重品牌声誉、服务品质和多元体验，不断增强餐饮首店经济的影响力，吸引了众多国内外知名餐饮品牌在本市开设首店。例如，2023年，美国比萨品牌棒约翰在上海武夷路开设了全国首个骑行主题店；赛百味在上海星扬西岸开了一家300平方米的"潜水艇"旗舰店，这是赛百味亚太地区最大的门店；静安区的星巴克烘焙工坊店是全球第2家、亚太地区第1家星巴克烘焙工坊店，2017年开业以来热度不减，消费者络绎不绝。

餐饮首店在上海的落户对上海餐饮消费市场产生了深远影响。这些首店在业务模式、产品服务、市场拓展方面都有着出色的表现，注重为消费者提供更加个性化、高品质的服务，带动了上海餐饮经济的高质量发展。

三 上海餐饮产业典型业态

（一）川湘菜系

川湘菜系在上海广受欢迎。美团2022年数据显示，在全国川湘菜系门店数量排名中，上海位居第三，仅次于重庆和四川。尤其是川菜（含火锅）门店数量超越了上海本帮菜门店数量，早在2019年就已突破1万家。近年来，取材广泛、调味多变的川菜品牌在上海不断涌现，其中精致化、高端化的川菜品牌令人眼前一亮。宫保法国鹅肝、鹅肝麻婆豆腐、鲍鱼海参毛血旺等"中西合璧"的创新菜式出现在众多川菜餐厅的菜单上，人气颇高。

2022年，上海湘菜门店数量在全国排名第七。上海优质的市场环境和较强的饮食文化包容性让以香辣、爆炒为特色的湘菜在这里发展壮大、走向全国。

（二）上海菜系

上海本帮菜吸取了各地域菜系的特长，融合本地食材，以独特的烹饪风

格造就了具有海派特色的上海菜系。除了正餐业态外，"上海小吃""上海西餐"也都具有海派文化的特点。也有专家指出，上海菜系有四大家族：浓油赤酱的本帮菜、清淡多味的海派菜、新鲜纯真的农家菜、浓鲜重味的弄堂菜。这体现了上海菜系"海派无派，有帮无帮"的特征。《2023中国中式餐饮白皮书》数据显示，上海有6500家本帮（含苏浙）餐厅，位居全国之首，比排名第二的杭州多出1500家。此外，《2023年度中国地方菜发展报告》数据显示，上海菜平均客单价超100元，最为高档。

无论是本帮菜还是整个上海菜系，它们的发展都离不开上海的百年餐饮老店和老字号。这些餐饮老店和老字号在传承技艺、推广本土菜肴方面下了很多功夫，其中老正兴本帮菜制作工艺、功德林素食制作工艺、南翔小笼制作工艺等已成为非物质文化遗产。

（三）咖啡市场

《2023中国城市咖啡发展报告》数据显示，截至2023年5月，上海咖啡馆数量已达8530家，位居全球第一，远超纽约、伦敦、东京等国际大都市。具体来看，上海平均每万人拥有3.45家咖啡馆，平均每平方公里拥有咖啡馆1.35家[1]。上海通过创新消费场景、打造地域风味，引领着咖啡门店的创新趋势，不断打造本土咖啡品牌成长的摇篮。在浓厚的咖啡文化氛围、旺盛的咖啡消费需求的带动下，M Stand、Seesaw等本土精品现磨咖啡品牌成功打开市场，而三顿半、永璞等线上品牌也选择上海作为"上街"的第一站。

从消费人群来看，上海咖啡消费者多为高收入、高学历人群，他们较高的消费能力为上海咖啡市场的发展奠定了坚实的基础。此外，上海居民注重喝咖啡的环境氛围与个人体验，对咖啡文化和咖啡品质有着较高的追求，这为上海咖啡市场不断创新发展增添了动力，上海已然成为中国咖啡产业的风向标。

---

[1] 《2023中国城市咖啡发展报告》，中国商报网，2023年5月26日，https：//www.zgswcn.com/article/202305/2023052611722371147.html。

四 上海餐饮产业发展态势

（一）线上线下"双主场"持续发力

近年来，越来越多的上海餐饮经营主体构建了自己的线上线下"双主场"，以应对当前和未来的市场竞争。这一态势的驱动因素有二。一是"点外卖"成为中国消费者新的生活方式，促使餐饮经营主体将战略目光从注重线下经营转为线上线下经营并重。二是越来越多餐饮企业特别是老字号企业拓展了营销渠道，通过直播、短视频等方式宣传推广品牌，并与其他领域的企业合作开发联名产品，提高了品牌在消费者特别是年轻消费者中的知名度，促进了品牌的转型升级。

（二）经营管理智能化提效

随着大数据、人工智能等新兴技术的发展，上海餐饮市场愈加重视经营管理的数字化、智能化。2023年8月，上海出台《上海市推进食品安全信息追溯工作行动方案（2023—2025）》，强调完成上海市食品安全信息追溯平台及应用场景信息化建设阶段性任务，已纳入本市食品安全信息追溯管理目录的食品和食用农产品的追溯信息覆盖率和上传率保持在100%，在2024年将上海市食品安全信息追溯平台纳入"一网统管"。此外，上海多个餐饮品牌也积极借助数字化、智能化工具进行升级，以进一步加强食品溯源管理，为消费者提供更加健康安全的餐饮体验。

（三）"爆品"切入多渠道销售

近年来，上海餐饮市场深刻认识到餐饮品类内涵提升的重要性，通过与其他品牌联名等创新手段打造"爆品"，满足新消费群体的需求。需要说明的是，"爆品"与"网红"产品有着本质上的不同，"爆品"最注重的是品质，如果没有品质保证，再火爆的产品也只是"昙花一现"。上海餐饮市场以"爆品制胜"的营销理念进一步拓宽市场，与有影响力的网络平台合作，将流量作为提升获客能力的重要指标，同时注重产品和服务的品质升级，让"爆品"经久不衰。

（四）加强预制菜管理

2023年2月，《上海市预制菜生产许可审查方案》正式施行，这是全国首个真正意义上的预制菜领域生产许可审查规范性文件。2023年7月，上海市食品安全工作联合会批准发布《预制菜》《预制菜生产加工卫生规范》等2项团体标准，决定自2023年10月5日起实施。由此，上海对预制菜生产的制度性规范有了比较清晰的要求和规定。

（五）环球美食集聚上海

美团发布的《2023年上海环球美食指数报告》显示，上海环球美食餐厅数量超过1.3万家，位居全国第一。其中，西餐门店数量占比达到51%，日本菜门店数量占比达到34%，韩国菜和东南亚菜门店数量占比分别为7%、5%。近年来，上海聚力打造国际美食之都，积极培育品牌美食活动，围绕各国特色美食、餐饮文化等打造了一批具有国际水准的环球餐饮美食街、美食集聚区、特色市集。

（六）产业链供应链提质升级

2023年，上海餐饮市场深度整合产业链供应链，借助互联网技术优势，不断建立稳定的供应关系，整合多种资源，优化产业链供应链思维和运作机制，提升餐饮市场效益。例如，盒马上海供应链运营中心于2023年7月全面投产。该中心是集农产品加工食材研发、半成品冷冻储藏、中央厨房、冷链物流配送于一体的综合性供应中心。

五 推动上海餐饮产业高质量发展的建议

（一）落实主体责任，提升行业管理水平

落实政府、餐饮企业、行业协会等相关主体的责任，强化餐饮供应链食

品安全管控。进一步制定完善餐饮企业相关管理标准，推动标准落地，尤其要注重对小规模餐饮经营主体的管理，加大行业管理力度。

（二）强化数字赋能，激发市场主体活力

关注餐饮产业面临的机遇和挑战，在数字经济大潮下促进行业企业转型升级，拥抱数字化，拓展市场。加大对餐饮市场发展的政策支持力度，对有积极表现的餐饮企业给予奖励，以积极的政策拉动餐饮消费，注重满足消费者的多元需求，促进餐饮产业的高质量发展。

（三）反对餐饮浪费，推动产业绿色发展

以标准化促进餐饮节约、反对浪费，在各餐饮业态全面加强创建绿色餐厅工作，进一步落实绿色餐厅管理规范。打造绿色餐饮示范商圈，增强市场主体及消费者的节约环保意识，将工作成果进一步推广，实现餐饮产业的可持续发展。

B.5
2023年广东餐饮产业发展报告

程 钢*

摘 要: 2023年,广东餐饮业总体营收再创历史新高,广东成为国内首个营收超越5000亿元大关的餐饮大省,营收高达5763亿元,实现26.5%的增速,较上年提升约31个百分点。此外,2023年广东新注册餐饮经营主体数量也实现高速增长,截至2024年初,广东餐饮法人主体净存量(在业存续)超152万家,充分展现出广东餐饮业的蓬勃发展态势。2023年,广东餐饮业开启了高质量发展的新篇章,促进行业内的交流合作和数字化转型,加强行业自律,提升服务质量,加强区域文化的交流与协同发展。这些举措为全国餐饮业的创新和发展提供了新方向,助力构建一个开放包容、创新发展的餐饮文化新格局。

关键词: 餐饮业 高质量发展 广东

一 2023年广东餐饮业发展情况

(一)广东餐饮业市场规模

1.广东餐饮业营收率先跨越5000亿元大关

2023年,广东餐饮业实现了显著的增长,营收达到了5763亿元,与2022年相比增加了1207亿元,增长率达到了26.5%(见图1)。广东成为

---

* 程钢,博士,广东省餐饮服务行业协会秘书长,主要研究方向为中餐国际化的大湾区发展路线。

全国首个餐饮业营收突破 5000 亿元的省份，这是广东餐饮业自 2019 年营收首次超过 4000 亿元以来的又一重要里程碑，凸显了广东餐饮市场的强劲动力和巨大潜力。

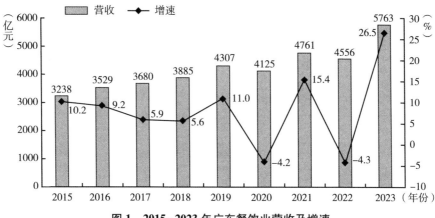

图1　2015～2023 年广东餐饮业营收及增速

资料来源：广东省统计局。

2. 广东餐饮规模占全国的比重再创新高

2023 年，全国餐饮业总营收达 52890 亿元，同比增加 8949 亿元，增速为 20.4%。广东餐饮业营收的增长对全国餐饮业贡献显著，2023 年广东餐饮业营收增速比全国平均水平高出 6.1 个百分点，广东餐饮业营收在全国所占的比重达到了 10.9%，这是自 2020 年以来的又一次显著突破。相较于 2022 年，2023 年广东餐饮业营收在全国所占的比重提升了 0.5 个百分点，彰显出广东在全国餐饮业中的领军地位（见图 2）。

3. 广东餐饮龙头地位愈加显著

2021～2023 年，广东餐饮业营收在全国的排名保持第一，龙头地位愈加显著。2023 年，广东餐饮业营收实现高速增长，与排名第二的江苏、第三的山东拉开更大的领先优势。2023 年，江苏实现餐饮业营收 4907 亿元，增速与全国增速相等，比广东低 6.1 个百分点。山东 2023 年餐饮营收为 4346 亿元，增速低于全国 0.5 个百分点，与广东营收的差距达 1417 亿元，相比 2022 年增加 489 亿元（见表 1）。

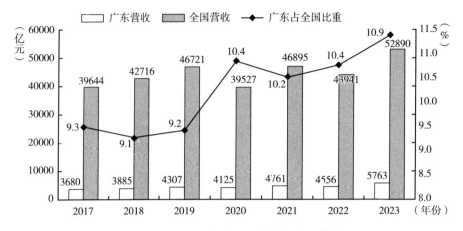

图2　2017~2023年全国及广东餐饮业营收

资料来源：国家统计局、广东省统计局。

表1　2021~2023全国及3个餐饮大省餐饮业发展情况对比

单位：亿元，%

地区	2021年					2022年					2023年				
	营收	增速	全国占比	排名	与广东的营收差距	营收	增速	全国占比	排名	与广东的营收差距	营收	增速	全国占比	排名	与广东的营收差距
全国	46895	18.6	—	—	—	43941	-6.3	—	—	—	52980	20.4	—	—	—
广东	4761	15.4	10.2	1	—	4556	-4.3	10.4	1	—	5763	26.5	10.9	1	—
江苏	4166	21.5	8.9	2	-595	4076	-8.4	9.3	2	-480	4907	20.4	9.3	2	-856
山东	3828	22.4	8.2	3	-933	3628	-5.4	8.3	3	-928	4346	19.9	8.2	3	-1417

资料来源：国家及各省统计局。

（二）广东餐饮业突出特征

1. 餐饮业营收占社会消费品零售总额的比重实现历史性增长

2023年，广东社会消费品零售总额为47495亿元，较2022年的44883亿元大幅增加2612亿元。广东社会消费品零售总额增速为5.8%，较2022年上升4.2个百分点。广东餐饮业营收增速高出社会消费品零售总额增速

20.7个百分点（见图3），广东餐饮业营收占社会消费品零售总额的比重实现增长，从2022年的10.2%增长至12.1%（见表2）。广东餐饮为地方消费经济增长贡献了充沛动力。

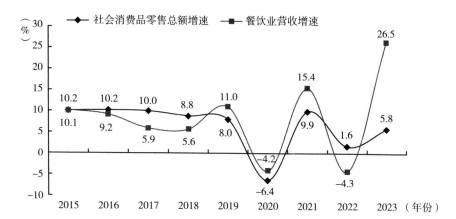

图3　2015～2023年广东餐饮业营收增速与社会消费品零售总额增速对比

资料来源：广东省统计局。

表2　2016～2023年广东餐饮业营收及其占社会消费品零售总额的比重

单位：亿元，%

年份	广东餐饮业营收	广东社会消费品零售总额	占比
2016	3529	34739	10.2
2017	3680	38200	9.6
2018	3885	41561	9.3
2019	4307	42664	10.1
2020	4125	40208	10.3
2021	4761	44188	10.8
2022	4556	44883	10.2
2023	5763	47495	12.1

资料来源：广东省统计局。

2. 住宿和餐饮业固定资产投资跌幅轻微回弹

2023年，广东住宿和餐饮业固定资产投资增速较上年回弹1.5个百分点，整体仍呈现较为低迷的状态，不仅比广东全口径固定资产投资增速低22.3个百分点，而且比全国住宿和餐饮业固定资产投资增速低28.0个百分点（见图4）。

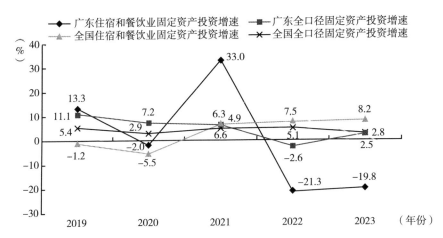

图4 2019~2023年全国及广东住宿和餐饮业与全口径固定资产投资增速对比

资料来源：国家统计局、广东省统计局。

（三）广东各地市餐饮企业发展情况

1. 餐饮经营主体数量

截至2023年初，广东餐饮法人主体净存量（在业存续）为127.69万家，增速为27.3%。2023年全年新注册餐饮经营主体34.89万家。截至2024年初，广东餐饮法人主体净存量已攀升至152.77万家，2023年全年净存量增量为25.18万家，增速为19.7%。

2. 各地市餐饮经营主体注册量

2023年，广东新注册34.89万家餐饮经营主体，较2022年的21.15万家大幅增加13.74万家，增速高达65.0%。高速增长的餐饮经营主体注册量充分彰显了广东餐饮业的蓬勃发展态势。其中，深圳2023年新注册量、同比增量和同比增速3项指标全部排名全省第一（见表3）。

表3 2023年广东各地市餐饮经营主体注册情况

单位：家，%

地市	新注册量	同比增量	同比增速
深圳市	69319	21571	45.2
茂名市	12348	3645	41.9
湛江市	13141	3213	32.4
佛山市	37160	8102	27.9
揭阳市	7293	1557	27.1
东莞市	49561	9455	23.6
珠海市	8543	1607	23.2
惠州市	16761	3076	22.5
肇庆市	8671	1441	19.9
梅州市	6024	939	18.5
广州市	45389	6460	16.6
云浮市	3737	488	15.0
汕尾市	6723	814	13.8
中山市	18980	2084	12.3
阳江市	4141	453	12.3
韶关市	4652	482	11.6
清远市	6926	674	10.8
江门市	10241	788	8.3
汕头市	10069	424	4.4
河源市	4742	156	3.4
潮州市	4490	−70	−1.5

资料来源：天眼查。

3. 各地市个体餐饮注册量

2023年广东新注册的餐饮经营主体中，个体餐饮注册总量为31.97万家，占比比上年小幅降低0.2个百分点，为91.6%。全省低于这一占比的只有广州与深圳两市，客观上反映出广东餐饮业连锁化发展与区域分布的不均衡（见表4）。

表4　2023年广东各地市个体餐饮注册量及占比

单位：家，%

地市	餐饮注册总量	个体餐饮注册量	个体餐饮注册量占比
广州市	45389	35814	78.9
深圳市	69319	58499	84.4
珠海市	8543	7876	92.2
惠州市	16761	15519	92.6
佛山市	37160	35358	95.2
汕头市	10069	9659	95.9
东莞市	49561	47677	96.2
江门市	10241	9877	96.4
中山市	18980	18311	96.5
梅州市	6024	5858	97.2
汕尾市	6723	6542	97.3
韶关市	4652	4528	97.3
河源市	4742	4626	97.6
清远市	6926	6758	97.6
阳江市	4141	4045	97.7
湛江市	13141	12855	97.8
肇庆市	8671	8488	97.9
云浮市	3737	3664	98.0
潮州市	4490	4407	98.2
茂名市	12348	12149	98.4
揭阳市	7293	7184	98.5

资料来源：天眼查。

截至2024年初，广东餐饮业个体工商户总量达143.25万家，占比降至91.1%。以上数据一方面反映出广东餐饮个体工商户的生命周期缩短，另一方面表现出规范化运营的广东餐饮企业的抗风险能力明显增强。

4. 各地市餐饮经营主体存活率

2023年，广东新注册的34.89万家餐饮经营主体的平均存活率为72.2%，较上年降低约3.0个百分点。在广东21个地市中，超过平均存活率的城市仅有9个，其中，揭阳市存活率最高，为77.4%；低于平均存活率的城市有12个，中山市存活率最低，为64.4%（见表5）。

表5　2023年广东各地市餐饮经营主体存活率

单位：家，%

地市	新注册量	存续量	存活率
揭阳市	7293	5648	77.4
深圳市	69319	53037	76.5
惠州市	16761	12799	76.4
梅州市	6024	4582	76.1
广州市	45389	34511	76.0
汕尾市	6723	5105	75.9
茂名市	12348	9368	75.9
江门市	10241	7648	74.7
阳江市	4141	3017	72.9
河源市	4742	3420	72.1
潮州市	4490	3238	72.1
汕头市	10069	7260	72.1
韶关市	4652	3324	71.5
湛江市	13141	9375	71.3
珠海市	8543	5946	69.6
清远市	6926	4800	69.3
佛山市	37160	25498	68.6
肇庆市	8671	5930	68.4
云浮市	3737	2548	68.2
东莞市	49561	32488	65.6
中山市	18980	12232	64.4

资料来源：天眼查。

5.广东餐饮业门店整体情况

2019~2023年，广东餐饮市场经历了一系列波动。2020年，新开店铺数量创下新高，开店率显著高于关店率。然而，随着新冠疫情的反复，2021年关店率首次超过开店率，2022年新开店铺数量持续下降。2023年，市场开始逐步复苏，关店率低于开店率，显示出市场正在稳步向好发展（见图5）。

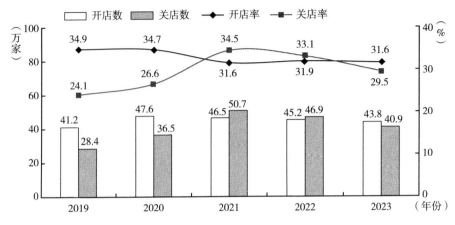

图5　2019~2023年广东餐饮业门店开关情况

资料来源：辰智餐饮数据库、餐数科技。

6. 广东餐饮业连锁发展态势

广东餐饮市场以单店品牌为主导，2023年单店数量接近60万家，占据市场超过60%的份额（见图6）。同年，33.8%的餐饮门店隶属于连锁品牌①，其中以5~49家门店的小型连锁和100~999家门店的中型连锁为主流。对比2019~2023年的数据发现，拥有10000家及以上门店的品牌数量占比上升，这表明连锁品牌正逐步扩大规模，朝着规模化经营的方向发展。

（四）广东餐饮百强企业发展情况

1. 广东餐饮百强企业总体营收回升到2021年水平

2023年，广东餐饮市场消费逐步复苏。在这一背景下，广东餐饮百强企业营收显著回升，达到866亿元，同比增长17.8%，回升到2021年水平。同年，市场中新店的涌入导致百强企业营收在全省餐饮业总营收中的占比略有下降，降至15.0%（见图7）。

---

① 连锁品牌标准为全国门店数量在5家及以上，且在某个城市至少有2家店。

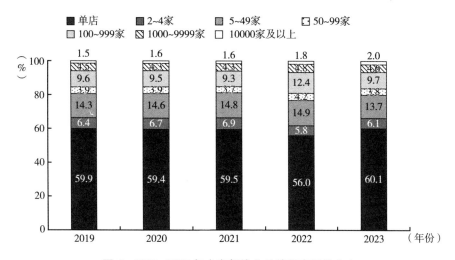

图6 2019~2023年广东餐饮业品牌门店规模分布

资料来源：辰智餐饮数据库、餐数科技。

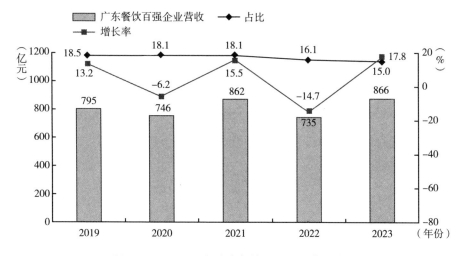

图7 2019~2023年广东餐饮百强企业营收情况

资料来源：广东省餐饮服务行业协会、辰智餐饮数据库、餐数科技。

2.90%的广东餐饮百强企业营收上升

2023年，随着餐饮市场的复苏，高达90%的广东餐饮百强企业实现了营收的增长，展现了百强企业较强的恢复能力和发展活力（见图8）。

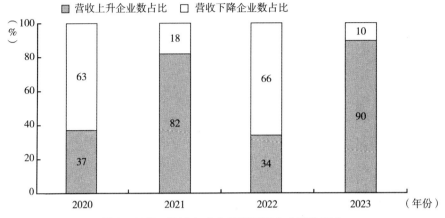

图8　2020~2023年广东餐饮百强企业营收变化

资料来源：广东省餐饮服务行业协会、辰智餐饮数据库、餐数科技。

3. 广东餐饮百强企业规模化发展趋势显著

2022年，广东餐饮百强企业中有36家企业的营收在5亿元及以上。到了2023年，这一数字上升至41家，营收为5亿~10亿元、21亿~30亿元及30亿元以上的企业数量有所增加（见图9）。得益于经济的回暖和消费市场的复苏，2023年广东餐饮百强企业的营收实现了快速增长，这不仅反映了广东餐饮百强企业的强劲发展势头，也展现了其在行业中的领导地位和竞争力。

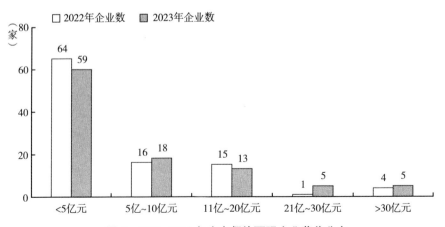

图9　2022~2023年广东餐饮百强企业营收分布

资料来源：广东省餐饮服务行业协会、辰智餐饮数据库、餐数科技。

4. 超60%的成本来自原料采购与人工

在广东餐饮百强企业的经营成本中，食材原料占比最高，其次是人工费用和租金。相比2022年，2023年食材原料和人工费用的占比有所下降，而租金则略有上升。长期以来，高昂的食材原料、人工和租金成本一直是餐饮业面临的重大挑战。同时，2023年外卖佣金和广告宣传推广费用的占比出现了上升（见图10）。

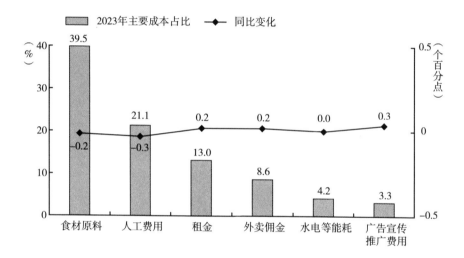

图10 2023年广东餐饮百强企业主要成本占比及同比变化

资料来源：广东省餐饮服务行业协会、辰智餐饮数据库、餐数科技。

5. 广东餐饮百强企业日均人效约为595元

2023年，广东餐饮百强企业的日均人效约为595元。其中，轻餐厅因高翻台率而拥有最高的日均人效，达到1864元。火锅、国际美食和正餐类餐厅紧随其后，而快餐和团膳的日均人效相对较低（见图11）。

6. 广东餐饮百强企业投资类型

2023年，广东餐饮百强企业中民营企业占据了主导地位，占比超过75%。同时，超过15%的企业有外商（含港澳台）参与投资或独资，而国有企业的比例相对较低，仅为2.4%（见图12）。

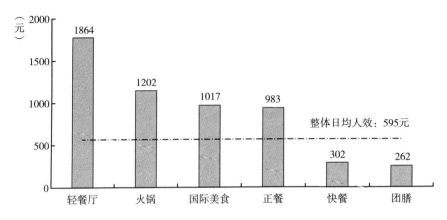

图11 2023年广东餐饮百强企业日均人效

资料来源：广东省餐饮服务行业协会、辰智餐饮数据库、餐数科技。

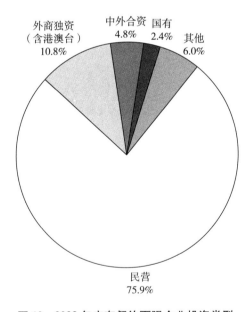

图12 2023年广东餐饮百强企业投资类型

资料来源：广东省餐饮服务行业协会、辰智餐饮数据库、餐数科技。

7. 广东餐饮百强企业品牌发展情况

2023年，46.8%的广东餐饮百强企业专注于单一品牌的经营，23.4%的企业拥有 2 个品牌，而近 30%的企业拥有 3 个及以上品牌（见图 13）。实施品牌多元化战略不仅能够发挥原有品牌的优势，还能为新品牌提供支持，从而实现品牌收益的增长。

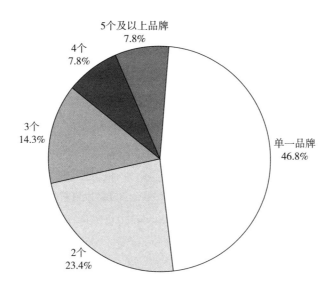

图 13　2023 年广东餐饮百强企业下属品牌数

资料来源：广东省餐饮服务行业协会、辰智餐饮数据库、餐数科技。

8. 广东餐饮百强企业连锁发展情况

2023 年，广东餐饮百强企业中超过半数的企业选择了直营模式进行扩张。此外，44.6%的企业在直营的基础上开展了加盟业务，包括特许经营、合作经营（见图 14）。直营连锁的优势在于能够实现品牌形象、产品质量和服务标准的统一管理，确保企业在不同地区的一致性。

广东餐饮百强企业在省外也取得了较好的发展。68.7%的企业实现了省外开店，21.7%的企业实现了港澳开店，还有 16.9%的企业已将业务拓展至海外市场（见图 15）。这表明广东餐饮百强企业不仅在本省拥有强大的市场影响力，而且具备了在更广阔地域范围内进行竞争的能力。

9. 广东餐饮百强企业业态与营收情况

在广东餐饮百强企业中，正餐类企业以 43 家的数量占据主导地位，其营

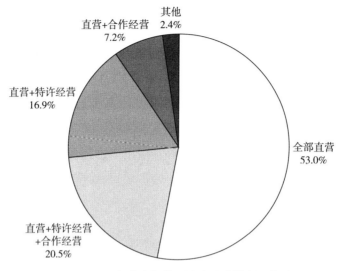

图 14　2023 年广东餐饮百强企业连锁发展策略

资料来源：广东省餐饮服务行业协会、辰智餐饮数据库、餐数科技。

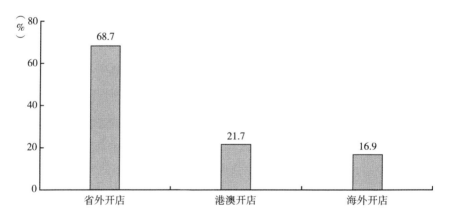

图 15　2023 年广东餐饮百强企业省外发展情况

说明：省外开店数据不包括港澳开店和海外开店数据。

资料来源：广东省餐饮服务行业协会、辰智餐饮数据库、餐数科技。

收占比高达 38.7%。快餐类企业紧随其后，共有 25 家上榜，营收占比为 31.6%（见图 16）。在快餐类企业中，中式快餐企业有 19 家，营收占比为 13.8%；西式快餐企业有 6 家，营收占比为 17.8%。

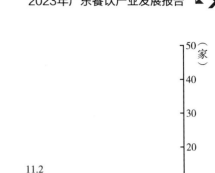

图16　2023年广东餐饮百强企业业态分布情况

资料来源：广东省餐饮服务行业协会、辰智餐饮数据库、餐数科技。

10. 广东粤式餐饮百强企业业态与营收情况

在广东餐饮百强企业中，粤式餐饮企业占据了显著的地位，共有33家。其中，粤式正餐类企业有16家，粤式快餐类企业有8家，粤式火锅类企业有6家，粤式轻餐厅类企业有3家。这些粤式餐饮企业营收在百强企业总营收中合计占28.1%。具体来看，粤式正餐类企业的营收占比最高，达到14.0%；粤式快餐类企业的营收占比为6.8%；粤式火锅类企业的营收占比为5.4%；粤式轻餐厅类企业的营收占比为1.9%（见图17）。

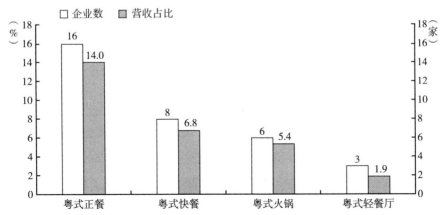

图17　2023年广东粤式餐饮百强企业业态分布情况

资料来源：广东省餐饮服务行业协会、辰智餐饮数据库、餐数科技。

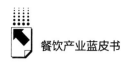

二　广东餐饮业开启高质量发展的新篇章

广东餐饮业作为全省经济增长的重要动力,不仅是促消费、惠民生、稳就业的关键领域,更是展现地方文化魅力和提升居民生活质量的重要窗口。广东省餐饮业的高质量发展不仅对省内经济发展做出贡献,更对广东省文化传承、社会进步和国际形象塑造起到重要推动作用。2023 年,广东餐饮业在高质量发展方面取得了多项标志性成果,不仅为餐饮业注入了新的活力,也为广东省经济的全面振兴和持续健康发展提供了有力支撑。

(一)驱动餐饮业高质量发展的重要平台:中国(广州)餐饮产业招商大会

2023 年 2 月 21 日,"中国(广州)餐饮产业招商大会暨投融资合作交流展"在广州成功举行,吸引了餐饮业、商业载体和投融资机构的近 500 位代表。在经济复苏的大背景下,广州市商务局利用这一平台,促进了行业内外的深度交流与合作,为餐饮品牌的进一步发展提供了重要契机。通过这次大会,广州不仅展示了其作为"美食之都"的独特魅力,还彰显了其在推动餐饮产业高质量发展方面的坚定决心和实际行动。大会的成功举办,为广东餐饮业的未来发展奠定了坚实基础,为擦亮"食在广州"的城市品牌贡献了积极力量。

(二)践行餐饮业高质量发展的行动纲领:《关于进一步优化提升餐饮与住宿行业服务质量的联合倡议书》

随着经济的持续复苏和消费市场的强劲增长,餐饮与住宿行业迎来了新的发展机遇。为了把握这一机遇,推动行业高质量发展,2023 年 3 月中旬,广东省餐饮服务行业协会、广州市饮食行业商会、广州地区饮食行业协会、广州市美食之都促进会、广州地区酒店行业协会发布了《关于进一步优化提升餐饮与住宿行业服务质量的联合倡议书》,提出了以下五大行动指南。

一是依法诚信经营：强调行业自律，维护企业和城市形象，确保价格公道和食品安全。二是增强服务意识：通过专业培训，提高一线服务人员的专业技能和综合素质，以真诚和专业的态度服务顾客。三是优化管理体系：推动服务流程化、规范化，运用数字化手段提升管理效率，打造舒适消费环境，坚决制止浪费。四是加强人才建设：构建人才发展平台，完善人才保留和激励机制，发挥专业人才的作用。五是创建优质品牌：不断创新服务理念，提高服务质量，打造并推广"广州服务"品牌，提升品牌引领效能。这一联合倡议体现了广州餐饮与住宿行业对服务品质的不懈追求，以及对广州建设国际消费中心城市目标的坚定支持，标志着行业在服务升级和品牌建设方面迈出了坚实的步伐。

（三）推动餐饮业高质量发展的关键行动："味美广东·高质量发展计划"

"味美广东·高质量发展计划"由广东省餐饮服务行业协会联合美团等合作伙伴发起，旨在通过创新的经营模式和数字化赋能，推动广东省餐饮业的高质量和可持续发展，为广大消费者和商家创造更多价值，为广东省经济的持续健康发展贡献力量。倡议要点如下。

多元化经营探索：鼓励商家采用"拼好饭"等新型经营模式，实现线上线下业务的深度融合，提升经营效率和市场竞争力。

菜品创新与消费者权益：丰富餐品供给，推广绿色、简约的消费模式，同时加强消费者权益保障，提升食品安全信任度。

食品安全主体责任：严格执行食品安全法规，建立健全管理制度，确保食品加工安全，提升餐饮服务的规范性。

数字化能力提升：针对中小商家面临的挑战，提供专项支持，促进外卖业务发展，提高订单量和生产效率。

联合行动：与科技零售平台深度合作，鼓励行业创新，为消费者带来多元化的餐饮体验，激发市场活力。

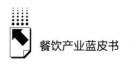

三　广东餐饮业文化创新实践

广东省餐饮业坚持习近平总书记关于文化自信和文化发展的重要思想，积极结合新的时代条件传承和弘扬中华优秀传统文化，并与吸收借鉴国外优秀文化成果相结合。通过一系列创新实践，广东省餐饮业不仅提升了粤菜文化的独特魅力和国际影响力，而且推动了节约粮食等社会新风尚的进一步形成，展现了行业在文化传承与创新中的领导力。这些创新实践不仅丰富了文化自信的时代内涵，也为广东乃至全国餐饮文化的传承和弘扬提供了新思路、新路径，为构建开放包容、创新发展的餐饮文化新格局做出了积极贡献。

（一）加强粤菜文化国际融合的新举措："品赏粤菜——开启岭南美食文化体验之旅"

广东省餐饮业在国际美食文化交流方面取得了显著成就，2023 年成功举办了教育部中外语言交流合作中心的"汉语桥"线上团组项目"品赏粤菜——开启岭南美食文化体验之旅"。该项目为期 10 天，吸引了 110 位来自澳大利亚、马来西亚等国家和地区的学员通过线上课程深度体验粤菜文化，同时学习汉语，有效促进了中华文化的海外传播。广东省餐饮服务行业协会和广东省粤菜产业发展促进会的专业指导，以及广州华商职业学院的精心组织，确保了该项目的高质量推进。该项目不仅获得了主办方的高度评价，更激发了学员对亲临广东体验岭南文化的强烈兴趣。该项目进一步挖掘了粤菜饮食文化内涵，培养了更多懂汉语、通粤菜的餐旅复合型人才，为共建"一带一路"国家的文化与餐饮交流做出了一定贡献。这一项目的成功实施，不仅展现了广东餐饮业的创新能力，也为全球文化互鉴与共享搭建了桥梁。

（二）引领粮食节约的新风尚：《广东餐饮业制止食物浪费行动倡议书》

广东省餐饮服务行业协会积极响应国家粮食安全战略，发布《广东餐饮业制止食物浪费行动倡议书》,并在全省范围内开展"粤节约·粤食范儿"主题活动,旨在进一步推动《中华人民共和国反食品浪费法》和《粮食节约行动方案》的实施。该倡议书鼓励全省餐饮企业树立、践行节约理念,激发基层员工的创新精神,探索和实施制止食物浪费的新方法。同时,通过案例征集和宣传表彰活动,广东省餐饮服务行业协会评选并表彰节约典范,以此激励行业内持续创新。通过这些措施,广东餐饮业不仅展现了其对国家粮食安全的贡献,也彰显了其在传播社会节约文化、促进可持续发展方面的领导力和责任感。这一系列活动和倡议,将为广东乃至全国的餐饮业树立节约、环保、高效的新标杆。

(三)整合湾区美食文化产业资源的新探索:粤港澳大湾区餐饮食品(文化)产业联盟工作交流会议

2023年3月16日,粤港澳大湾区餐饮食品(文化)产业联盟工作交流会议在深圳市行膳餐饮研究院成功举办,此次会议汇聚了粤港澳大湾区餐饮食品(文化)产业联盟成员和嘉宾,共同探讨和促进区域内餐饮业的资源整合与协同发展。与会者积极建言献策,讨论了湾区交流互访、行业赛事和展会举办、人才培养、供应链整合、产业融合、预制菜国际化、标准制定等方面的合作。此次会议的成功召开,不仅加强了粤港澳大湾区内餐饮业的联合与协作,也为推动广东乃至整个粤港澳大湾区餐饮业的高质量发展注入了新动力,展现了餐饮业在新时代背景下的发展新趋势和合作新模式。

B.6
2023年江苏餐饮产业发展报告

于学荣[*]

摘　要：　2023年，面对复杂多变的外部环境，江苏省认真落实党中央、国务院重大决策，全省餐饮业按照省委、省政府部署安排，奋力强信心、稳预期、促发展，消费新场景、新业态、新热点不断涌现，全省住宿和餐饮业收入实现4167.34亿元，同比增长13.6%；其中餐饮收入4907.00亿元，同比增长20.4%。全省餐饮消费市场持续恢复向好，高质量发展迈出坚实步伐。展望未来，江苏餐饮业将以数智赋能、绿色环保、文化传承等为发展方向，不断推动产业创新和升级。

关键词：　餐饮业态　消费新场景　绿色健康　江苏

2023年，江苏餐饮业以习近平新时代中国特色社会主义思想为指导，全面贯彻落实党的二十大精神，以高质量发展为引领，完整、准确、全面贯彻新发展理念，不断加快构建新发展格局，全面提升餐饮服务品质，优化餐饮业发展环境，进一步释放餐饮消费潜力，持续推动餐饮业高质量发展，不断满足人民日益增长的美好生活需要。

一　2023年江苏餐饮业发展情况

（一）市场规模与增长速度

2023年，全省实现社会消费品零售总额45547.5亿元，同比增长

---

* 于学荣，江苏省餐饮行业协会会长，江苏食品药品职业技术学院产业教授，江苏淮扬菜烹饪学院院长、教授，主要研究方向为餐饮行业服务规范以及淮扬菜规范。

6.5%，总体持续回升向好（见表1）。全省住宿和餐饮业收入实现4167.34亿元，同比增长13.6%；其中餐饮收入4907.00亿元，同比增长20.4%。

表1　2016~2023年江苏住宿和餐饮业收入与社会消费品零售总额情况

单位：亿元，%

年份	社会消费品		住宿和餐饮业		占社会消费品零售总额的比重	对社会消费品零售总额增长贡献率
	零售总额	增速	收入	增速		
2016	28707.12	10.9	2807.98	14.0	9.78	12.21
2017	31737.41	10.4	3127.17	11.4	9.85	10.53
2018	34339.88	8.2	3430.51	9.7	9.99	12.10
2019	35291.19	6.2	3727.24	8.7	10.56	11.36
2020	37086.1	1.6	3432.79	-7.9	9.26	—
2021	42702.6	15.1	3841.29	11.9	8.996	7.27
2022	42752.1	0.1	3668.43	-4.5	5.58	—
2023	45547.5	6.5	4167.34	13.6	9.14	17.85

资料来源：江苏省统计局。

2020~2022年，受新冠疫情的影响，江苏餐饮市场发展受到一定影响，2022年餐饮市场规模也未超过2019年规模。2023年，全省餐饮经济快速复苏，餐饮市场规模增速与2019年相比上升11.8个百分点。这一增速显示出餐饮业在推动江苏经济发展中的重要地位。

江苏餐饮业的显著增长主要源于两方面。一方面，随着消费者对餐饮品质、环境和服务要求的不断提升，江苏餐饮企业积极应对市场变化，不断提升经营水平，形成了独具特色的品牌优势。另一方面，大数据、人工智能等先进技术的应用，使餐饮业的运营效率和服务质量得到了显著提升，进一步推动了市场规模的扩大。

（二）餐饮细分赛道发展情况

1. 中式正餐守正创新，厚积薄发

2023年，江苏中式正餐市场地位稳固，显示出强大的发展韧性与潜力。

中式正餐是江苏餐饮市场的基石，以大惠集团、古南都投资发展集团、江苏小厨娘餐饮管理公司、苏州工业园区金海华餐饮发展有限公司为代表的一批中式正餐领跑者持续发挥着稳定市场、传承文化的重要作用，独特的口味体系、丰富的菜品种类和深厚的文化底蕴，为消费者提供了高品质的美食体验。

2. 咖啡产业异军突起，再掀风潮

咖啡产业在江苏呈现迅猛的发展态势，昆山作为全国最大的咖啡产业集聚区，建立了稳定的咖啡豆进口渠道，吸引了众多国际咖啡品牌的入驻，打造一条以咖啡为主的高端食品产业链正当其时。如今，昆山已建立5万平方米的咖啡生豆仓，不仅提升了江苏咖啡产业的国际影响力，也为江苏消费者带来了更加多元化的咖啡消费选择。

3. 面包烘焙健康引领，创新发展

"90后"消费群体的崛起成为餐饮消费市场增长的主要驱动因素之一，面包烘焙行业的快速增长亦与"90后"的消费习惯密切相关。2023年，85℃、红跑车、泸溪河、好利来、巴黎贝甜、面包新语等一批具有创新精神和专业技术的烘焙品牌，通过不断提升产品质量和服务水平，赢得了消费者的广泛认可。品牌企业还以精湛的烘焙技艺和独特的创意，将传统中式食谱融入烘焙产品，增加了产品健康属性，提供了基于传统中餐概念的健康选择，为江苏烘焙市场注入了新的健康理念与活力。

4. 小吃产业精彩纷呈，繁荣发展

小吃作为江苏餐饮文化的重要组成部分，以其多样化的种类和独特的地域特色受到消费者的喜爱。2023年，江苏通过第三届中国（泰州）早茶产业发展大会、中国·江苏面食小吃产业发展大会等相关活动，不断推进一二三产业协调发展，促进商农文旅有机结合，以倡导和合而美、崇尚自然、绿色生活理念促进小吃产业继续保持繁荣发展的态势，不仅满足了消费者的消费需求，也促进了地方文化的传承与发展。

5. 茶饮产业数智运营，提档升级

茶饮产业已经从粉末冲调时代、传统连锁时代正式迈进新茶饮时代。新茶饮不仅是原料从粉末到真茶真奶的产品升级,更是对品牌建设、渠道管理等维度的一次全方位的升级。2023年,茶饮产业通过大数据门店选址、门店系统信息化改造升级、员工管理数字化、销售渠道数字化等数智化运营方式在江苏呈现强劲的发展势头。新茶饮品牌以其创新的产品理念和健康的消费理念获得年轻消费者的青睐。同时,传统茶饮品牌不断创新升级,以适应市场需求的变化。

6. 烧烤产业场景突破,多元发展

烧烤是具有较强社交属性的餐饮赛道,2023年全省烧烤市场规模快速增长,从供给和需求两方面看,未来有望继续保持较快增长。烤肉、烤串从过去的路边摊阶段向连锁品牌化发展,异域、融合烤肉不断兴起,烤串正餐化趋势渐显。随着原材料与人工成本的提升,各类烧烤企业也进入了供应链比拼时代。同时,烧烤作为户外活动中最常进行的项目,在越来越多的户外活动场景中出现,这吸引了除烧烤品牌之外的生鲜超市、食材供应商、预制菜品牌等"选手",甚至某些跨行业的大品牌也加入了露营烧烤的"战场"。

7. 火锅产业体验赋能,寻求突破

2023年,火锅行业标准化程度越来越高,管理体系日趋成熟。因为有着广泛的群众基础,火锅在江苏餐饮业中一直占有较大的市场份额,而川渝火锅一直是领跑者。为了解决火锅业发展中菜品、锅底同质化的问题,更多的企业对店面场景进行升级,融入居民楼、天台、田园小院、村落、夜市等场景,通过沉浸式体验营造松弛感,海底捞更是对露营、夜市摆摊、演唱会聚餐等新场景进行探索,以接地气的方式给予顾客多种体验。越来越多的企业在思考如何在标准化的基础上实现火锅底料香味和口感的突破,再塑经典。

8. 西餐产业中西融通,优质亲民

2023年,随着消费者多元化、个性化餐饮需求的增长,以及江苏各城市国际化程度的提升,西餐展现出一定的增长势头。为了挖掘西餐在全省餐饮市场的发展潜力,不少西餐品牌将西餐与我国本土的文化和市场特点相结

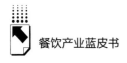
合，对西餐的菜品、烹饪方法等进行本土化改造，打造出具有中国特色的西餐，一改西餐传统的"高冷"形象。诺丁牛排等不少西餐连锁品牌将目光投向了下沉市场，在三线及以下城市开设门店，将品牌影响力渗透到更广泛的人群中。

9. 中式快餐快速扩张，跨界融合

中式快餐刚需属性强，具有庞大的消费群体，发展空间相对广阔。2023年，中式快餐供应链得到持续强化，数字化、智能化提升了企业的生产效率、服务质量，市场规模稳步增长。同时，中式快餐产品跨品类融合特征显著。不仅米饭产品日益丰富，还拓展了粉面、粥品、饺子馄饨、包点等多种主食。同时，烤串、炸串、鸡排、卤味熟食等休闲风味产品成为跨界融合的方向，各品牌纷纷通过提升服务质量和创新产品来吸引消费者，迎合了都市快节奏生活的需求。

二　2023年江苏餐饮业发展特点

（一）数字化转型与科技发展：企业全面提档升级

2023年，江苏餐饮业在数字化转型方面迈出了坚实的步伐。和府捞面、扬城一味等众多餐饮企业积极拥抱新技术，通过引入大数据分析、云计算等先进技术手段，实现了运营效率的大幅提升。智能化、自动化的应用不仅缩短了消费者等待时间，提升了服务品质，也为企业降低了成本，增加了收益。此外，江苏餐饮业还加大了供应链数字化投入力度，通过物联网、区块链等技术手段，实现了供应链的透明化、可追溯化。这不仅提高了食材的质量和安全水平，也增强了消费者对餐饮企业的信任。

（二）绿色餐饮与可持续发展：环保理念深入人心

2023年，江苏餐饮业积极响应绿色发展的号召，推动绿色餐饮理念的普及与践行。许多企业开始采用环保材料、节能设备，减少资源浪费和环境污染。在食材的选择上，越来越多的企业倾向于使用有机、绿色、无污染的食材，以保障消费者的健康权益。2023年，金陵饭店梅苑餐厅荣获江苏省绿色食品办公室、江苏省绿色食品协会认定的第一批江苏省"绿色有机餐厅"称号。同时，江苏餐饮业加强了对食品安全和质量的监管，通过引入第三方检测机构、建立食品安全追溯体系等方式，确保食材的源头可控、质量可靠。这些措施不仅提高了企业的信誉度，也提高了消费者的满意度。

（三）产业优化与特色发展：多元化与个性化并存

1. 多元化消费场景与经营模式：满足不同需求

2023年，江苏餐饮业在消费场景和经营模式方面呈现多元化的发展趋势。除了传统的到店消费模式外，外卖、新零售等新型消费模式也逐渐兴起。餐饮企业积极探索线上线下融合的经营模式，通过打造复合式门店、开展跨界合作等方式，拓宽了销售渠道和收入来源。此外，江苏餐饮业还针对不同消费群体推出了不同类型的餐饮产品，顺应新时代年轻客群需求，加快创新产品和服务。常州钟楼等餐饮老字号顺应国潮消费趋势，摇身一变成为新消费市场的"网红"，成功"出圈"。江苏省商务厅还联合各餐饮服务平台，进一步推广首批"江苏味道"美食街区，同时推选"心动街区""必吃街区"等，以点带面持续引领餐饮消费扩面扩容、提质升级，不仅满足了消费者的多样化需求，而且提升了企业的市场竞争力。

2. 健康餐饮与个性化服务：注重消费体验

随着消费者对健康饮食的关注度不断提高，江苏餐饮业也加强了对健康餐饮的研发和推广。许多企业推出了搭配合理、口味多样的健康菜品，如低脂、低糖、高纤维的菜品，全谷物和杂粮食品，满足了消费者对健康饮食的需求。

个性化服务成为江苏餐饮业发展的一个重要方向。企业开始注重提供定制化、差异化的服务体验。2023年10月，国务院常务会议审议通过了《积极发展老年助餐服务行动方案》，发展老年助餐服务成为重要民生工程，江

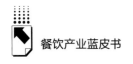

苏各地的社区以及餐饮企业积极行动，推动养老餐饮这一个性化服务不断发展。

（四）大众餐饮与跨界发展：打造行业新引擎

2023年，随着消费者餐饮需求的日益多样化，大众餐饮市场迅速崛起，成为江苏餐饮业的重要增长点。消费者不再局限于满足基本饮食需求，而是更加注重餐饮的品质、环境和体验。这一变化为大众餐饮市场提供了巨大的发展机遇。

快节奏的生活方式使快餐、小吃等轻餐饮形式在大众餐饮市场中占据重要地位。这些餐饮形式以便捷、实惠的特点，满足了消费者随时随地用餐的需求，吸引了大量消费者。它们的蓬勃发展不仅丰富了市场供给，也促进了行业的发展与繁荣。

跨界合作成为江苏餐饮业创新发展的重要途径。通过与旅游、文化、娱乐等相关产业的合作，实现资源共享、优势互补，为消费者提供更为丰富的餐饮体验。同时，跨界合作有助于拓展餐饮业的市场边界，为行业发展注入新的活力。江苏餐饮业在保持传统特色的基础上不断创新，推出了一系列新颖、独特的菜品。这些创新菜品不仅融合了现代烹饪技艺和食材，也注重营养搭配和健康饮食的理念。它们的出现，不仅丰富了消费者的选择，也为行业发展注入了动力。堂食、外卖、新零售等多元经营模式并存，满足消费者多元化需求。

三　江苏餐饮产业发展趋势与展望

（一）数智赋能，转型升级

随着科技的进步，数智化将成为江苏餐饮业转型升级的关键驱动力。通过引入大数据、人工智能等技术，餐饮业将实现精准营销、智能管理和服务创新。例如，利用大数据分析消费者行为，提供个性化推荐；通过智能机器人提供点餐、送餐服务，提升效率；借助物联网技术实现食材追溯和库存管理，确保食品安全。这些数智化应用将推动江苏餐饮业朝更高效、更智能的方向发展。

（二）绿色环保，健康饮食

在高质量发展的要求下，绿色环保和健康饮食将成为江苏餐饮业的重要趋势。餐饮业将积极采用环保材料，减少一次性用品的使用，推广可循环餐具和包装。同时，餐饮业将更加注重食材的源头控制，采用绿色、有机、无污染的食材，推出更多健康、营养的菜品。此外，通过合理搭配食材和烹饪方式，减少油盐糖的使用，满足消费者对健康饮食的需求。

（三）独具特色，文化传承

江苏作为文化底蕴深厚的地区，其餐饮业将更加注重对国风国潮元素的挖掘。通过将传统文化元素融入菜品、餐具、装修等方面，打造具有江苏特色的餐饮品牌。同时，江苏餐饮业将积极推广中餐文化，通过举办美食节、文化讲座等活动，增强消费者对中餐文化的认同感和自豪感。

（四）标准生产，品牌引领

在高质量发展的背景下，江苏餐饮业将更加注重标准化生产和品牌建设。通过制定和执行严格的食品安全标准和操作规范，确保餐饮产品的质量和安全。同时，餐饮业将加强品牌建设，通过提升服务质量、创新菜品、打造特色文化等方式，树立品牌形象，提升品牌价值。

同时，预制菜的标准化、规模化、多样化和绿色化发展，将进一步推动江苏餐饮的标准化和品牌化，助力江苏餐饮实现更高水平的发展和创新。预制菜也将促进江苏餐饮与食品产业的深度融合，为整个产业链的转型和升级提供有力支持。

（五）沉浸体验，个性定制

随着消费者对餐饮体验的要求不断提高，江苏餐饮业将更加注重提供沉

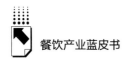

浸式、个性化的定制服务。通过营造独特的用餐环境、提供个性化的菜品和服务，让消费者在享受美食的同时获得独特的文化体验和情感共鸣。此外，江苏餐饮业还将借助虚拟现实等技术，为消费者带来更加丰富的互动体验。

（六）文旅融合，多元辐射

江苏拥有丰富的旅游资源，餐饮业将积极与旅游业融合发展，打造"美食+旅游"产业链。通过推出具有地方特色的旅游餐饮产品，吸引游客品尝江苏美食，同时借助旅游渠道推广餐饮品牌。此外，餐饮业还将与文化、娱乐等相关产业进行跨界合作，实现多元辐射和共赢发展。

（七）大众创新，扩大内需

在高质量发展的推动下，江苏餐饮业将更加注重大众创新和扩大内需。鼓励餐饮企业和从业者积极创新菜品、服务模式和经营理念，满足消费者多样化的需求。同时，通过拓展内需市场，开发适合不同消费群体的餐饮产品和服务，提升餐饮业的整体竞争力。

综上所述，江苏餐饮产业在 2023 年展现了蓬勃的发展态势，不仅推动了地方经济的增长，也为广大消费者提供了丰富多彩的餐饮选择。通过不断创新、优化和提升，江苏餐饮业正逐步迈向更加专业化、品牌化和国际化的道路。

B.7
2023年安徽餐饮产业发展报告

徐应平*

摘　要： 2023 年，安徽餐饮业整体呈现显著恢复态势，全省 16 市餐饮企业普遍迎来营收和利润的双增长。本报告对安徽餐饮业发展情况进行调查，涵盖超千家门店，涉及正餐、团餐、快餐小吃等多种业态，以全面反映安徽餐饮业发展情况。调查发现，全行业营收同比增长，正餐和团餐的营收和净利润均有增长，宾馆酒店增长显著，休闲餐饮和火锅的表现相对逊色。展望未来，建议安徽餐饮业进一步优化经营策略，加大促消费力度，以应对市场变化、提升盈利能力。

关键词： 餐饮业态　酒店餐饮　经营策略　安徽

一　调查基本情况

此次调查由安徽省餐饮行业协会邀请餐饮企业参与，时间截至 2023 年底，涉及全省 16 市的 72 家餐饮企业，其中合肥、宣城、马鞍山、宿州的参与企业较多，占比分别为 26.3%、16.6%、9.7%、8.3%。此外，参与调查的 72 家企业共有 1548 家门店，员工总数达 3.75 万人，总面积达 233.3 万平方米。

在调查涉及餐饮类别方面，正餐占比最高，为 47.2%；其次是团餐，占 29.1%；再次是宾馆酒店，占 12.5%；快餐小吃、休闲餐饮、火锅占比均较低，分别为 5.5%、2.7%、1.3%（见图 1）。

---

* 徐应平，安徽省餐饮行业协会驻会副会长，安徽省商务厅内贸流通领域专家库成员，全国饮食服务业标准化技术委员会委员，主要研究方向为民营餐饮以及餐饮行业发展趋势等。

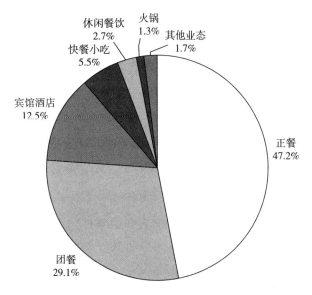

图1　2023年安徽省参与调查餐饮企业业态分布

此次调查覆盖了安徽全部地市，涉及的餐饮企业及门店较多，囊括了餐饮业的主要业态，具有代表性和现实价值。

二　调查数据及分析

（一）营收情况

2023年全省餐饮业营业收入同比增长12.31%，净利润同比增长7.67%。在各业态中，宾馆酒店、正餐、团餐实现营业收入和净利润的双增长。其中，宾馆酒店增长较为显著，营业收入同比增长35.77%，净利润同比增长51.75%；正餐营业收入同比增长15.45%，净利润同比增长9.20%；团餐营业收入同比增长7.40%，净利润同比增长5.24%。快餐小吃营业收入同比增长13.75%，净利润同比下降5.00%。休闲餐饮、火锅的表现相对逊色。休闲餐饮营业收入同比下降5.67%，净利润同比下降8.10%；火锅营业收入同比下降 10.00%，净利润同比下降 8.00%。

在参与调查的餐饮企业中，2023 年营业收入实现正增长的企业占 71.8%，负增长的企业占 28.2%；净利润实现正增长的企业占 67.6%，负增长的企业占 32.4%。分业态来看，正餐类企业中，营业收入实现增长的占 76.5%，下降的占 23.5%；团餐类企业中，营业收入实现增长的占 81.0%，下降的占 19.0%；宾馆酒店类企业中，营业收入实现增长的占 77.8%，下降的占 22.2%；快餐小吃类企业中，营业收入实现增长的占 51.1%，下降的占 48.9%；休闲餐饮类企业中，营业收入实现增长的 38.2%，下降的占 61.8%；火锅类企业中，营业收入增长的占 33.6%，下降的占 66.4%（见图 2）。

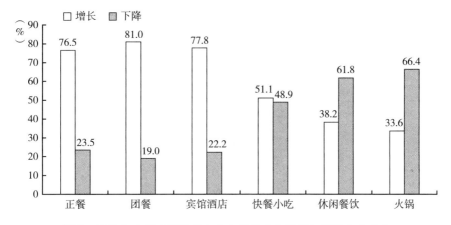

图 2　2023 年安徽省餐饮业各业态营业收入增长与下降企业分布

（二）企业规模变化情况

2023 年，安徽省有新开店面的餐饮业企业占 39.4%。分业态来看，新开店面最多的是快餐小吃类企业，占比高达 75.0%；其次是团餐类企业，占比达 66.7%；正餐类企业占比较低，达 23.5%。

2023 年，安徽省有关停店面的餐饮业企业占 11.3%。分业态来看，关停店面最多的是快餐小吃类企业，占比高达 64.0%；其次是团餐类企业，

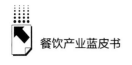

占比达 23.8%。

2023 年，既没有新开店面也没有关停店面（即规模保持不变）的安徽省餐饮业企业占 59.7%。分业态来看，规模保持不变的宾馆酒店类企业占比最高，为 98.8%；其次是正餐类企业，占 74.2%；快餐小吃类企业和团餐类企业占比接近，分别为 25.3% 和 21.4%。

对比 2022 年数据来看，2023 年安徽省有新开店面的餐饮业企业占比提高 8.9 个百分点，有关停店面的餐饮业企业占比降低 5.7 个百分点。这反映了 2023 年餐饮业复苏明显，市场活力日渐提升，行业发展态势向好。

（三）计划新开店情况

调查数据显示，2024 年安徽省有新开店计划的餐饮业企业占 37.5%，无新开店计划的企业占 24.4%，还有 38.1% 的企业表示要看情况（见图 3）。

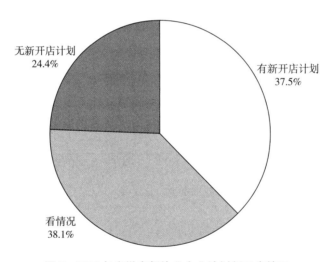

图 3　2024 年安徽省餐饮业企业计划新开店情况

分业态来看，有新开店计划的快餐小吃类企业占 72.0%，团餐类企业占 71.4%，正餐类企业占 26.4%；无新开店计划的宾馆酒店类企业占 66.7%，正餐类企业占 29.5%，团餐类和快餐小吃类企业均占 3.0%；表示要看情况的正餐类企业占 44.1%，宾馆酒店类企业占 33.3%，团餐类和快餐小吃类企业占比接近，分别为 25.6% 和 25.0%。

对比 2023 年计划新开店企业占比来看，2024 年计划新开店企业占比提升 3.2 个百分点，反映了餐饮市场主体的信心逐步恢复。

（四）营业成本情况

2023 年安徽省餐饮业企业营业成本中，原材料成本占比最高，达 44.60%，成本同比增长 3.25%；其次是工资成本（含社保），占比达 22.27%，成本同比增长 1.84%；管理成本占 7.10%，成本同比增长 1.16%；房租成本占 6.35%，成本同比增长 0.29%；能源成本和其他成本分别占 5.89% 和 5.08%，成本同比分别增长 1.48% 和 0.90%；税费成本占比最低，为 2.84%，成本同比增长 0.34%。此外，还有突发情况开支。以上数据表明，随着营业收入的提高，餐饮业企业的营业成本有所提升，这也会进一步增强企业的成本管控意识。

（五）线上销售情况

2023 年，安徽省开展网上订餐业务的企业占 47.9%，未开展网上订餐业务的企业占 52.1%，线上销售额占总营业收入的 7.1%。分业态来看，休闲餐饮的线上销售额占线上销售总额的比重最高，达 38.0%；其次是快餐小吃，占比达 16.3%。以上数据显示，2023 年安徽省餐饮业线上销售仍有提升空间，除了休闲餐饮和快餐小吃，其余业态的线上销售业务仍需进一步拓展。

（六）预制菜发展情况

2023 年，安徽省餐饮业企业中，有预制菜的企业占 9.8%，没有预制菜的企业占 90.2%。有预制菜的企业的营业收入占总营业收入的 19.7%，其中线上收入占 13.8%，线下收入占 86.2%。以上数据说明，相比 2022 年，2023 年安徽省的预制菜市场呈现"退热"现象，这与预制菜技术仍不成熟、消费者认为预制菜的品质难以得到保障等因素有关。

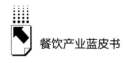

（七）食材供应链建立情况

食材供应链连接上游农副产品与下游门店，目前大部分餐饮业企业主要通过与优秀供应链企业合作来满足自身食材需求，也有一些大型连锁餐饮业企业自主或合作建立了自己的有机绿色食材生产基地，在保证自身供应的同时向外销售。调查数据显示，在安徽省餐饮业企业中，73.6%拥有较为固定的大宗食材供应商，合作型供应链有充分保障；25.0%根据性价比在市场上自由选择食材供应商；23.6%拥有自建或合作共建的种养殖基地，自建大宗食材供应链较为完善；2.7%采用招标集采方式采购大宗食材，无长期固定供应商；同时采用两种或以上供应方式的企业占25.4%。

在营业成本和原材料价格持续上涨的背景下，构建较为完善的供应链是餐饮业企业有效降低成本、切实保障食品安全的重要手段。调查结果显示，安徽省大部分餐饮业企业采用与固定大宗食材供应商合作的方式满足供应需求，自建供应链的企业依然较少，凸显了打造优质供应链的重要性。

（八）员工基本情况

1. 年龄结构

2023年，安徽省餐饮业企业员工呈现年长化趋势。在所有参与调查企业的员工中，31~40岁占27.72%，41~50岁占36.60%，51~60岁占18.20%，60岁以上占3.4%。可见，41~60岁员工占比过半，员工年龄偏大。

分业态来看，火锅类企业拥有的年轻员工最多，30岁及以下员工占23.8%；其次是休闲餐饮类企业，占21.4%；快餐小吃类和宾馆酒店类企业占比接近，分别为16.0%和15.0%；团餐类和正餐类企业占比较低，分别为11.8%和10.0%。可见，年轻的餐饮业从业者多集聚在火锅类和休闲餐饮类企业。此外，在各业态企业中，60岁以上员工占比均较低，均不超过4.0%（见图4）。

对比2022年数据来看，2023年30岁及以下、41~50岁、51~60岁员工占比均有提升，其中51~60岁员工占比提升幅度较大，达2.5个百分点。

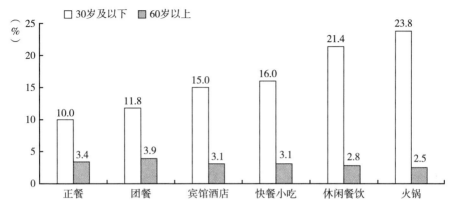

图4 2023年安徽省餐饮业各业态企业年轻和老年员工比例对比

2. 招聘方式

如今，餐饮业企业的员工招聘方式发生较大变化，企业一般会采用多种形式来满足人才招聘需求。调查数据显示，安徽省餐饮业企业在招聘员工时，最多采用网上招聘的方式，占比达87.5%；其次是在店内发布招聘信息，占比达76.3%；再次是由亲戚朋友或老员工介绍，占比达72.2%；采用其他形式、委托劳务机构招聘、去大专院校招聘的企业占比均不足30.0%，分别为26.3%、25.0%、22.2%。

从调查数据来看，网上招聘、在店内发布招聘信息、由亲戚朋友或老员工介绍是安徽省餐饮业企业招聘员工的主要方式，这些方式具有效率高、成本低的特点。此外，一些餐饮业企业委托劳务机构招聘员工，这种方式可以在一定程度上规避劳务纠纷，但成熟度不足，亟待进一步规范。还有一些企业选择去大专院校招聘员工，这可以进一步促进企业和院校的合作，是解决餐饮业用工难题的重要途径。

3. 培训情况

2023年，安徽省餐饮业企业员工培训比较规范。在受调查的企业中，70.8%有系统的培训规划，定期开展内部培训；37.5%不定期组织内部培训；15.2%委托第三方进行培训；仅有2.7%基本不开展培训。员工培训是保证服务质量、提升消费者满意度的重要工作，许多大中型餐饮业企业建立

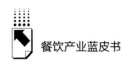

了健全的员工培训机制，定期开展各类培训活动，旨在提升员工的专业水平。值得注意的是，一些小微餐饮业企业为节省成本，基本不开展员工培训，而是采取"老带新"的方式，让新员工在干中学、在学中干，这些企业亟须制定系统的培训计划。

4. 员工稳定度

调查结果显示，安徽省大部分餐饮业企业的员工在企业工作了 1~5 年。工作 1 年以下的员工占 20.4%，工作 1~5 年的员工占 48.9%，而工作 10 年及以上的员工仅占 10.5%。2023 年安徽省餐饮业企业员工流失率平均为 15.9%，在各业态中，快餐小吃类企业的员工流失率最高，达 30.0%；休闲餐饮类企业的员工流失率最低，仅为 3.7%。

对比 2022 年数据，2023 年员工流失率提高了 2.8 个百分点，员工稳定度普遍较低成为行业的共性问题。员工稳定度不仅反映了企业的薪资福利水平，还体现了员工对企业的发展预期。工龄较低的普通员工的流失，可能与择业观念和认知有关；而中高层管理者的流失，一方面与企业自身存在的问题有关，另一方面与行业内人才竞争激烈有关。餐饮业企业亟须健全用人体系，树立正确用人观念，增强员工的黏性，以此促进企业的长期稳定发展。

5. 企业急需的人才类型

调查数据显示，安徽省餐饮业企业最急需的人才是高素质一线服务人员，占比达 72.2%；其次是高级烹饪人才，占 50.0%；再次是高级管理人才，占 45.78%。中级烹饪和管理人才、高级营销人才、工程技术人才也是企业急需的人才。从以上数据可以看出，餐饮业企业将提升服务质量、菜品质量和管理能力放在了至关重要的位置，希望通过招聘高层次人才提升自身的市场竞争力，促进可持续发展。

（九）融资筹款情况

调查数据显示，安徽省餐饮业企业中，有融资筹款经历的企业占 62.0%，融资筹款方式主要是找亲戚朋友、找小额贷款公司、民间借贷、网上借贷，分别占 54.5%、29.5%、27.3%、2.1%。调查发现，部分餐饮业企业的经营用房属于租赁性质，无固定资产作为抵押，难以从银行融资，因此主要找亲戚朋友进行筹款。

（十）参加"新徽菜·名徽厨"专项职业技能竞赛情况

为弘扬工匠精神，彰显安徽文化，着力提升徽菜师傅烹饪技能，安徽省自2022年开始举办"新徽菜·名徽厨"专项职业技能竞赛。调查结果显示，在安徽省餐饮业企业中，参加过该竞赛的企业占72.2%，47.2%的企业获得奖项，其中获得市级奖项的占22.5%。

（十一）主导或参与标准制定情况

调查数据显示，安徽省餐饮业企业中，主导或参与过标准制定的企业占31.2%，主要涉及地方标准、行业标准、团体标准和企业标准。随着政府对各类标准的制定与实施越来越重视，越来越多餐饮业企业积极主导或参与标准制定，引领行业规范，提升行业标准化水平。

（十二）政策知晓度及渠道

调查数据显示，2023年安徽省餐饮业企业的政策知晓情况较好，94.5%能及时知晓相关政策，主要渠道为由政府部门、行业协会告知，还有部分企业从政府部门网站或其他途径获知。对比2022年数据来看，餐饮业企业政策知晓度大幅提升。餐饮业企业及时了解政府部门出台的相关政策是非常重要的，尤其是鼓励、扶持、奖补政策，很多都是年度性的临时政策。因此，政府部门、行业协会及餐饮业企业需进一步拓宽政策知晓渠道，以便及时获知政策。

三　安徽省餐饮业高质量发展对策建议

一是维护市场秩序。监管部门应为企业建立诚信档案，对恶意竞争、扰乱市场秩序的企业实行"列入黑名单"等惩戒措施，维护市场公平公

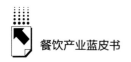

正。二是加强培训管理。餐饮业主管部门应支持行业组织多开展具有时效性的培训、比赛等活动，促进企业不断进步。同时，加强行业管理，提升监管人员的专业水平和监管效果，统一标准要求。三是加大对餐饮业企业尤其是小微企业的减负力度。在税费、社保等方面继续探索减负新途径，在大龄就业、拓展经营、品牌建设、自建基地等方面实施补贴政策，提振企业信心。四是完善政策及标准。制定徽菜名店、名厨、名菜标准，出台相关奖励政策，为提升安徽省餐饮业在全国的地位提供保障。五是推动绿色发展。积极鼓励餐饮业企业采用新能源、新设备，降低能耗、减少排放，推广节能环保设备，促进绿色可持续发展。

B.8
2023年湖南餐饮产业发展报告

刘国初　刘　科*

摘　要： 2023年，湖南省餐饮业呈平稳增长态势，但人流量不足、市场饱和度过高、市场同质化竞争激烈是餐饮业收入较2019年下降的主要原因。湘菜行业在全国继续保持强势地位，大众化餐饮仍是核心，老字号品牌通过活动吸引年轻消费者。湖南餐饮业主要业态中，正餐占比最高，小菜系和高性价比餐饮成为新趋势，茶饮类品牌积极寻找新增长点。近年来，消费者更加理性，注重出餐速度和门店均价，市场饱和度高、同质化竞争激烈，品牌企业需通过创新提升竞争力。

关键词： 湘菜行业　大众化餐饮　同质化竞争　湖南

2023年，湖南省餐饮业整体呈平稳增长态势，餐饮营业额、餐饮门店数量、餐饮从业人员数及餐饮活跃度均有所提升；行业发展速度放缓、不确定性增强，由稳定型发展向波动型发展转变；随着经济环境的变化，消费者消费理念和消费行为愈加理性，用餐需求逐步从用餐环境、菜品特色向出餐速度、门店均价等转移，追求性价比。

一　2023年湖南餐饮业总体发展情况

2023年是餐饮业备受关注的一年。据统计，湖南省餐饮营业额为1821亿

---

* 刘国初，湖南省餐饮行业协会会长，主要研究方向为餐饮产业经济、饮食文化、湘菜产业；刘科，《湘菜》杂志总编，湖南省餐饮行业协会副会长，主要研究方向为餐饮行业发展情况。

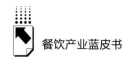

元，全年呈整体上升趋势，同比增长 3.47%，但相较于 2019 年下降 1.57%；其中第四季度餐饮消费较为疲软，营业额仅为 382 亿元，远低于预期，相较于 2022 年同期下降 16.78%。冇味湘潭菜、喜苑、徐记海鲜、新长福、炊烟、南景、金禾湘等品牌企业均表示自中秋、国庆黄金假期后，营收下降明显，人流量不足、市场饱和度过高、市场同质化竞争激烈是收入下降的主要原因。

截至 2023 年，湖南省处于营业状态且经营范围涉及餐饮的单位共计628527 家，一般纳税人餐饮企业数量超过 2.5 万家；其中近一年来新注册企业 197111 家，吊销、注销企业 29366 家，餐饮从业人数从 2022 年的 186 万人增至 191 万人。从全国范围来看，湘菜行业仍然势头强盛，截至 2023 年上半年，湘菜门店在中餐门店中占比高达 18.5%。北上广深地区湘菜企业稳步发展，门店均在 6500 家以上，其中，北京湘菜餐饮年总产值超 400 亿元；海派湘菜正在上海悄然流行；广东湘菜门店超过 2 万家；深圳湘菜馆已超 7000 家，湘菜成为当地第一大菜系①。

从地域来看，长沙一直占据湖南餐饮市场的核心位置，市场竞争依然激烈，美食片区逐步成形，形成以坡子街、九龙仓为中心的"一超多强"局面。2023 年全市餐饮营业额为 486 亿元，占全省餐饮营业额的 26.7%。同时，长沙是行业多项活动的主场地，2023 味道湖南美食季、2023 年度湘菜全球发布会、中国国际食品餐饮博览会等多项大型活动备受行业关注，也吸引着越来越多餐饮企业落户长沙。

市州特色餐饮品牌不断寻求突破。株洲餐饮行业打破传统，推出"餐饮+旅游"的新模式，以独有的"院子餐饮"模式领跑全国，涌现出晴溪庄园、王捌院子、隐溪别苑等一批"院子餐饮"代表。与此同时，株洲"院子餐饮"深度挖掘消费客群特点、顺应消费升级趋势，进一步探索菜品创新、场景设计和文化特色，让"院子餐饮"持续保持活力、新鲜感以及品牌竞争力。据统计，2023 年株洲餐饮营业额为 138 亿元，其中"院子餐饮"贡献了近1/3，同比增长 8.21%，占全省餐饮营业额的 7.58%。湘潭着力打造城

---

① 资料来源：湖南省餐饮行业协会。

市名片，推出"湘潭'美食'的故事"，推广莲城美食，发放定向消费券，打造夜间消费集聚区和新潮消费高地，全市餐饮营业额近147亿元，同比增长8.27%，占全省餐饮营业额的8.07%。郴州贯彻落实省委、省政府决策部署，乘借"第二届湖南旅游发展大会"东风，以做优"一桌郴州饭"为抓手，以打造"郴品郴味"品牌为载体，编印《"郴品郴味"名品、名菜、名店指南》，实施美食"引流"战略，强化餐旅融合，打造舌尖上的"郴"字号。2023年1~9月，郴州全市餐饮营业额为80.89亿元，同比增长17.8%；2023年全年餐饮营业额约为102.98亿元，占全省餐饮营业额的5.66%。

从餐饮类型来看，大众化餐饮依然处在行业的核心位置，以费大厨、炊烟、兰湘子为主的小炒品类一直备受关注，其中兰湘子直营门店达227家并保持"零关店"的状态，未来也将开展"千店计划"。火宫殿、新华楼、玉楼东等餐饮企业注重老字号品牌保护，积极寻求新发展，开展"网红打卡"、龙虾节等系列活动，融入年轻群体，吸引消费者。以金禾湘、小食候湘等为代表的社区餐饮整体收入略有下滑，一方面是因为受经济大环境影响，消费者消费行为愈加理性，另一方面是因为行业"内卷"加剧，竞争进入白热化，在《湘菜》杂志抽样调查的100家企业中，超过70%的企业表示同业态及市场同质化的竞争压力过大。

从业态来讲，餐饮业主要有七大业态，分别为正餐、火锅、茶饮、快餐（含小吃）、烘焙、烧烤烤串及休闲餐饮。其中，正餐发展态势稳定，仍旧是市场核心，占比达41.07%（见图1）。小菜系、高性价比餐饮成为行业发展新趋势，很好地满足了消费者的饮食需求，同时契合消费者注重物美价廉的理性消费观，深受消费者喜爱。

茶饮在发展中寻求新机，在餐饮业态中占15.42%。长沙知名饮品茶颜悦色开辟咖啡赛道，并迈入柠檬茶行列，扩大消费者辐射面；新晋"网红"品牌柠季2023年全国签约门店数同比增长122%，拓店迅猛，"柠季速度"成为最鲜明的品牌标签。

快餐（含小吃）备受追捧，因其投资小、风险低、灵活轻便，成为不少餐饮创业者的首选，在餐饮业态中占18.11%。2023年，湖南省新增餐饮

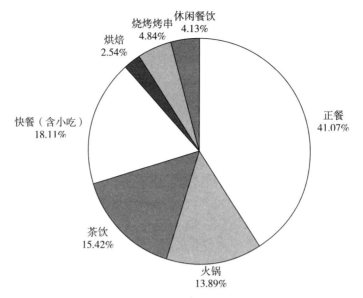

图1 2023年湖南省餐饮业态分布

资料来源：湖南省餐饮行业协会。

相关单位中多是以包子、粉面、小吃等为主的小餐饮，达25178家，占2023年新增注册总量的12.77%。

以盛香亭为代表的转转火锅在2023年再次获得消费者青睐，根本原因还是在于"性价比"。从大众点评、小红书等社交平台上用户的整体评价来看，"便宜实惠""性价比超高""40块吃到扶墙走"都是高频词。

以"院子餐饮"为代表的休闲餐饮发展依然火热，在餐饮业态中占4.13%，以主题式造景方法植入特色原生态文化，为消费者提供自然舒适、颇具乡野味道的就餐环境，成为餐饮潮流。

二　湖南餐饮业发展特点

（一）由稳定型发展向波动型发展转变

1.行业发展不稳定，呈波动之势

2020~2023年，行业发展不稳定性逐步增强，呈现在波动中增长的趋势。

2020年，餐饮业受到新冠疫情的冲击，餐饮企业艰难成长。2021~2022年，湖南餐饮业逐步进入正轨，消费需求得到释放，"味道湖南"美食季等促消费活动逐渐拉开帷幕。在湖南省委、省政府的大力支持下，湖南省、市、县三级财政共安排资金3104万元；阿里本地生活以超级会员红包、消费满减、配送费减免等方式投入平台补贴2349万元；全省700多家餐饮企业组织开展发放消费券、打折促销、满赠满减等丰富多样的促销活动，优惠让利超6700万元，累计拉动餐饮消费3.2亿元。2023年，受大环境影响，餐饮消费更趋于理性、平稳。在"理性买单"的趋势下，消费者对餐饮服务的要求逐步提高，对餐饮消费价格和品质的平衡更加敏感，这为餐饮业带来了新的挑战。

2. 企业营收不均衡，月度差异较大

从月度表现来看，在抽样调查中，30%的企业表示2023年营收最高的月份为1月，28%的企业表示为2月。2023年初，湘菜市场逐渐开始活跃，消费市场呈现"一饭难求"现象，"排队等位""吃饭难"等成为湖南餐饮高频词，徐记海鲜1月餐饮营业额占全年餐饮营业总额的11.21%。另有50%的企业表示2023年营收最低的月份是11月，超过30%的企业11月营业额不足全年的5%，主要原因是在经历了10月中秋、国庆"超长黄金周"后，再往后的圣诞节、元旦间隔时间比较久，消费难免"疲软"。同时，一批消费者已经开始"存钱过年"，消费热情和欲望下降[1]。2023年各月份湖南省餐饮业营业额见图2。

3. 节假日过后，餐饮消费回落

2023年初，无论是消费端还是市场端，餐饮业态的热度猛涨，复苏势头强劲。元旦假期期间，冇味湘潭菜7家门店全面复苏；长沙文和友约接待客人10万人次；辣三湘在五一商圈的两家门店完全恢复了忙碌状态，1月1日当天两家店接待了1300人次，营业额达到9.6万元。"五一"假期期间，长沙市海信广场文和友总店首日到店人数达到6万人次，是2023年以来文和友到店人数最多的一天。节假日过后，餐饮业在较长一段时间呈现"疲

---

① 资料来源：受调查企业填报数据。

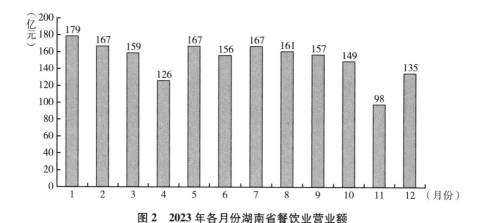

图2 2023年各月份湖南省餐饮业营业额

资料来源：湖南省统计局。

软"状态。"五一"黄金周过后一周时间内，餐饮业整体营业额下滑37.01%，相较于2022年同期下降68.17%。

（二）湘菜正餐势头强劲，头部品牌稳步增长

近年来，湘菜凭借着香辣、鲜辣的口味征服了广大消费者的味蕾，在全国各地发展迅猛，湘菜赛道涌现了多个实力品牌，除费大厨辣椒炒肉、徐记海鲜、蛙来哒等老品牌，也涌现了如兰湘子、农耕记、辣可可湖南菜、湘辣辣等区域头部品牌。

本土品牌费大厨凭借辣椒炒肉掀起风潮，在全国累计开设直营门店90余家，主要分布在北京、上海、广州、深圳、苏州和湖南省内；单品品牌蛙来哒不断迭代升级，拥抱年轻市场，累计在全国108个城市布局460多家门店，在未来的3~5年里有望达到"千店规模"。成立于2019年的兰湘子是近年来比较亮眼的湘菜实力品牌。截至2023年11月底，兰湘子在全国范围内的直营门店数已经超过200家，是当下直营门店数最多的湘菜连锁品牌，品牌足迹遍布杭州、武汉、唐山等城市。深圳品牌农耕记成为行业新贵，主打海外扩张，2023年落户新加坡、马来西亚，并计划在美国、英国、澳大利亚等国家建立品牌门店，加速湘菜"走出去"步伐。

（三）"极致化性价比"餐饮受热捧

2023年，"性价比"餐饮成为餐饮发展的新趋势。2022年，社区餐饮人均客单价为60~80元，以"低价""便捷"的优势深受消费者喜爱；2023年"极致性价比"餐饮比社区餐饮更实惠，人均客单价在40~50元甚至更低，在选址上不再局限于社区范畴。

兰湘子、辣可可、大碗先生、龙师傅卤炒等湘菜品牌在装修装饰、附加服务、餐具摆盘等方面均以"性价比"为标准，凭借"多快好省""薄利多销""低价高质"抢占消费市场。这类"极致性价比"餐饮的客群覆盖白领到学生，具备出餐快、价格低的特点，讲究"效率与美味"并存，符合年轻客群快节奏的消费需求。湘辣辣作为新锐湘菜品牌，在一年内扩张门店18家，深圳首店试营业一个月翻台率最高达6轮。

（四）"95后""00后"成为湘菜消费主力军

"95后""00后"已逐步成为餐饮市场消费主力群体，注重体验感。"烟火气""锅气"是湘菜独具的气质，这正好符合新型消费者的喜好。2019年"95后""00后"餐饮消费占比为21.11%，2023年上升至27.98%，4年间一直呈现上升趋势。社会整体消费观在年轻群体的推进下发生了实质性的变化。

（五）湖南预制菜稳步向前

2023年中央一号文件首次提到发展预制菜产业。在宏观政策的引领下，湖南省政府出台《关于加快推进预制菜产业高质量发展的意见》，释放了未来几年预制湘菜发展的关键信号。

截至2023年，湖南省有预制菜生产企业300多家，营收过亿元的企业有彭记访、新聪厨、许大师、王兰树等29家。头部预制菜品牌彭记坊辐射全国30多个省市，拥有300多家经销商，服务全国餐饮门店超5万家，其中包含1500多个连锁餐饮品牌，产品畅销全国，2023年产值达到7亿元。浏阳有预制菜企业84家，形成浏阳预制菜经济带，产值达161.8亿元，领

跑全省。代表品牌新聪厨 2023 年产值高达 5 亿元，相较于 2022 年增长 42.68%，扣肉、外婆菜单品销售超亿元，合作品牌餐企超 2000 家。

三　湖南餐饮业发展趋势

（一）小菜系成为新的餐饮发力点

社会在不断向前发展，餐饮业也早已打破了地域局限，各菜系之间的角逐在全国甚至全世界范围内进行。餐饮差异化竞争优势明显，很多餐饮人开始以小菜系品类切入市场，重点强调地方特色。这不但丰富了餐饮品类，还使地方菜系得到推广。

2023 年，浏阳蒸菜日均网络搜索量达 289000 次，行业影响力指数高达 29.24%；衡阳小炒日均网络搜索量达 286600 次，行业影响力指数达 29.21%。粟厨、绿草地、费大厨等品牌深受青睐，新晋黑马牛火火细分常德钵子菜，以炖粉为餐品卖点，口感适宜、价格实惠，吸引一众消费者前往"打卡"。除此之外，湘潭菜、永州菜、湘西腊味也逐渐细分，纷纷试水主题餐饮市场。这类小菜系不仅具有浓郁的地方特色，还能迎合大众消费口味，满足主流消费需求。

（二）鲜辣成为湘菜的消费新浪潮

按照味型属性，辣又分为酸辣、鲜辣、香辣、麻辣、糊辣、姜辣、其他，其中酸辣菜品占 12.71%，鲜辣菜品占 25.21%，逐渐成为餐饮企业菜品的研发方向及消费浪潮。

鲜辣成为新趋势，原因在于辣能够很好地化解鲜味中的咸与腥，而鲜味又能有效地中和辣的灼烧感，两者相结合可以扬长避短，为食客带来更加柔和且回味悠长的味蕾享受。

（三）融合菜成为主流

2021~2023 年，餐饮融合不断突破时间和空间的限制，强调"情价比"，即以情怀触动消费，用新产品、新组合满足消费者的多样化餐饮需求。2024 年及以后，餐饮融合将着重表现在菜系融合上。

据统计，2021～2023 年，在人均消费 200 元以上的湖南餐饮门店中，粤菜和淮扬菜门店的比重逐渐攀升，且在未来或将持续上升，根本原因在于湘味具有天然包容性。此外，在高价格菜品中，海鲜类产品备受欢迎，湘菜海鲜的受欢迎程度逐渐攀升。

（四）预制菜产业迈向规范化

过去几年，预制菜频频被推上风口浪尖：一边因为政府的扶持和企业的热衷，被视作大有可为的"明星产业"；另一边因为"预制菜进校园""预制菜占领商场"等话题备受质疑，在消费者市场"遇冷"。国家标准、行业标准缺失导致大众对预制菜缺乏共识，存在偏见或误解。在未来，预制菜产业将完善行业准则。在产业园区建设、生产加工、生产经营、安全监管等方面推进规范化和标准化。2024 年 3 月，国家市场监管总局联合教育部、工信部等部门发布了《关于加强预制菜食品安全监管促进产业高质量发展的通知》，加深大众对预制菜的认识，规范预制菜生产和发展，保证食品安全。

（五）餐饮门店向小型化、轻便化发展

2023 年，餐饮经营者在经营方向上更加青睐小型门店，相较于重投资、重运营、高风险的大型门店，小型门店投资成本、经营风险更低。同时，年轻消费者更注重体验，冒菜、一人食小火锅、麻辣烫等因快捷、性价比较高的特点备受欢迎，持续吸引年轻消费者。

四 湖南餐饮业发展建议

（一）发挥平台作用，激活消费市场

一是通过节会活动，激发市场消费活力。自 2021 年起，"味道湖南"

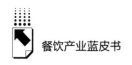

美食季已经成功举办3届，成为引导市场主体加快培育新型餐饮消费，促进餐饮品质提升、品牌引领，加强餐饮业品牌化推广的内生动力；年度湘菜全球发布会已成功打造品牌IP，串联企业、消费者、平台三方，对促进行业消费、激发市场活力、提振经营者和消费者信心产生了较大的推动作用。

二是充分发挥餐饮在消费中的引领作用。餐饮是旅游业六大要素的重要组成部分，既能起到繁荣市场、活跃经济、促进相关产业发展的作用，又能促进社会消费方式和消费结构变化、扩大劳动就业。应重视打造餐饮产业链，充分调动各市州政府及行业的积极性，营造良好的产业政策环境，打造"味道湖南""一县一品""百县千菜""百强餐饮"等优势美食品牌，在加快餐饮品牌化、连锁化、集团化、产业化发展等方面进一步发力。

三是整合平台资源，打通企业与互联网平台的合作渠道。由政府牵头，行业组织加大与美团、饿了么、抖音等互联网平台的合作力度，降低餐饮企业互联网运营成本，加速推进互联网餐饮消费市场的扩大。

（二）培育行业平台，推动高质量发展

一是扶持行业组织，开展高质量交流、培训活动。自2020年下半年起，省餐饮行业协会积极举办"大师走基层"活动，集聚湘菜泰斗、湘菜大师名师深入一线调研，分享诸多烹饪"干货"，促进餐饮业技术交流，提升餐饮企业核心菜品品质。2023年"大师走基层"活动走出长沙，深入市县，通过技术交流、经营培训等方式助力行业高质量发展。

二是引进师资力量，支持专业教育。加大教育人才的引进力度，进一步扩充专业教师队伍。通过更高标准的人才筛选，整合行业专家资源，壮大师资力量；深化产教研融合，培养高素质应用型人才，更好地为餐饮高质量发展提供人才保障。

（三）优化餐企税收政策，提升餐企活力

各地税务部门主动作为，在加快落实组合式税费支持政策的同时，及时对接企业，精准推送优惠政策，解决发票领用、退税申请等问题，助燃城市

"烟火气"。

　　湖南省餐饮业推动经济发展的效果日趋明显，在拉动消费、扩大就业、促进城乡繁荣和推动相关产业发展中发挥了越来越重要的作用。餐饮业虽正在经历各种挑战和不确定性，但我们坚信，在党和政府的坚强领导下，以全面贯彻创新、协调、绿色、开放、共享的新发展理念为方向，以推动餐饮业高质量发展为主题，牢牢把握新阶段、新理念、新格局带来的新机遇，餐饮业必将迎来更快更好的发展，为满足人民对美好生活的向往做出积极贡献。

参考文献

《"味道湖南"美食季拉动餐饮消费》，文化和旅游部网站，2021 年 12 月 30 日，https：//www.mct.gov.cn/preview/whzx/qgwhxxlb/hn_7731/202112/t20211230_930180.htm。

B.9
2023年海南餐饮产业发展报告

陈　恒*

摘　要： 2023年，海南餐饮业强势恢复，酒店餐饮和社会餐饮总收入均大幅增长。海南省政府积极部署，推进餐饮业加速发展，优化营商环境，扩大行业影响力。各类餐饮企业迅速恢复，丰富的菜系为消费者带来了多样的选择，餐饮商圈发展活跃。但与此同时，海南餐饮业仍存在生态优势和养生特色没有彰显、国际化对话平台欠缺、行业标准化水平亟待提升等问题，亟须在大力发展生态康养餐饮、打造国际化新平台、积极推进行业标准化等方面重点发力。未来，随着消费市场需求深化、细化，行业国际化高质量发展需求凸显，餐饮业进入新业态开发阶段，海南应进一步把握市场需求，高标准提升餐饮业质量，大力扶持新业态发展。

关键词： 餐饮产业　营商环境　餐饮新需求　海南

一　海南餐饮业发展概况

（一）餐饮业规模

2023年，海南餐饮业呈加速增长状态。海南统计局数据显示，2023年海南酒店餐饮总收入为209.30亿元，创2019年以来新高，同比增长19.3%

---

* 陈恒，海南省酒店与餐饮行业协会执行会长，全国饮食服务业标准化技术委员会委员，绿色饭店国家级注册高级评审员，国家开放大学（海南）国际旅游学院客座教授，主要研究方向为餐饮酒店服务业和旅游美食业。

（见图1）；社会餐饮总收入为350.95亿元，高出2019年收入44.84亿元，同比大幅增长34.4%（见图2）。随着餐饮市场的逐步恢复，海南餐饮业重新进入良性发展阶段。

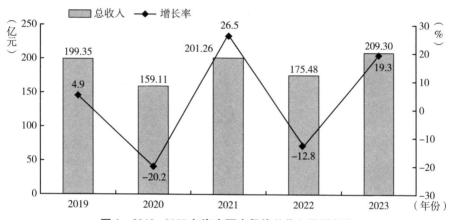

图1　2019~2023年海南酒店餐饮总收入及增长率

资料来源：海南省统计局。

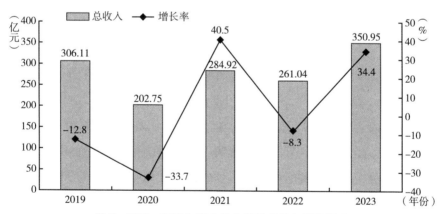

图2　2019~2023年海南社会餐饮总收入及增长率

资料来源：海南省统计局。

从海南餐饮业结构来看，小微摊点占比最高，达40%；其次是城市餐馆、乡村餐馆和酒店餐厅，分别占20%、20%、12%；团餐企业和城市休闲餐饮店占比较低，分别占6%和2%（见图3）。

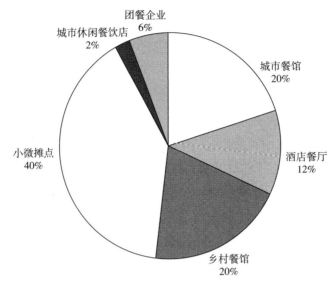

图3　2023年海南餐饮业结构

资料来源：行业调研统计。

（二）主要菜系

海南餐饮业主要菜系包括琼菜、湘菜、川菜、粤菜、徽菜等。根据美团大数据分析，2023年琼菜、湘菜、川菜消费指数位居前三，这3个菜系最受海南消费者喜爱。其中，琼菜作为本土菜系，代表了海南餐饮文化，受到了更多重视，市场份额显著提升。值得一提的是，徽菜的消费指数增速亮眼，反映了徽菜日渐受到海南餐饮市场的欢迎（见图4）。海南消费者最推荐的菜品包括椰子鸡、清蒸石斑鱼、椒盐皮皮虾、香辣蟹、文昌鸡、糟粕醋酸汤海鲜火锅、白灼基围虾等。

（三）餐饮商圈

根据美团大数据，2023年海南餐饮商圈取得较快发展，三亚市亚龙湾、三亚市迎宾路北段、三亚市三亚湾/鲁能新城、海口市滨海大道东段等商圈

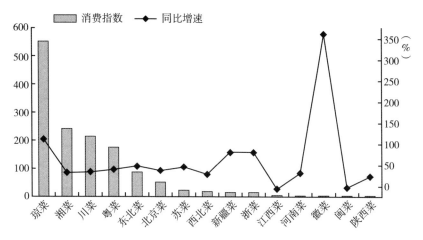

图4　2023年海南热门菜系消费指数及增速

资料来源：美团大数据。

餐饮消费指数增速较快。海南餐饮商圈呈规模化发展趋势，头部商圈集聚效应显著，发展较为活跃。

（四）主要举措

2023年以来，海南省政府、餐饮行业协会及餐饮业企业携手并进，形成推动餐饮业高质量发展的合力，对标海南自由贸易港建设目标，以新质生产力赋能餐饮业发展，实施了一系列积极举措。

1.高标准制定目标，提升服务质量

海南餐饮业主动对标海南自由贸易港建设要求，高标准制定行业发展目标，致力于提升服务质量，满足消费者多样化需求。充分发挥政策优势，注重餐饮品牌文化建设，通过不断创新实现品牌的长期稳定发展。餐饮业企业将海南特色融入菜品设计，为消费者带来独具地域风情的美食体验，提升市场竞争力。

2.创新服务模式，优化营商环境

2023年以来，海南省政府部门创新服务模式，以面对面解决问题的方式有效解决餐饮业面临的突出问题。例如，2023年2月，海南省政府联合

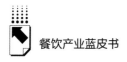

省营商厅、省商务厅等部门举办"政企面对面,服务心贴心"早餐会,面对面、点对点解决餐饮业等行业企业的急难愁盼问题。2023年11月,海南省旅游和文化广电体育厅厅长陈铁军带队到海南省酒店与餐饮行业协会了解行业发展情况,并针对绿色餐厅发展问题着手制定规划和措施,推动酒店与餐饮业朝高质量、生态化方向发展。此外,为优化营商环境,充分激发餐饮业经营主体的积极性,海南省酒店与餐饮行业协会联合相关部门和单位发出多份倡议,重点针对节假日等餐饮消费高峰期强调维护市场秩序、弘扬诚信经营之风、保障消费者权益,对餐饮业的高质量发展起到了积极作用。

3.举办赛事活动,扩大行业影响力

2023年,海南省酒店与餐饮行业协会等省市级协会组织国内外、省内外的互访交流80余次,各种类型的专题研讨50余次,各种类型的专题推介活动百余次。承办第八届中国国际饭店业大会、中国酒店与餐饮投资与合作大会等重要会议。互访交流、专题研讨、专题推介活动不仅促进了借鉴交流,而且扩大了海南餐饮业的知名度和影响力。此外,海南省酒店与餐饮行业协会等多个单位组织了多场餐饮人才技能大赛,对提升餐饮业人才质量产生积极影响。

二 海南餐饮业存在的问题与对策建议

(一)存在的问题

一是生态优势和养生特色没有彰显。海南生态优势突出,发展具有养生特色的餐饮业势在必行,但目前海南餐饮业尚未充分发挥资源优势,行业内创新不足,同质化问题比较严重,服务质量和菜品品质有待提升。二是国际化对话平台欠缺。随着海南自由贸易港的建设完善,海南餐饮业亟须拓宽国际化视野,但目前海南餐饮业缺少国际化对话平台,尚未形成具有国际影响力的餐饮品牌。三是行业标准化水平亟待提升。海南餐饮业标准体系尚不完善,标准化水平尚未达到海南自由贸易港建设要求,亟须从行业管理层次、管理质量等方面细化标准,形成统一的管理模式。四是人才质量亟待提高。

随着海南餐饮业的高水平发展，其对人才的要求日渐提高，但目前海南餐饮业人才质量不均衡，专业人才较为欠缺，难以适应餐饮业高质量发展需要。五是餐饮业与其他产业的融合发展不足。行业融合发展机制欠缺，无法适应快速变化的市场需求。

（二）对策建议

一是大力发展生态康养餐饮。将发展生态康养餐饮纳入海南餐饮业发展规划，设立专项基金，为相关企业提供支持，激发市场活力；鼓励生态康养餐饮业园区建设，集聚相关企业、人才和资源，形成集群效应；宣传推广生态康养餐饮，提升公众的知晓度和接受度；为相关企业和研究机构提供交流平台，促进产学研一体化，推动技术创新和产业升级，为生态康养餐饮的发展提供人才支持。

二是打造国际化新平台。发挥海南自由贸易港建设优势，举办国际化的餐饮业交流活动、会展活动、专题研讨活动等，拓展餐饮业的发展空间；从资金和政策上给予支持，发挥政府的引导作用，鼓励行业企业积极参与建设国际化新平台，推动海南餐饮业走向国际化。

三是积极推进行业标准化。加强标准化组织建设，集聚行业内专家、学者及企业代表，共同开展标准制修订工作；加强标准化培训宣传，通过线上线下渠道宣传解读标准，开展标准化培训和学术会议，提升标准的实用价值；以推进标准化为契机加强行业管理，细化服务职能，提升行业协会的服务水平和管理能力，促进行业企业健康有序发展。

四是加大人才培养力度。引入培训与认定机制，组织培训考核，颁发等级证书，实现餐饮业持证上岗；举办各种类型的技能大赛和专题交流活动，搭建人才交流平台，提升餐饮业人才质量。

五是促进融合发展。推进餐饮业与旅游、文化等产业的融合发展，整合相关资源，发挥产业优势，进一步推动海南国际旅游消费中心建设；创新产业发展模式，打造"餐饮+旅游""餐饮+文化""餐饮+体育"等品牌，提升全链条服务水平，为游客带来更难忘的体验。

三　海南餐饮业发展趋势及战略路径

（一）发展趋势

1.消费市场需求深化、细化

我国消费市场正经历深刻变革，2025年海南自由贸易港"封关"将为海南餐饮业带来新的机遇与挑战。消费需求的深化和细化将成为未来重要的发展趋势。

首先，国际化餐饮市场将不断成熟，形成全新的市场需求和消费需求，跨境电商、免税购物、人工智能服务等将进一步获得发展。其次，消费市场将从观光休闲型逐步向度假型转变，消费者更关注高品质、高性价比的产品和服务，这将导致消费市场的重心逐渐从价格竞争转向品质竞争，促使餐饮企业加大研发投入力度、提升产品品质，以满足市场的多样化需求。最后，消费质量要求将进一步提高，促使餐饮企业不断创新，提供个性化、差异化的产品和服务，推动消费市场朝多元化、精细化方向发展。

2.行业国际化高质量发展需求凸显

随着海南自由贸易港的建设完善，海南餐饮业亟须提升国际化水平，以在更大的市场取得更好的发展。首先，餐饮消费市场标准将进一步向国际靠拢，这将整体拉高消费要求，海南餐饮业需要在产品质量等方面进一步提升，达到甚至超过国际标准，提升市场竞争力。其次，海南餐饮业将面临国际品牌的竞争，这对餐饮业夯实发展基础、提升发展水平提出了挑战。最后，海南日渐成为中国走向世界的重要窗口，餐饮业将在其中发挥"形象代言人"的作用，这使海南餐饮业肩负更大的展示中华餐饮文化和特色的责任，发展压力进一步加大。

3.餐饮业进入新业态开发阶段

在新发展格局下，餐饮业的国内外市场竞争日趋白热化，开发新业态成为海南餐饮业在竞争中赢得先机的重要手段，利用本土生态资源优势，形成新的消费业态，彰显文化特色，满足个性化、智能化餐饮消费需求成为当务之急。

（二）战略路径

1. 把握市场需求，打造特色化餐饮

发挥生态资源优势，向更高层次推进餐饮生态化，使生态食材成为海南餐饮业的一大亮点。实现全产业链的绿色环保，从食材采购、加工烹饪、消费服务等环节入手，建设低碳环保的餐饮业运行体系。按照营养学规律，结合中医养生理论，研发特色药膳产品，提升海南餐饮业的特色化发展水平。

2. 高标准提升餐饮业质量

推动行业管理体系国际化，在信誉评定、监督引导、人才培训等方面推进管理体系全面升级，大力推进标准化建设工作，系统编制餐饮业规范标准，形成有海南特色的地方标准体系。建立国内外餐饮业人才联合培养机制，形成独特的人才优势，助力餐饮业国际竞争力的提升。

3. 大力扶持新业态发展

加强对新业态的政策支持，优化新业态发展环境，提升社会包容度，使餐饮企业敢于创新、勇于创新。加强技术研发，提升新业态的产品质量和服务水平，培养其核心竞争力。强化对新业态的监管和规范，确保其合规运营。

参考文献

《〈2023～2024海南省酒店与餐饮行业发展报告〉发布》，海南省人民政府网站，2024年7月19日，https：//www.hainan.gov.cn/hainan/5309/202407/ad421187d36846e2a2113addc7645033.shtml。

《2023年海南省国民经济和社会发展统计公报》，海南省人民政府网站，2024年2月21日，https：//www.hainan.gov.cn/hainan/tjgb/202402/240285520f9148fca830eb426f8d046e.shtml。

B.10
2023年陕西餐饮产业发展报告

王喜庆 韩 洁 张 艳[*]

摘　要： 本报告通过回顾 2023 年陕西餐饮产业发展概况，梳理陕西餐饮产业各业态、各地区经营状况。从地区构成来看，西安市限额以上餐饮营业额占比首次跌破四成；咸阳市限额以上餐饮营业额占比达三成，位居全省第二，仅次于西安市，近年来增长势头明显；延安市限额以上餐饮营业额明显下降。陕西餐饮产业将呈现以下发展趋势：消费持续回暖，政策支持力度加大；营销模式创新，下沉市场成为新增长点；社区餐饮兴起，预制菜行业亟须升级；跨界合作频繁，本土小吃风靡；前端多元化、后端集中化态势显著。

关键词： 餐饮产业　市场风险　陕西

一　陕西餐饮产业发展概况

2023 年是全面贯彻党的二十大精神的开局之年，是新冠疫情防控转段后经济恢复发展的一年。随着经济持续稳定恢复，陕西餐饮业展现较强韧性。同时，外部环境更趋复杂严峻，餐饮企业依然面临多重困难和挑战。

2023 年，陕西实现地区生产总值 33786.07 亿元，同比增长 4.3%，低于全国约 1 个百分点。其中，第三产业增加值为 15067.42 亿元，同比增长 4.1%，低于全国约 1.7 个百分点。从社会消费品零售总额来看，2023 年全国

---

* 王喜庆，中国烹饪协会特邀副会长，中国国际食学研究所所长，主要研究方向为饮食文化、餐饮产业和商业街区建设；韩洁，西安欧亚学院副教授，中国国际食学研究所研究员，主要研究方向为旅游及餐饮企业管理；张艳，西安欧亚学院副教授，中国国际食学研究所研究员，主要研究方向为应用经济学。

社会消费品零售总额为 471495 亿元，同比增长 7.2%。陕西社会消费品零售总额同比增长 3.4%，其中限额以上企业（单位）消费品零售额同比增长 3.5%。

从餐饮收入来看，2023 年陕西餐饮收入为 1248.99 亿元，同比增长 10.7%，高于第三产业增加值增速 6.6 个百分点，陕菜借着西北餐饮热度升温的东风，迎来新的发展机遇。2023 年全国餐饮收入为 52890 亿元，同比增长 20.4%。对比来看，虽然 2023 年陕西餐饮收入保持了两位数的增长，超过 2019 年水平，但是增幅仍然低于全国约 10 个百分点。

如图 1 所示，从 2014~2023 年陕西餐饮收入看，2020 年和 2022 年餐饮收入受疫情影响下降明显，下降幅度分别为 11.9% 和 1.8%。2019 年以来，陕西餐饮收入增长率出现了较大的振幅，呈现明显的"W"形变化，逐渐表现出震荡回暖的趋势。

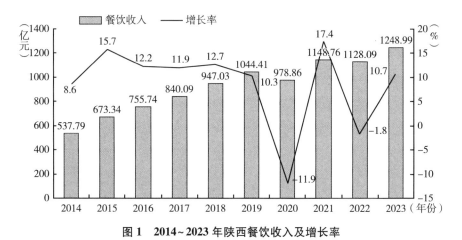

图 1　2014~2023 年陕西餐饮收入及增长率

资料来源：陕西省统计局。

二　陕西餐饮市场各业态、各地区经营状况

（一）陕西限额以上餐饮业各业态经营状况

如表 1 所示，2022 年陕西限额以上餐饮企业总数为 1659 家，实现营业

额 2575417 万元。从 2019～2022 年的数据变化来看，限额以上餐饮业企业
总数持续稳定增长；营业额除 2020 年受疫情影响以外，其他年份表现出稳
定增长的趋势。

表 1　2019～2022 年陕西限额以上餐饮业不同业态经营情况

单位：家，万元

类别	2022 年		2021 年		2020 年		2019 年	
	企业数	营业额	企业数	营业额	企业数	营业额	企业数	营业额
正餐服务	1553	2187216	1434	2054386	1342	1637588	1300	1913742
快餐服务	41	224926	32	234505	27	206824	25	214835
饮料及冷饮服务	18	102432	16	113603	11	80485	12	83681
餐饮配送及外卖送餐服务	24	32584	21	26593	13	14120	10	5314
其他餐饮服务	23	28259	23	25083	26	26218	25	34155
合计	1659	2575417	1526	2454170	1419	1965235	1372	2251727

资料来源：陕西省统计局。

从业态构成来看，2022 年陕西限额以上正餐企业数为 1553 家，占限额
以上餐饮业企业总数的 94%，2019～2022 年占比基本持平，正餐服务企业
数稳中有增，正餐服务企业成为陕西限额以上餐饮业态的主体。2022 年陕
西限额以上正餐服务企业营业额为 2187216 万元，占限额以上餐饮业企业总
营业额的 85%，2019～2022 年占比基本持平。

陕西限额以上餐饮配送及外卖送餐服务企业增长较快。2020～2022 年，
陕西限额以上餐饮配送及外卖送餐服务企业的营业额增长率分别为 166%、
88% 和 23%。限额以上餐饮配送及外卖送餐服务企业在疫情防控期间增长迅
猛，在疫情防控转段后增长明显放缓。

（二）陕西限额以上餐饮业地区经营状况

分地区来看，2022 年西安市限额以上餐饮营业额占比首次跌破四成；

咸阳市限额以上餐饮营业额占比达三成，位居全省第二，仅次于西安市，近年来增长势头明显；延安市限额以上餐饮营业额明显下降（见表2）。

表2　2019~2022年陕西限额以上餐饮业地区经营情况

地区	2022 年			2021 年		
	企业数（家）	营业额（万元）	营业额占比（%）	企业数（家）	营业额（万元）	营业额占比（%）
西安市	422	923567	36	352	1008742	41
铜川市	40	14456	1	29	15285	1
宝鸡市	180	266702	10	164	236212	10
咸阳市	243	768013	30	216	637745	26
渭南市	103	113920	4	120	114038	5
延安市	96	41276	2	78	45551	2
汉中市	232	100024	4	205	84289	3
榆林市	42	49653	2	41	46060	2
安康市	215	240708	9	245	215379	9
商洛市	75	35874	1	64	32338	1
杨凌示范区	11	21223	1	12	18531	1

地区	2020 年			2019 年		
	企业数（家）	营业额（万元）	营业额占比（%）	企业数（家）	营业额（万元）	营业额占比（%）
西安市	355	784236	40	377	918242	41
铜川市	27	20694	1	28	29575	1
宝鸡市	162	180874	9	167	216262	10
咸阳市	175	440744	22	150	466477	21
渭南市	127	142316	7	129	202038	9
延安市	77	39511	2	67	44332	2
汉中市	172	70818	4	143	72399	3
榆林市	49	49533	3	61	57546	3
安康市	219	202978	10	207	209871	9
商洛市	44	20024	1	34	27982	1
杨凌示范区	12	13509	1	9	7004	0

注：因占比四舍五入，合计可能超过100%。

资料来源：陕西省统计局。

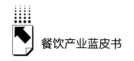

2022 年，西安市限额以上餐饮营业额为 923567 万元，占全省的 36%，西安依然是陕西餐饮业龙头地区。咸阳市限额以上餐饮营业额为 768013 万元，占全省的 30%。宝鸡市限额以上餐饮营业额为 266702 万元，占全省的 10%，2019~2022 年占比比较稳定。渭南市限额以上餐饮营业额为 113920 万元，占全省的 4%，2019~2022 年营业额占比明显下降。

三 陕西餐饮业发展趋势

（一）消费持续回暖，政策支持力度加大

消费市场的全面复苏给陕西餐饮业带来了信心，众多经营者重回餐饮赛道。陕西各级政府颁布了多项促消费政策，推出餐饮消费券，联合企业、网络平台，形成拉动餐饮消费的强大合力，使餐饮消费优惠力度进一步加大，提升消费者的就餐体验。此外，陕西省文化和旅游厅发布了 12 条陕西非遗美食线路，辐射全省 12 个市 107 个县（区）187 个餐饮集聚区，组织美食促消费活动 220 多场，积极开展"美食+文旅""美食+展演"等促消费活动。线下举办的陕菜美食文化节、陕西美食探秘之旅以及餐饮技艺巡回展演，结合线上的"知味陕西"美食促销、消费券促销等一系列精彩活动，进一步让广大消费者感受陕菜文化、乐享消费福利。接下来，陕西将继续实施一系列恢复和扩大消费的政策措施，满足餐饮需求，进一步激发餐饮消费潜力。

（二）营销模式创新，下沉市场成为新增长点

餐饮营销创新是提升餐饮企业竞争力的关键，通过实施体验式营销、故事化营销、个性化营销等创新策略，陕西餐饮企业积极采用线上平台、线下活动、合作推广等方式拓展流量渠道，其中"餐饮+直播"的效益较为明显，未来将持续迭代。直播内容将愈加多样化，从展示菜品到讲述企业故事、价值观等，使餐饮品牌更具传播性，更好地吸引、留住消费者。

此外，随着餐饮市场逐渐从增量时代过渡到存量时代，陕西许多餐饮企业将目光瞄准了三线、四线城市，大力拓展下沉市场。下沉市场消费者数量较多，消费能力日渐增长，消费观念也在不断变化。相较于一线、二线城市，餐饮企业在三线、四线城市的运营成本更低，有利于提升企业的盈利能力。通过深入了解下沉市场、制定有针对性的营销策略、提供优质的服务，陕西餐饮业有望在下沉市场取得突破性发展。

（三）社区餐饮兴起，预制菜行业亟须升级

近年来，商业综合体在各大城市大规模兴建，为餐饮企业在商业中心扩充门店提供了良好的机遇，而快餐等品类的发展方向则朝社区转变。随着生活节奏的加快和社区生活的日益丰富，人们对于便捷、美味且具有家庭氛围感的餐饮体验的需求不断增长，而市场环境的变化也为社区餐饮的发展提供了契机。社区餐饮市场相对空白，竞争压力较小，借助外卖平台的兴起和物流配送的完善，社区餐饮覆盖范围不断扩大，服务能力不断提升。社区餐饮的兴起，不仅为消费者提供了更多的选择，也为餐饮业带来了新的发展机遇，而要想在市场中脱颖而出，就要不断创新，提升服务质量。

同样地，在快节奏的生活的影响下，预制菜行业面临较大的发展机遇。预制菜以即食、即热、即烹、即配的特点，满足了人们对方便快捷的餐饮的需求。而随着消费者对食品的营养价值和健康属性越来越重视，预制菜行业亟须升级，推出更多低油、低盐、低糖且营养丰富的产品，在口味和品质上不断升级，同时加强品牌建设和营销推广。陕西需要不断挖掘预制菜市场潜力，加快推进预制菜基地建设，充分体现安全、营养、健康的原则，提升餐饮质量和配送标准化水平。

（四）跨界合作频繁，本土小吃风靡

随着市场竞争日趋激烈，传统、单一的运营模式已不能满足市场需求，餐饮企业需要不断突破边界，拓展运营场景和渠道，与其他行业进行跨界合作，实现多元化业态组合。目前，陕西餐饮与文旅、零售等领域的跨界合作

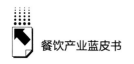

较为频繁，不仅提升了餐饮的品质，而且增强了消费者黏性。在跨界合作不断升温的趋势下，餐饮联名的形式愈加丰富多样，餐饮企业与热门IP合作打造主题餐厅或特色菜品成为大势所趋，为消费者带来了更加独特的餐饮体验。

在餐饮与文旅的跨界合作中，本土小吃成为关键要素。这些承载着丰富历史、独具地方特色的小吃，不仅满足了消费者追求美食的需求，而且让消费者感受到当地的风土人情。陕西有丰富多样的本土小吃，吸引了大量游客的关注，不少游客为了品尝小吃专门来到陕西，推动了陕西旅游业的发展。与此同时，陕西旅游热度的升温，也会进一步提升陕西小吃的知名度，这种良性循环有助于陕西传承地方特色文化，进一步扩大城市影响力。

（五）前端多元化、后端集中化态势显著

前端多元化、后端集中化是餐饮行业发展的两大重要趋势，它们分别代表了餐饮企业在服务和运营方面的不同策略和方向。

前端多元化主要体现在餐饮企业为满足消费者日益多样化的需求和口味，不断推出新的菜品、饮品和服务形式。这种多元化不仅体现在菜品的风味、口感和呈现方式上，还涉及餐厅的装修风格、服务模式等方面。通过前端多元化，餐饮企业可以吸引更多类型的消费者，提高市场份额和竞争力。

后端集中化则是指餐饮企业在供应链、采购、生产等环节实现集中化和规模化。通过集中采购、统一生产、统一配送等方式，餐饮企业可以降低采购成本、提高生产效率、保证产品质量。同时，后端集中化还有助于餐饮企业实现品牌标准化和规模化发展，提高品牌知名度和影响力。

前端多元化与后端集中化的结合，可以使陕西餐饮企业在满足消费者多样化需求的同时，保持高效、稳定的运营。通过前端创新和升级，企业可以抓住市场机遇，吸引更多消费者；通过后端集中化和优化，企业可以降低成本、提高效率，保持竞争优势。然而，要实现前端多元化和后端集中化的完美结合，陕西餐饮企业需要具备一定的实力和资源。这包括强大的研发能力、完善的供应链体系、高效的物流配送系统等。同时，企业还需要关注市

场动态和消费者需求变化，不断调整和优化自身的产品和服务，以保持市场竞争力。

参考文献

《2023 年全省国民经济运行情况》，陕西省人民政府网站，2024 年 2 月 6 日，http：//www. shaanxi. gov. cn/zfxxgk/fdzdgknr/tjxx/tjgb_240/stjgb/202402/t20240206_2316776. html。

陕西省统计局、国家统计局陕西调查总队：《陕西统计年鉴》（2020～2023），中国统计出版社，2020～2023。

B.11
2023年澳门餐饮产业发展报告[*]

唐继宗[**]

摘　要： 2023年，市场环境的变化使澳门餐饮市场及餐饮消费行为发生转变。从供给侧来看，澳门饮食业就业人数略微增长，饮食业月度营业额平均增幅为79.1%，中式酒楼饭店和西式餐厅增长显著，日韩餐厅稍显落后。从需求侧来看，越来越多的澳门消费者习惯选择外卖，餐饮市场内需不断扩大。本报告建议加快推进饮食业数字化转型，提升经营能力，积极拓展粤港澳大湾区餐饮市场，进一步用好澳门"美食之都"金名片，增强在国际市场的软实力。

关键词： 餐饮产业　消费行为　粤港澳大湾区　澳门

一　2023年澳门餐饮市场发展概况

2023年，澳门餐饮市场恢复趋势较为明显。澳门统计暨普查局资料显示，2023年澳门饮食业就业人数达2.09万人，同比小幅增长1.0%左右。澳门统计暨普查局饮食业景气调查数据显示，2023年1~12月，澳门饮食业月度营业额平均增幅为79.1%。分业态来看，中式酒楼饭店月度营业额平均增幅为129.1%，西式餐厅为123.0%，茶餐厅及粥面店为62.2%，日韩

---

　* 本报告同时使用"餐饮业""饮食业"两种表述。
　** 唐继宗，博士，澳门管理学院院长，中国社会科学院旅游研究中心特约研究员，世界中餐业联合会饮食文化专家工作委员会专家委员，主要研究方向为产业发展、区域合作、服务贸易、民航运输、公共政策、制度经济学等。

餐厅为39.6%。中式酒楼饭店和西式餐厅增长较为明显，日韩餐厅稍显落后（见图1）。

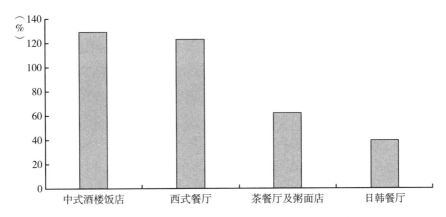

图1 2023年澳门饮食业分业态月度营业额平均增幅

资料来源：澳门统计暨普查局。

澳门饮食业的发展与旅游业的变化息息相关。澳门统计暨普查局数据显示，2023年访澳旅客总消费同比增长2.9倍，达712.5亿澳门元，第一季度至第三季度持续增长，第四季度稍有回落。访澳旅客人均消费（非博彩）逐季回落，从第一季度的3027澳门元下降至第四季度的2316澳门元（见图2）。

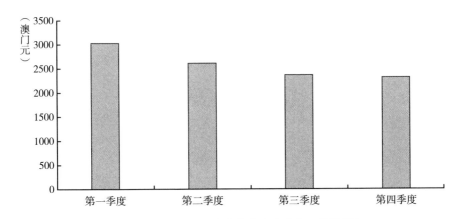

图2 2023年分季度访澳旅客人均消费（非博彩）

资料来源：澳门统计暨普查局。

访澳旅客人均餐饮消费呈波动下降趋势,第一季度最高,达526澳门元,第二季度回落至455澳门元,第三季度再次上升至476澳门元,第四季度又回落至469澳门元(见图3)。总体来看,2023年第一季度旅游业和饮食业表现为全年最佳。

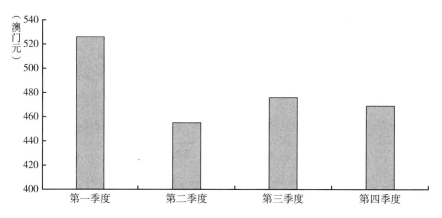

图3　2023年分季度访澳旅客人均餐饮消费

资料来源:澳门统计暨普查局。

市场的变化对澳门消费者的消费行为产生较大影响,越来越多的澳门消费者习惯选择外卖。澳门《外卖食品活动场所的登记制度》于2021年11月生效,截至2023年11月15日,澳门市政署共发出5110份登记证明文件,持有有效登记证明的外卖场所共有3941个,较2022年的2219个增长了77.6%。

二　澳门饮食业调查分析

2024年1月至2月初,澳门餐饮业联合商会面向各会员商户就2023年行业发展情况展开问卷调查,共回收有效问卷462份。参与调查的商户中,80%位于居民社区,20%位于旅游区。调查结果如下。

第一,50%的商户表示2023年营业额比2022年有所上升,表示持平和下降的商户分别占24%和26%。从区域来看,93%的位于旅游区的商户表示

2023年营业额高于2022年，而仅有30%的位于居民社区的商户表示2023年营业额高于2022年，这反映了旅游区和居民社区餐饮商户发展的不平衡。从时段来看，超过七成商户表示2023年早市、午市和下午茶时段的营业额高于2022年，近五成商户表示晚市和夜宵时段营业额有所下降。此外，52%的商户表示平日营业额低于节假日，36%的商户表示平日营业额高于节假日，这与商户所处位置息息相关，处于旅游区的商户受节假日的影响更大。

第二，与2022年相比，73%的商户在2023年维持了产品定价，21%的商户提升了产品定价，仅有6%的商户降低了产品定价。产品定价的变化与商户所负担的经营成本的变化有关。在经营成本中，店铺租金、食材成本、人工成本位居前三，分别占28%、20%、17%；燃料水电及其他成本占比较低。

第三，商户的经营模式主要分为店内用餐、外卖两大类，其中主营外卖的商户占48%。这些商户主要采取自送、客户自取、第三方配送的方式开展外卖业务。

第四，电子支付交易成为主流，受访商户表示74%的交易通过电子支付进行。

第五，26%的商户表示2023年澳门举行的各类大型活动有助于营业额的增长，旅游区商户为主要受惠对象。

第六，对经营前景表示乐观和十分乐观的商户分别占57%和3%，旅游区商户的信心强于居民社区商户。为了改善经营状况，40%的商户选择推出优惠方案（如团购、优惠套餐等），32%的商户选择不断推出符合市场需求的创新产品，13%的商户选择在线上线下共同经营。还有一些商户选择推出预制菜或礼盒、参与饮食业相关计划等。

第七，在投资方面，商户的投资行为较为谨慎，多数考虑暂缓向粤港澳大湾区等区域的投资。

第八，在对政府的期望方面，更多商户希望澳门特区政府推出饮食业相关计划、颁授业界认证、加强对外宣传推广。此外，举办多种美食节庆活动、推出旅游优惠、组织考察交流活动等也是一些商户所期望的。

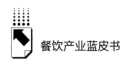
三 2023~2024年澳门饮食业重点工作

2023年，澳门特区政府通过"社区旅游经济拓展""美食文化推广""滨海旅游"3个专项资助计划，引导餐饮、旅游等产业融合发展。举办"第11届澳门国际旅游（产业）博览会"及美食义化推广活动，汇聚全球创意城市美食之都的餐饮人才，展现各具特色的烹饪技艺，促进交流，丰富美食文化内涵，提升澳门在国际美食市场的影响力。

2024年以来，澳门特区政府进一步深化"美食＋旅游"发展，推出2024年度"味历澳门"美食推广资助计划，鼓励相关主体以美食、旅游为创意元素，举办美食论坛等各类特色主题活动，携手国内国际名店名厨，展示澳门饮食业的特色和包容性，推动饮食业与旅游业共同发展。

四 澳门饮食业发展建议

（一）加快推进饮食业数字化转型

引导餐饮企业善用科技工具与创新技术，在品牌营销、库存管理、日常运营等方面推进数字化转型。引导中小微餐饮企业树立数字化转型理念，实施先导计划，培育数字化转型成功典范，辐射其他企业，促进经验交流。梳理饮食业细分行业，培育一批优质服务商，促进数字经济和实体经济深度融合。

（二）提升经营能力

澳门餐饮商户规模多为中小型，经营理念较为传统，管理体制较为欠缺，资源也不充足。要想在快速变化的市场中抢占先机，亟须提升经营能力。建议澳门餐饮商户积极参与商务交流、考察、培训等活动，了解行业最新发展情况，提升管理技巧，充分利用政府给予的政策优惠和发展资源，有针对性地提升管理水平。此外，相关行业协会要为餐饮商户量身定制实战培训课程，提升从业人员专业水平。

（三）积极拓展粤港澳大湾区餐饮市场

近年来，有不少澳门餐饮品牌在珠海、中山等城市开设分店，积极拓展粤港澳大湾区餐饮市场，寻求突破。2024年是横琴粤澳深度合作区成立3周年，横琴全岛封关运作将加快实现。各行业各领域的深度融合，定将为澳门饮食业带来新机遇。建议业界积极作为，在深耕本地市场的同时，尽快对粤港澳大湾区其他城市的餐饮市场进行了解、思考及布局，结合国家对澳资企业进驻内地的各项优惠政策，谋得更大的发展空间。

（四）进一步用好澳门"美食之都"金名片，增强在国际市场的软实力

2017年，澳门成功加入联合国教科文组织创意城市网络，成为美食之都。澳门饮食包容性较强，中西交融特征显著，澳门应进一步用好"美食之都"金名片，通过创新营销方式推广特色饮食文化。同时，推出饮食主题研学课程，选拔高层次人才，完善厨艺技能鉴定制度。

专题报告篇

B.12
2023年中国川菜产业高质量发展报告[*]

川菜产业研究课题组[**]

摘　要： 高质量发展已成为中国川菜产业的重要发展方向。近年来，中国川菜产业高质量发展取得积极成效，在人才培养、数字化发展、标准化体系建设、品牌化发展、生态化发展、文化传承与创新、国际化战略影响等方面取得了令人欣喜的成就，但也存在高端人才结构不优、数字化转型动力不足、生态绿色环保意识不足等问题。展望未来，"一带一路"倡议、乡村振兴、数字中国等为川菜产业高质量发展提供了新机遇，川菜产业应借鉴国内外美食产业发展经验，培养全面多元的高端人才，提高数字化水平，建设完整规范的标准化体系，丰富享誉全球的品牌内涵，推进生态化绿色发展，深耕文化创新，实施开放共享的国际化发展战略。

---

*　本报告由世界中餐业联合会、联合利华饮食策划、四川旅游学院联合发布。

**　课题组成员：李想，四川旅游学院烹饪与食品科学工程学院院长、教授，主要研究方向为美食产业体系建设与发展、烹饪高等教育等；梁硕，世界中餐业联合会副秘书长，主要研究方向为餐饮产业、餐饮企业管理、烹饪技术、餐饮行业组织运营和餐饮业大型活动策划；梅丽，工学博士，四川旅游学院副教授，主要研究方向为川菜产业创新发展、川菜文化活态传承、烹饪技能与科学、烹饪器物信息学等。

关键词： 川菜产业　川菜文化　高质量发展

现阶段，高质量发展已经成为川菜产业发展的重中之重，必须进行前瞻性思考、系统性设计、整体性推进，务必进行高起点定位、高水平谋划、高质量建设，尤其是在人才化、数字化、标准化、品牌化、生态化、人文化、国际化等方面，亟须实现更高层次、更高水平、更高质量的发展。本报告在《川菜产业可持续发展报告2022》的基础上，从川菜产业高质量发展概况出发，探讨川菜产业高质量发展的动力、潜力与活力，为川菜产业高质量发展提供坚实支撑，为中国式现代化贡献川菜产业的智慧与力量。

一　川菜产业高质量发展概况

（一）高端人才培养初见成效

人才是川菜产业高质量发展的第一资源，高端人才的培养是重中之重。川菜产业的高端人才不仅是川菜技艺的传承者和守护者，更是川菜产业创新发展的引领者。近年来，川菜产业的高端人才培养呈现良好态势。

从人才质量看，川菜产业高端人才的素质和能力不断提升。随着川菜产业的快速发展，其对人才的需求也日趋多元。为适应这一趋势，众多川菜企业和机构加强了对高端人才的培养和引进。国内外高等学府、知名餐饮企业和科研机构的合作交流也日益紧密。据统计，川渝地区开设烹饪相关专业的院校已突破百家，川菜产业高端人才不断完善自身的知识和技能体系，推动川菜产业的创新发展。

从人才培养路径看，川菜产业高端人才培养已由传统的"师徒传承"模式转变为"院校培养""师徒传承"并重的复合模式，人才"金字塔"结构已初步形成。2023年，四川新增省级"天府名厨"100名，卢朝华、

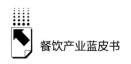
徐孝洪两名大师被推荐参评国家级非遗传承人，冉伟大师获中华人民共和国第二届技能大赛中餐赛项铜奖（全国第三名、川菜唯一获奖）并获得"全国技术能手"推荐资格；四川高考烹饪专业报名人数超过 2700 人，其中本科生录取近 400 人。

从人才效能看，川菜产业高端人才的贡献日益显著。龙头品牌柴门餐饮集团的川菜非遗传承团队研发的新派川菜、四际餐饮集团学院派大师团队研发的国际川菜/酵宴等在市场上取得了巨大成功，为川菜产业带来了新的增长点。同时，高层次人才在川菜文化的传承和推广方面也发挥着重要作用，他们通过参与各类文化交流活动，向世界展示川菜的独特魅力。

（二）数字化发展水平稳步提高

数字化是川菜产业高质量发展的重要方向。2022 年 12 月，四川省依托四川旅游学院建成川菜人工智能重点实验室、川菜机器人实验室等，开展了一系列川菜产业数字化研究和应用。已经建成 10 余家数字化智慧餐厅，百余家企业开展了厨房的数字化改造。

川菜产业的数字化发展主要包括产品数字化、设备数字化、管理数字化等。产品数字化对川菜的主辅料、调味料、加工工艺进行了数字化拆分和重构，实现了川菜产业的智能化升级；同时，对食材的成分、营养价值、热量和价格等进行数字化展示，帮助消费者做出更健康、更合理的选择。设备数字化将川菜厨房常用的炉灶、烤箱、蒸箱等通过数字化技术进行改造，实现了自动化控制和监测，成都海科机械、黑菠萝科技、四川长虹集团等研发了符合川菜需要的机器人并投入使用，"无人厨房""无人餐厅""智慧餐厅"从概念逐步走向现实。管理数字化即建立数字化供应链管理系统和食品安全监测管理系统，实现川菜产业供应链的全流程智慧化精准监控，兼顾员工、库存、财务、销售、客服等方面的数字化管理，大大提升了管理效率和准确性。

（三）标准化体系有待完善

标准化体系建设关系川菜产业的整体品质和水平，确保产品的安全、卫生和口感，推进川菜产业的规模化、现代化、国际化。目前，关于"川菜"的各类标准只有不到20项（见表1），暂无国家标准。可见，川菜标准化体系亟待建设与完善。2023年，四川省经信厅、商务厅、农业农村厅等相关部门推动"预制川菜标准与规范编制指南""预制川菜分级评价技术规范""预制川菜生产通用技术规范"等预制川菜系列标准的制定，为预制川菜的生产、加工、销售等环节提供明确的规范和指导。

表1 现行有效的川菜相关标准

序号	标准名称	发布日期	实施日期
1	SB/T 10946-2012《川菜烹饪工艺》	2013年1月23日	2013年9月1日
2	DB51/T 1728-2014《中国川菜经典菜肴制作工艺规范》	2014年4月8日	2014年5月1日
3	DB51/T 2137-2016《中国川菜服务规范》	2016年2月2日	2016年6月1日
4	DB51/T 2435-2017《川菜 东坡扣肉烹饪工艺技术规范》	2017年12月20日	2018年1月1日
5	DB51/T 2436-2017《川菜 东坡一品肉烹饪工艺技术规范》	2017年12月20日	2018年1月1日
6	T/PGIA 06-2020《郫县川菜调料》	2020年8月20日	2020年8月21日
7	DB51/T 2879-2022《中国川菜常用特色食材选用规范》	2022年2月24日	2022年4月1日
8	T/SCSSX 1.0-2022《预制川菜术语与分类》	2022年10月25日	2022年12月1日
9	T/SCSSX 2.0-2023《预制川菜标准与规范编制指南》	2022年10月25日	2022年12月1日
10	T/SCSSX 3.0-2023《预制川菜生产通用技术规范》	2022年10月25日	2022年12月1日
11	T/SCSSX 4.0-2023《预制川菜分级评价技术规范》	2022年10月25日	2022年12月1日
12	T/SCSSX 5.0-2022《预制川菜质量安全追溯规范要求》	2022年10月25日	2022年12月1日
13	T/SPFA 001-2023《川菜复合味型 荔枝味型》	2023年5月4日	2023年5月10日

资料来源：根据网上公开标准整理。

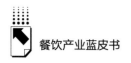

（四）品牌化发展逐渐深化

川菜产业品牌化发展是指通过塑造川菜品牌的形象，提升认知度和价值感，将品牌形象与川菜的地域文化、口感特色等深度融合，以实现川菜产业的整体高质量发展。根据联合利华饮食策划大数据研究中心统计数据，截至2023年上半年，川菜门店数量已超过32万家，远超粤菜、江浙菜等菜系门店数量，川菜成为名副其实的全国第一大菜系，其中川渝两地是川菜"大本营"，上海、北京、深圳等城市的川菜门店数量也有大幅增长（见图1、图2）。

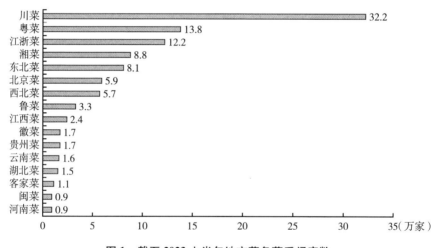

图1 截至2023上半年地方菜各菜系门店数

资料来源：联合利华饮食策划大数据研究中心。

川菜品牌展会（世界川菜大会、"味美四川"川派餐饮汇、成都国际美食节、UFI认证展会等）及"米其林""黑珍珠"餐厅等大大推动了川菜品牌化发展。川派餐饮天府名菜、名厨、名店培育工程已评选出116道省级"天府名菜"、515道市级"天府名菜"和1366家美食体验店。2021年，米其林榜单正式登陆成都，成都入选米其林榜单的餐厅数量逐年增加。

龙头企业在川菜品牌化发展中的作用不容小觑。它们以敏锐的市场洞察

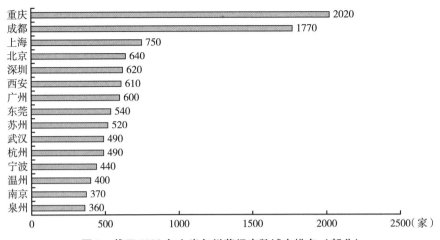

图 2　截至 2023 年上半年川菜门店数城市排名（部分）

资料来源：联合利华饮食策划大数据研究中心。

力和卓越的运营能力，成功将川菜推向了更广阔的市场。眉州东坡、成都映象、老房子、大龙燚等龙头企业通过持续的产品创新和服务优化，成功吸引了大量的年轻消费者，实现了年营收的连续快速增长。太二酸菜鱼、丛火锅、麻六记、烤匠、万蔚等一批国内知名连锁餐饮企业围绕川菜布局业务板块，成为川菜品牌新锐。

（五）生态化发展不断推进

绿色发展作为新发展理念之一，对川菜产业高质量发展提出了更高标准、更高要求，川菜产业在"碳中和"餐厅建设、贯彻实施《中华人民共和国反食品浪费法》、推动农业绿色发展等方面做了诸多探索。2021 年 4 月，《中华人民共和国反食品浪费法》正式公布并实施，川菜产业积极行动，推出"小份菜""单人餐"，减少外卖餐盒使用，有效遏制了"舌尖上的浪费"。2023 年在成都举行的世界大学生夏季运动会的运动员餐厅优先选用绿色种养殖基地及低碳环保食材食品供应商，大运村本地当季蔬菜类食材占比达 72.8%，高于北京冬奥会、武汉军运会。建有智慧中央厨房，配备智能炒菜机器人 8 台、咖啡机器人 3 台，实现整体产能提升 30%，食材出成

率提高 10%，节约能耗 30%，减少垃圾量 50%。同时，通过发展智慧物流与绿色物流，食材仓储全面落实低耗能、低污染、低排放要求，推行科学精准配餐，采用环保材质餐桌餐椅，餐盘餐具餐盒均使用可降解、可回收材料；配备了日处理 10 吨厨余垃圾的就地处理设施，促进资源化利用。

（六）文化传承与创新能力持续提升

川菜产业的文化创新有利于讲好中国故事、传承中华优秀传统文化。川菜老字号餐厅是川菜产业进行文化创新的重要力量，作为川菜文化的代表，历史悠久的老字号餐厅承载着丰富的文化内涵。川菜老字号、老门店凭借独特的口味、精湛的烹饪技艺、优秀的经营理念和卓越的客户体验，赢得了广大消费者的信赖和喜爱。

川菜产业在文化传承与创新方面开展了系列工作，成效显著。2021 年 6 月，川菜烹饪技艺入选第五批国家级非物质文化遗产代表性项目名录，为川菜的文化传承开启新的篇章。2023 年，商务部等 5 部门开展了中华老字号示范创建工作；四川省文旅厅组织成立了四川省非物质文化遗产保护协会川菜专业委员会；2022 年、2023 年连续开展川菜非遗传承人研修培训，一系列工作为川菜非遗创造性转化和创新性发展、川菜老字号保护与传承提供助力。截至 2023 年 11 月，四川共有"中华老字号"47 个，其中餐饮类 44 个，占 93.6%；"四川老字号"125 个，其中餐饮类 107 个，占 85.6%。

文化 IP 打造也是川菜文化传承与创新的重要支撑。川菜的独特口味、烹饪技艺和饮食文化，都是文化 IP 的重要组成元素。南堂馆、许家菜、马旺子等巧妙地将传统的川菜文化和现代设计理念融合，设计出了一系列独特的品牌标识和餐具，深受消费者喜爱。这种将传统文化与现代元素相结合的方式，不仅提升了品牌的辨识度，也提升了川菜的文化魅力。

（七）国际化战略影响明显扩大

习近平总书记在 2023 年中国国际服务贸易交易会全球服务贸易峰会上提出，共享中国式现代化建设成果，以中国大市场机遇为世界提供新的发展动力，以高质量发展为全球提供更多更好的中国服务，增强世界人民的获得感①。川菜产业作为服务业的重要组成部分，正在逐渐走向世界舞台。

川菜"走出去"是四川省委、省政府的战略考量。四川省陆续出台了《四川省川菜产业发展规划（2013—2015）》《关于进一步加快成都市川菜产业发展的实施意见》《四川省促进川菜走出去三年行动方案（2018—2022年）》《关于加快构建"4+6"现代服务业体系推动服务业高质量发展的意见》《四川省六大优势产业提质倍增行动方案（2022—2027年）》等政策文件。重庆也出台了相关政策，支持川菜国际化拓展与推广。

川菜在海外有着相当高的市场占有率，麻婆豆腐、夫妻肺片、宫保鸡丁等经典川菜在海外均有较高的知名度和美誉度。四川全省有近500家知名川菜企业通过直营品牌加盟、技术加盟、合作等方式在境外20多个国家和地区开设了餐饮门店，在海外设立5个"川菜海外推广中心"，川菜在全球的餐厅数量近年来大幅增长，尤其是在北美、欧洲和东南亚地区。这种增长的背后，既反映了川菜受到了广泛的国际认可，也体现了川菜"走出去"战略的前瞻性和有效性。

而在国内，川菜的国际化表达也日益鲜明。从各大城市的川菜餐厅设计，到菜品的创新融合，都可以看到国际化的影子。百胜等国际餐饮品牌推出与川菜、川饮等相结合的特色单品，提升了川菜的国际化水平；Silverpot银锅、银芭等川菜代表性餐厅尝试将川菜与西餐的烹饪技法进行巧妙结合，推出了"鲜辣恒温三文鱼""椒烫和牛""油焖波龙"等"中西合璧"的创新菜品，这种跨界合作深受年轻消费者的喜爱，销售数据显示，这些创新菜品的销量增长超过50%。根据联合利华饮食策划大数据研究中心调研数据，辣已经成为"95后"消费者最喜欢的口味，麻辣、香辣、青花椒等风味成为消费者最喜爱的川菜味型，为川菜创新菜品研发提供了风味指引。

与此同时，川菜在国际话语权方面也有显著提升。在世界知名的烹饪技

---

① 《习近平向2023年中国国际服务贸易交易会全球服务贸易峰会发表视频致辞》，中国政府网，2023年9月2日，https://www.gov.cn/yaowen/liebiao/202309/content_6901654.htm。

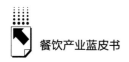

能大赛、美食节上，川菜厨师频繁亮相，以精湛的技艺征服了无数国际评委和观众。此外，越来越多的国际知名厨师也开始学习和引入川菜元素，进一步推动了川菜在全球的发展。

川菜产业在高质量发展的道路上已经取得了诸多引人瞩目、令人欣喜的成就，但是也存在一些问题，主要包括：川菜产业高端人才结构不优、数量不足，培养模式不完善；数字化转型动力不足，融合程度不深；标准较少，体系不健全；品牌建设意识不强、质量不高；生态绿色环保意识不足，技术储备较少；文化传承与创新水平不高、能力不强；国际化推广还远远不够；等等。

二 川菜产业高质量发展机遇

（一）"一带一路"：拓展川菜产业高质量发展"新空间"

"一带一路"是"丝绸之路经济带"和"21世纪海上丝绸之路"的简称，2013年9月和10月习近平总书记分别提出建设"新丝绸之路经济带"和"21世纪海上丝绸之路"的合作倡议，旨在借用古代丝绸之路的历史符号，高举和平发展的旗帜，积极发展与合作伙伴的经济合作关系，共同打造政治互信、经济融合、文化包容的利益共同体、命运共同体和责任共同体①。

长期以来，共建"一带一路"国家和地区的人民积累了类别多样、品种繁多的美食资源，越来越多的国际友人对中华文化产生浓厚兴趣，包括对川菜的喜爱和追捧。同时，川菜企业、川菜优质食材等也走向世界，这为川菜产业的高质量发展提供了广阔的市场空间。

---

① 《"一带一路"九年发展成效卓著》，中国经济网，2022年9月16日，http：//views.ce.cn/view/ent/202209/16/t20220916_38108481.shtml。

（二）"乡村振兴"：构建川菜产业高质量发展"新格局"

党的十九大报告指出，农业农村农民问题是关系国计民生的根本性问题，必须始终把解决好"三农"问题作为全党工作的重中之重，实施乡村振兴战略。2023 年 2 月，《关于做好 2023 年全面推进乡村振兴重点工作的意见》发布，明确要求提升净菜、中央厨房等产业标准化和规范化水平，培育发展预制菜产业。

乡村振兴与川菜产业之间存在密切联系，相互支撑、相互影响、共同发展。一方面，川菜产业可以作为乡村振兴的文化抓手和经济支柱。川菜不仅代表着当地的特色和历史，也是当地人民的精神寄托。挖掘和传承乡村美食文化，可以增强乡村居民的文化自信和认同感，还可以吸引游客前来品尝美食、体验乡村生活，从而带动乡村旅游业的发展，实现乡村文化振兴和经济振兴。另一方面，川菜产业可以作为乡村振兴的社会纽带，通过举办美食节、美食比赛等活动，促进城乡居民之间的交流和互动，增强社会凝聚力和活力。

（三）"成渝双圈"：打造川菜产业高质量发展"新引擎"

2021 年 10 月，中共中央、国务院印发了《成渝地区双城经济圈建设规划纲要》，明确提出了"打造全球泡（榨）菜出口基地、川菜产业和竹产业基地""打造'川菜渝味'等区域公共品牌"，为川菜产业高质量发展创造了巨大机遇。

川菜产业作为川渝地区的特色产业之一，通过两个城市之间的合作和互补，实现资源共享、市场扩大和产业链优化。同时，通过完善交通基础设施，成渝地区的物流运输更加便捷高效，有利于川菜产业的原材料和产品流通。这将为川菜产业的高质量发展提供更广阔的市场和更多的合作机会。成渝地区双城经济圈建设必将加强人才和技术的交流与合作，对于川菜产业的高端人才培养和联合技术攻关有着良好的促进作用。同时，便利的交通将吸引更多的游客和消费者来到成渝地区品尝川菜，推动川菜产业的高质量发展。

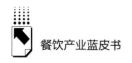

（四）"数字中国"：培育川菜产业高质量发展"新动能"

数字技术将对川菜产业进行全方位、多角度的改造升级，以提高产业效率、降低成本、增强竞争力。一是物联网、大数据分析、人工智能等数字技术的应用，可以提升川菜产业的生产效率和管理水平，实现川菜生产过程的监控和优化。二是数字化管理系统可以帮助川菜企业实现更精细化的供应链管理、市场营销和客户服务，提升整体经营效益。三是电子商务平台、社交媒体推广等数字化手段将有效推动川菜产业的品牌建设和市场拓展，提升川菜品牌的知名度、市场影响力和国际竞争力。四是数字化技术的应用可以促进川菜产业与其他领域的融合，创造出更多创新菜品，打造"川菜+康养""川菜+文化""川菜+旅游"等新模式，满足消费者多样化的需求。五是数字技术的应用可以增强川菜产业的可追溯性和生态环保性，提高供应链的透明度和生态友好性，促进节能减排、环境友好，推动川菜产业朝绿色低碳生态方向发展。

（五）"文化自信"：推动川菜产业高质量发展"新基石"

新中国成立后，范俊康、罗国荣等一批川菜大师将川菜带入北京。程清祥在《北京饭店饮食的民族风格》一文中提到"川菜在北京饭店四大名菜中居于首位"，可见川菜的影响和地位。20 世纪 50 年代，川菜名厨孔道生、陈志刚等人受国家指派，走出国门，将川菜推向世界，并帮助波兰、捷克及朝鲜等国家的餐厅管理厨政和培训烹饪技术人员等。1980 年，第一家高端正宗川菜馆"荣乐园"在纽约开张，《纽约时报》《华盛顿邮报》等媒体纷纷报道，多次刊登特级厨师曾国华、刘建成下厨时的大幅彩照，并配以熊猫抱着四川名酒的插图，掀起了一股"川菜热"。据统计，20 世纪 80 年代，四川有数千名厨师前往五大洲的 40 多个国家推广川菜，把中国正宗的川菜烹调技术介绍给世界①。

---

① 《川菜振兴系列报道之四：川菜的洋与中》，中国新闻网，2016 年 7 月 24 日，https：//www.chinanews.com/sh/2016/07-24/7949586.shtml。

近年来，随着我国的综合国力不断提升，越来越多的川菜企业、川菜名厨走出国门，在推广川菜的同时传播着中华优秀传统文化。同时，越来越多的国际友人爱上了川菜。川菜已成为传播中华优秀传统文化的重要载体，是向世界讲好中国故事、提升中国文化软实力、实施中国文化"走出去"战略的重要抓手。文化自信已成为川菜产业高质量发展的"新基石"，为川菜产业高质量发展带来无限可能。

三　国内外美食产业发展借鉴

（一）完备多元的高层次人才培养体系

法国、瑞士、意大利、泰国等在美食产业高质量发展方面均有着完备多元的高层次人才培养体系。一是美食课程体系满足多样化需求。美食教育课程不仅包括西餐、西点等烹饪技术方法，还延伸到生肉加工、酿酒、艺术、设计、管理等多个涉及美食产业的不同环节。二是理论与实践充分结合。以法国为代表的双元制教育模式值得借鉴，美食教育中心与企业紧密合作，学员有一半时间在酒店或餐厅当学徒。同时，法国手工业协会设有专业的咨询团队和培训团队，为创业学员提供咨询与指导。三是构建了多元的人才评价体系。法国的人才评价体系享誉全球，法国手工业协会下设全国统一考核中心，为合格学员颁发对应级别的国家职业资格证书，定期举办具有世界影响力的美食专业人才比赛，包括被誉为手工业界"诺贝尔奖"的最佳工匠奖及市场高度认可的最佳学徒奖等。

（二）高度融合的内涵式产业发展模式

意大利、法国、泰国及中国澳门、北京、上海在"美食+"产业融合发展方面有着较高水平。一是充分发挥"美食+"集聚效应。将美食与旅游、酒店、文化、艺术等相结合，形成"美食+会展""美食+教育""美食+旅游"等新的产品与服务，通过线上预订等形式，实现供应链、销售渠道、价格、消费人群的稳定，创造经济效益。二是美食上下游产业链相互支

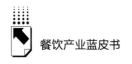

撑。集聚一大批高水平的美食包装、美食设计、美食营销等创意设计企业，形成高质量发展的美食上下游产业链。三是以产品质量掌握世界食品安全与美食评级的话语权。意大利的帕尔马是欧洲食品安全管理局总部所在地，在食品质量控制和食品安全生产等方面拥有制定国际参考标准的话语权。法国则拥有享誉世界的美食鉴赏体系米其林指南和戈与米约指南，使法国美食标准成为世界高端餐饮的评判标准。

（三）深度发展的人文美食创意产业

日本、韩国、美国、德国等国的美食创意产业发展迅速。传统美食创意仍停留在场景的建筑美、色彩的艺术美、菜名的文学意境美、宴席的视听美、食器的设计美等，但许多国家的美食创意产业实践已远超此范畴。日本、韩国和美国明确将美食纳入文化创意产业的分类范畴，美食与影视、动漫、游戏相结合带来的产业效益以及美食创意所实现的全球影响力举世瞩目。日本把传统饮食与和服、花道以及手工制作界定为立体文化产业，甚至在动漫制作领域广泛借用中华传统饮食文化元素进行创作；韩国则更擅长借助影视剧对社会文化生活领域，包括服饰、饮食、医药等文化内容实现创意呈现和产业衍生；德国柏林电影节则设立了"美食与电影"单元，美食所具有的视觉性、美学性与票房吸引力逐渐使美食创意运用成为电影产业的一个重要方向。

（四）极具特色的标准化美食经济管理

以新加坡为代表的"小贩中心"治理改造对标准化体系建设有着良好借鉴。"小贩中心"将美食流动小贩集中在政府指定场所经营，分布广泛、物美价廉、花样繁多，提供地道"狮城"美食，已成为新加坡居民聚会、交流和联络感情的场所。新加坡政府对"小贩中心"的食品卫生管理非常严格，建有一整套体系完备、操作性强的标准化管理制度，并有专门人员打扫卫生和收拾碗筷。政府还定期对"小贩中心"进行评级，其中个人卫生和处理食物方式占60%，摊位卫生占40%。在这里开业不仅要有正规厨师资格，而且对个人卫生状况也有明确要求，每半年必须进行一次例行体检，发现有传染性疾病或其他相关疾病，必须立即停业。除了"小贩中心"，由政府与商会共同创办的美食产品联合品牌"食尚新加坡"，为新加坡美食打造了一个进军海外市场的鲜明形象，最大限度地传播新加坡美食文化及食品安全理念。

（五）生态化美食协调发展

丹麦哥本哈根是美食产业与城市共融共生、绿色协调发展的典范。"可持续烹饪"是利用烹饪应对环境、社会、经济等方面面临的挑战的对策，主要方式包括：提升食材质量；提高营养搭配合理性；改善食品味道和就餐环境；升级社会机构（包括学校、医院、养老院及公共服务场所）的厨房环境和餐饮品质；减少猪肉、牛肉以及温室培养的蔬菜摄入，增加家禽、鱼肉和有机蔬菜摄入，广泛采用有机食品；打造从田间到餐桌的健康绿色可持续的餐饮行业联盟，增加新鲜食材摄入，减少长途运输和仓储能源消耗。整个美食产业链完整且质量较高，使哥本哈根成为真正意义上的健康、高质量发展的美食之都。

四　川菜产业高质量发展路径

（一）培养全面多元的高端人才

一是加强高端人才培养。依托具有传统优势的高校，开设满足川菜产业高质量发展需求的系列课程，加强美食产业链相关行业经营、技术、管理等高端人才的培养；围绕艺术、设计和管理类高端人才培养开设微专业，加深从业人员对行业的认识。

二是建设政企校多元主体参与的教育新模式。支持学用充分结合，深化产教融合，通过校企联合培养提升从业人员的技能水平，组建专业的咨询团队、教学团队和培训团队，提供高水平的信息咨询和指导服务。

三是提升川菜产业人才层次。积极推动专业院校、川菜企业与川菜领域大师、名师和专家的对接，共同培育川菜产业高端人才；开展"名厨带徒""传帮带"等活动，加快培育一批高技能川菜非遗传承人才；由教育部门争取职业教育国际合作办学政策支持及资质认证，加强与国际学校的交流合作，推动多种形式的国际合作办学；积极鼓励优秀产业人才前往国内外知名餐饮学校进行深造。

（二）提高数字化水平

一是加速数字化智能管理。构建川菜产业数字化新生态，智能联通生产、运输环节，降低人力管理成本，提高食品安全水平和生产效能。强化餐饮产业链协同合作，加强消费者与餐饮企业的互动，构建平台企业、餐饮企业、消费者和政府良性互动的生态体系。

二是加强市场数据分析。建立川菜产业大数据中心，以数据要素为核心，加强川菜产业的数据采集存储、加工分析、交易流通，为川菜产业高质量发展提供数据支撑，帮助川菜产业提升业务贯通和协同能力，明晰市场最新动向，为企业发展提供数据保障，提高川菜产业数字化水平。

三是加快发展新业态。融合线上营销方式，拓宽川菜企业对外营销传播渠道，突破传统餐厅经营模式，运用物联网、3D、VR、AR 等数字化技术推动在线外卖、餐饮新零售、"川菜+"等融合发展，更好满足消费者多样化需求，推动川菜产业高质量发展。

（三）建设完整规范的标准化体系

一是推动川菜标准化体系建设。积极推动川菜标准化和规范化研究，大力支持相关机构开展川菜相关标准的制定工作，陆续建立行业食品安全标准、菜品标准、食材标准等川菜标准体系，推动菜品烹制和卫生标准化、服务和管理规范化，提升川菜品质，树立川菜良好市场形象。

二是加强川菜标准化体系相关研究。建设川菜标准制定研究中心，从川菜的文化、加工与安全、品牌建设、行业人才培养等方面进行标准化项目研究，组织建立具有川菜特色的标准化国际权威评价体系，推动川菜产业规范发展。

三是加快川菜产业标准应用。以提高行业标准化水平为目标，通过ISO9000标准、HACCP等认证，引导行业协会、社会机构和相关企业运用川菜产业标准、品牌企业标准、原料配料标准、烹饪方式标准、菜品生产及仓储过程标准等，进一步规范川菜产业链的各环节，提升川菜在世界美食体系中的话语权。

（四）丰富享誉全球的品牌内涵

一是深化川菜品牌建设。深入挖掘川菜美食文化内涵，将川菜文化与地方民俗文化深度结合，打破川菜产业"菜系强、品牌少"的局面，大力推动川菜品牌布局，支持川菜老字号品牌建设，打造知名川菜连锁品牌，提升川菜品牌的知名度和美誉度，赢得更多消费者的认可。

二是建设多元品牌矩阵。鼓励川菜龙头企业在现有品牌基础上孵化新品牌，细分市场，打造差异化品牌，建立多元化品牌矩阵，避免单一品牌生命周期短、开店饱和、消费者偏好改变等影响因素，满足消费者对于川菜产业的多元化需求，扩大市场份额。

三是打造川菜龙头品牌。培育一批川菜龙头品牌，发挥带动作用，壮大产业链上下游团队，提升价值链，构建企业多层次发展梯队。同时，鼓励龙头企业立足地方优势，发展当地特色产业，融合一二三产业形成全产业链。

（五）推进生态化绿色发展

一是构建低碳环保供应链。促进川菜企业供应链转型升级，保证从田间到餐桌全链条的绿色、低碳、健康，通过集约式、本地化、当季化采购，尽可能减少运输环节，合理规划运输路线，采用低碳、环保的运输工具，减少运输过程中的能源消耗和污染物排放。

二是更新设施设备。采用新式低碳餐饮设备，提高原料利用率，实现菜品储备和加工过程中的节能降耗以及废物的有效处理。同时，采用环保装修

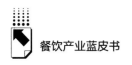

技术，在餐厅装修过程中降低污染和损耗。

三是升级绿色服务。优化餐具包装，减少使用塑料餐具或者一次性餐具；通过扫码或线上点单形式减少纸质菜单；引导顾客适量点单，提倡"光盘行动"，减少对客服务流程中的浪费。

（六）深耕文化创新

一是传承非遗技艺。川菜烹饪技艺作为国家级非物质文化遗产代表性项目，须进行创造性转化与创新性发展，应大力挖掘川菜菜品和技艺中的非遗内容，保护现存川菜非遗项目和非遗传承人，继续丰富川菜非遗代表性项目名录。举办川菜非遗节等代表性传承活动，吸引民众了解非遗川菜，发展壮大非遗川菜产业，将川菜打造为中国对外传播的文化名片。

二是传承创新老字号。鼓励老字号企业不断创新产品，积极吸引"新客群"，开发符合年轻人口味和需求的新美食，提供创新的用餐体验，以吸引更多年轻消费者。鼓励老字号企业不断创新经营业态，开拓"新市场"，提高消费者的整体体验，这可以通过与其他行业的合作、线上线下结合等方式来实现。同时，支持老字号企业建立现代企业制度，推动其适应现代市场经济管理体系，激发创新发展的内在动力，通过"川菜+会展""川菜+教育""川菜+旅游"等新的产品与服务，实现餐饮老字号企业的传承延续、博采众长、贯通中西、创新发展。

三是加强川菜文化的可视化表达与推广。鼓励开展川菜文化理论研究，丰富川菜文化内涵。深度挖掘川菜文化，加强川菜文化的可视化表达，推出一批有影响力的川菜题材图书、影视作品，并利用数字化技术进行充分展示，支持鼓励开展海内外美食文化交流，让川菜更具"国际范"和"食尚范"，推动川菜走向世界。

（七）实施开放共享的国际化发展战略

一是建设川菜国际化推广平台。借势"一带一路"倡议，依托成都作为联合国教科文组织创意城市网络和友好城市的平台优势，高水平建设一批

"川菜海外推广中心"，在现有"川菜博物馆""中国川菜文化体验馆"的基础上，增建集展览、经营、推广于一体的"川菜博览园"，结合特色川菜小镇与美食产业联盟建设，形成"中心+馆+园+镇+联盟"立体化川菜文化推广窗口，为川菜企业"走出去"和国际化发展提供宣传推广、需求对接、项目招商、投资合作、劳务输出等服务。

二是加强川菜国际化传播。通过媒体、网络、国际交流活动、学校、社区等渠道，加强对川菜文化背景、历史故事及发展理念的宣传普及。同时，聘请一批国内外企业家、烹饪大师、美食家等担任"中国川菜文化传播使者"，提升川菜的全球影响力。

三是加强川菜国际化合作。举办具有国际影响力的美食节会，以川菜、川味为纽带，支持川菜企业、行业协会参加国际性重大美食品牌节会和展销活动；积极利用进博会、糖酒会、西博会、创交会、设计周等国际交流平台，增设与川菜产业相关的展示单元；积极争取博古斯世界烹饪大赛等世界级美食大赛亚太区选拔赛落户川渝，优选川菜名企、名厨参与国内外川菜烹饪表演、比赛等活动，把川菜推向全球。

B.13
2023年中国小吃业态发展分析报告

小吃业态研究课题组 *

摘　要：　本报告通过深入调研，对中国小吃业态 2023 年发展情况进行了全面的分析。餐饮行业整体收入创新高，市场正在由数量扩张向质量提升转型。中国小吃业态在 2023 年表现出复苏和增长的态势，同时面临市场竞争加剧和门店数量减少的挑战，其中品牌连锁小吃企业展现出较强的市场韧性。在地域分布上，小吃门店主要集中在东部地区。消费者主要集中于 18~44 岁，平价小吃占主流。未来，下沉市场、连锁化、预制菜和中央厨房建设以及政策支持将成为推动行业发展的关键因素。本报告建议政府出台更多扶持政策，行业协会促进资源共享和交流合作，小吃企业推进规模化发展、拓展下沉市场。

关键词：　小吃业态　转型升级　下沉市场

一　小吃业态市场概况与分布情况

（一）市场概况

自 2019 年以来，中国小吃业态全国门店数量与餐饮行业全国门店数量

---

* 本报告课题组由中国烹饪协会、辰智餐饮大数据研究中心联合成立。课题组成员：王雨曦，中国烹饪协会行业发展部副主任；高洁，中国烹饪协会行业发展部副主任；陈娟娟，中国烹饪协会政策法规研究室主任；马兰馨，中国烹饪协会小吃专业委员会秘书长兼总干事；吴坚，辰智中国餐饮大数据研究中心主任，中国餐饮产业研究院院长；葛建辉，辰智大数据创始人；翟海琴，辰智大数据联合创始人。

变化趋势相近。如图 1 所示，2019~2020 年，小吃门店开店率高于关店率，小吃门店数量持续增加。自 2021 年起，关店率超过开店率，小吃门店数量持续缩减，陷入衰退状态。关店率由 2019 年的 17.9% 增长至 2023 年的 37.4%，提示小吃业态经营风险加大，门店数量缩减幅度大于整个餐饮行业。

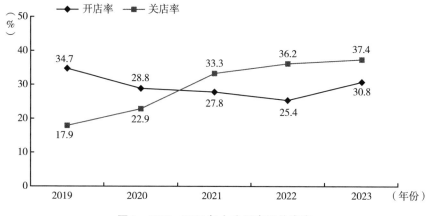

图 1　2019~2023 年小吃门店开关店率

资料来源：辰智餐饮大数据研究中心。

2023 年，尽管中国餐饮业整体规模和小吃业态总体规模的发展趋势存在波动，品牌连锁小吃企业却展现出了相对稳定的门店数量增长。具体来看，62.16% 的品牌连锁小吃企业实现了门店数量的扩张，25.68% 的品牌连锁小吃企业门店数量保持稳定，而门店数量减少的仅占 12.16%，如图 2 所示。这一趋势凸显了品牌连锁小吃企业在行业中的韧性和增长潜力，以及它们在市场波动中保持稳定发展的优势。

（二）分布情况

中国小吃门店主要分布在东部地区。广东最多，超 20 万家；江苏、山东、河南、浙江与四川超 10 万家；其余省份小吃门店数都在 10 万家以内。

2023 年，只有约 28.8% 的小吃门店在名称中保留地域特征。随着交通

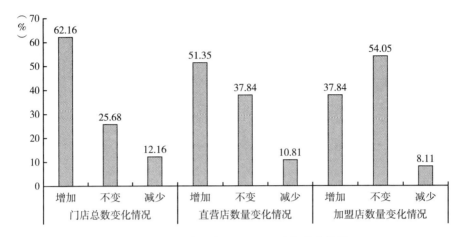

图 2 2023 年品牌连锁小吃企业门店数量变化情况

资料来源：中国烹饪协会。

越来越发达，全国人口流动性不断增强，小吃名称的地域特征正在逐渐淡化。

二 品牌连锁小吃企业经营情况

（一）营业收入

1. 总营业收入分析

根据调研数据，2023 年品牌连锁小吃企业总营业收入同比增长 26.72%，其中直营店营业收入同比增长 36.61%，加盟店营业收入同比增长 19.50%，电子商务收入同比增长 36.16%，小吃业态呈现高速增长态势，如图 3 所示。

不同模式的小吃门店在营业收入表现上存在差异。直营店能够更直接地参与运营，更好地管理成本和提升服务质量，因此表现出较高的增长率。加盟店的营业收入增长率为 19.50%，相对直营店较低，但也依然保持了一个健康的增长水平，反映了大部分加盟店在保持品牌一致性的同时，具有适应不同市场环境的灵活性。电子商务收入的增长率为 36.16%，高于总营业收

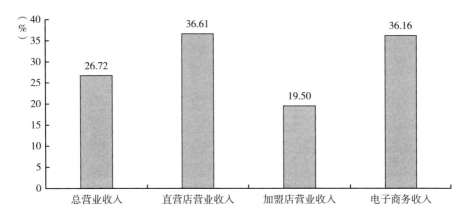

图 3 2023 年品牌连锁小吃企业营业收入增长率

资料来源：中国烹饪协会。

入增长率近 10 个百分点，这表明小吃业态通过线上渠道实现了显著的收入增长，这在一定程度上得益于消费者行为习惯的变化，他们对在线购物和外卖服务的依赖度日益提升。

2. 直营店和加盟店营业收入对比分析

2023 年小吃直营店和加盟店营业收入增长率分布情况如图 4 所示，直营店的亏损（未盈利）比例相对较低，为 7.41%，绝大多数直营店能够实现盈利。相比之下，小吃加盟店的亏损（未盈利）比例较高，为 14.58%，这在一定程度上与加盟模式下各门店运营效率、管理水平和市场适应性差异有关。大部分小吃加盟店实现了营业收入的增长，这显示出加盟模式中也有部分门店能够取得显著的市场成功。

3. 小吃单品店和小吃多品类店营业收入对比分析

如图 5 所示，小吃单品店与小吃多品类店 2023 年的营业收入情况存在较大的差异。6.90% 的小吃单品店出现了亏损（未盈利），大部分门店的营业收入增长率集中在 50% 及以内，营业收入增长率超过 50% 的比例仅为 17.24%，这意味着小吃单品店的增长潜力有限。与此同时，小吃多品类店营业收入增长率超过 50% 的比例为 27.78%，这个比例高于小吃单品店，说

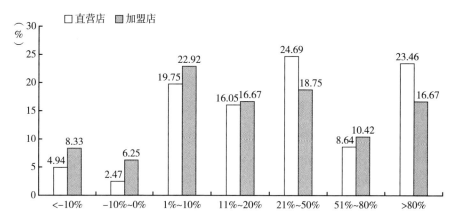

图4　2023年小吃直营店和加盟店营业收入增长率分布情况

资料来源：中国烹饪协会。

明小吃多品类店提供了更多样化的产品选择，吸引了更广泛的顾客群体，增长势头更强。

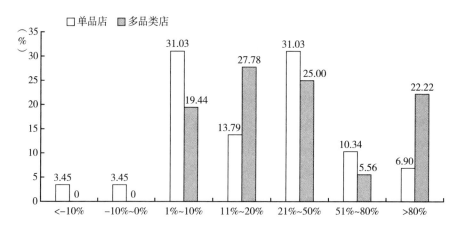

图5　2023年小吃单品店和多品类店营业收入增长率分布情况

资料来源：中国烹饪协会。

4. 老字号品牌和非遗小吃经营情况分析

虽然老字号品牌和非物质文化遗产是两个不同的概念，在商业发展和文化传承方面各有侧重，但在品牌连锁小吃企业范围中，它们在企业性质、规模扩张和营业收入增长率等方面存在一些共性。尤其是在规模扩张方面，无论是老字号品牌还是非遗小吃，都展现出了适度扩大规模的趋势，在保持自身核心价值和特色的同时，通过扩大规模来适应市场需求的变化。

非老字号品牌或非遗小吃在市场规模扩张方面表现突出，其扩张比例超过了老字号品牌、非遗小吃。但与此同时，这些非老字号品牌或非遗小吃的营业收入增长率集中在50%及以内，略低于老字号品牌、非遗小吃，这展现了老字号的市场认可度对营业收入增长起到了积极作用。

（二）成本结构

随着2023年小吃业态的发展和规模的扩大，品牌连锁小吃企业的各项成本也发生了一定的变化。原料成本较2022年上涨了22.79%，房租成本上涨了17.08%，人工成本上涨了18.87%，研发投入上涨了16.76%，税金及附加上涨了15.22%，如图6所示。

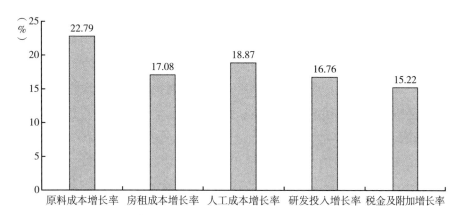

图6　2023年小吃业态各项成本增长率

资料来源：中国烹饪协会。

如图7所示，尽管2023年成本普遍上涨，但小吃业态各项成本占总营业收入的比例却有所下降，这一现象体现了品牌连锁小吃企业整体盈利能力的提升和规模经济的发展，说明营业收入的增长速度超过了成本增长的速度，从而提高了小吃业态的整体盈利水平，这种规模的扩大是良性的。此外，小

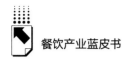
吃业态的良性发展还能带动小吃企业的创新和发展，促进行业内的合作，推动行业水平的提升，最终为消费者带来更多样化、更高质量的小吃选择。

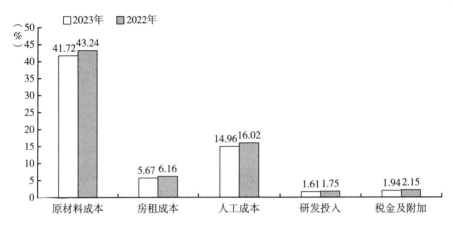

图7 2022~2023年小吃业态各项成本占总营业收入比例

资料来源：中国烹饪协会。

（三）经营效率

2023年品牌连锁小吃企业在单店平均服务面积和单店平均餐位数上呈现一致的增长趋势，其中68%的企业选择了适度扩张，增加了10%以内的营业面积和就餐位置。这反映了企业对市场需求的积极响应，以及在扩张过程中保持的谨慎态度。

随着服务面积和餐位数的增长，实现整体供餐接待人次增长的企业达到了94.74%，这显示出小吃业态蓬勃发展的现状。但同时出现了一些值得关注的现象。具体来说，近40%的小吃企业每平方米供餐接待人次出现了负增长，这在一定程度上是由于服务效率及客流量与门店面积的匹配度不足。

（四）电子支付

2023年，随着餐饮行业数智化转型的不断推进，小吃业态在电子支付方面实现了持续增长，品牌连锁小吃企业电子支付比例从2022年的75%提升至78%，体现了电子支付方式的普及和消费者对于便捷支付方式的偏好。53%的小吃企业电子支付比例超过了90%，这反映出小吃企业在电子支付方面已经达到了一个相当高的水平。

整体来看，电子支付方式的广泛采用给小吃业态带来了积极的影响，提高了结账速度和整体服务效率，减少了顾客等待时间，并通过提供多种支付选择增强了支付的便利性。此外，电子支付降低了与现金管理相关的成本，如运输、存储和计数，为企业提供了大量的交易数据，有助于进行市场分析和业务决策。随着电子支付在小吃业态中的普及，企业也需要关注电子支付的安全性和顾客隐私保护，选用安全可靠的支付系统。

三　小吃业态消费市场洞察

（一）受众广泛经济实惠

如图8所示，小吃业态广泛覆盖各年龄段消费者，以18~44岁消费者为主要客户群体。这一年龄段的消费者占比较高，80%左右的小吃企业将他们作为核心目标市场。这说明，小吃业态的渗透与人口老龄化加剧、青年人外出就餐意愿增强等趋势有关。

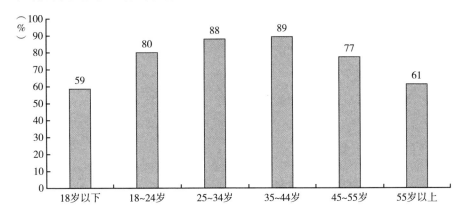

图8　2023年小吃业态主要消费年龄分布

资料来源：中国烹饪协会。

如图9所示,2023年小吃业态客单价分布呈现明显的层次性。30元及以内的小吃因亲民的价格占据了整个市场的近50%,这一数据表明平价小吃是市场的主流选择,深受广大消费者的喜爱。这一价格区间的小吃是消费者满足基本饮食需求的日常选择,消费者更加倾向于选择性价比高的产品。

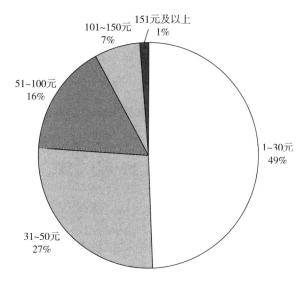

图9 2023年小吃业态客单价分布

资料来源:中国烹饪协会。

客单价为31~50元的小吃占到了27%。这一价格区间为消费者提供了更广泛的选择,同时反映了小吃企业在产品定价上的多样化策略,能够满足不同消费层次顾客的需求。

客单价为100元以上的小吃市场占比较低,只有8%。这在一定程度上意味着高端小吃产品相对小众,其针对的是特定的消费群体,与消费者的消费习惯和经济能力紧密相关。

（二）消费者多独自用餐

如图10所示,超过半数的小吃消费者选择独自用餐。因此,在设计菜单时,应考虑单人用餐的需求,提供小份菜及多样化的套餐选择。同时,街边店方便易达，且具有较高的可见度和便利性，是最受消费者欢迎的小吃消费场景，占比达64.2%（见图11）。紧随其后的是小吃街，集聚了多种小吃，为消费者提供了丰富的就餐体验和多样化的口味选择。

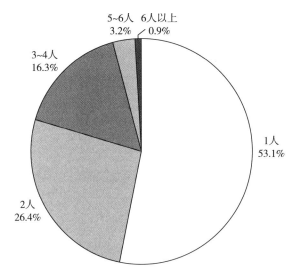

图10　2023年小吃就餐人数分布

资料来源：辰智餐饮大数据研究中心。

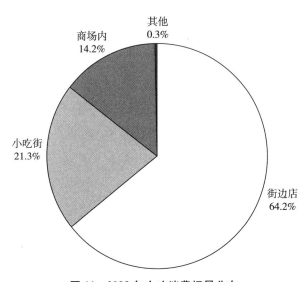

图11　2023年小吃消费场景分布

资料来源：辰智餐饮大数据研究中心。

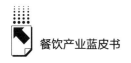

（三）极致性价比方便快捷

如图12所示，41.3%的消费者在选择小吃店的时候会优先选择"之前吃过，觉得满意"的店铺，35.7%的消费者主要考虑小吃的价格，"价格实惠/性价比高"的小吃店更吸引消费者。同时，小吃相比其他细分餐饮业态，其消费者对等位时间长短更敏感。综合来讲，在消费者心中，小吃店的形象是平价且方便的。他们希望在小吃店享受到美味的食物，同时以合理的价格获得快速的服务。因此，小吃店经营者应当重视提升顾客的就餐体验，通过提供高质量的食品、合理的价格和高效的服务来满足消费者的需求，从而在竞争激烈的市场中获得优势。

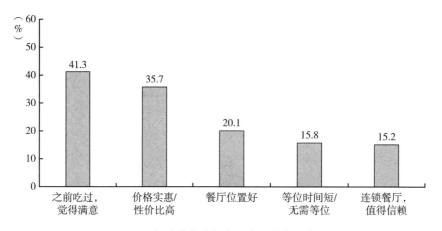

图12 2023年消费者选择小吃店的考虑因素TOP5

资料来源：辰智餐饮大数据研究中心。

（四）门店升级成为重要突破口

如表1所示，消费者对小吃门店的满意评价主要体现在菜品质量上，他们寻求性价比高、口味好、分量足、食材新鲜的食品；不满意评价主要集中在就餐环境和体验方面，包括店内的环境和等位时间等。因此，小吃店经营者需要在保持食品质量的同时，重视改善就餐环境和提升服务质量，以确保消费者在享受美食的同时能获得愉悦的就餐体验。另外，门店升级可以帮助小吃企业重塑品牌形象，成为众多小吃企业打造品牌的重要一环。

表1　2023年消费者对小吃店的满意与不满意评价TOP5

单位：%

满意		不满意	
TOP5评价	比例	TOP5评价	比例
性价比高（价格）	30.3	环境嘈杂、吵闹（环境）	12.3
菜品口味好（菜品）	27.8	没有包厢/包厢太少（环境）	10.6
上菜速度快（服务）	19.3	没有无烟区（环境）	9.9
菜的分量足（菜品）	18.4	菜品选择少（菜品）	7.0
食材新鲜（菜品）	16.7	等位时间长（服务）	6.7

资料来源：辰智餐饮大数据研究中心。

（五）由单点向套餐偏移

如图13所示，当前小吃消费仍以单点为主，但从2021~2023年的趋势变化可以看出，单点方式在减少，套餐方式增多，特别是"以套餐为主，另外点一些小食/甜点"明显增多，小吃品牌应根据消费者点单方式不断优化套餐，如设置"小份菜+小食/甜点+饮品"套餐。

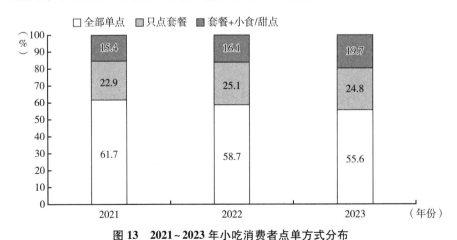

图13　2021~2023年小吃消费者点单方式分布

资料来源：辰智餐饮大数据研究中心。

（六）菜品逐渐融合

面类小吃店出现酸辣粉与烤羊肉串，豆类小吃店出现油条与凉面，薯类小吃店出现肉夹馍、凉皮与汤包等，现在的小吃店已不仅提供一类产品，只有不断丰富产品结构，才能满足消费者不断升级的需求，值得特别关注的是"粉面+烧烤/炸串"正成为当下流行的搭配。2023年各类小吃门店的主流菜品 TOP10 见表2。

表2 2023 年各类小吃门店的主流菜品 TOP10

排名	面类小吃店	肉类小吃店	米类小吃店	菜类小吃店	豆类小吃店	薯类小吃店
1	牛肉面	夫妻肺片	螺蛳粉	麻辣烫	臭豆腐	酸辣粉
2	肉夹馍	鸭头	皮蛋瘦肉粥	金针菇	豆花	鸭血粉丝汤
3	馄饨	鸭脖	卤蛋	娃娃菜	豆腐脑	土豆粉
4	凉皮	鸡排	过桥米线	鹌鹑蛋	香肠	肉夹馍
5	炸酱面	凤爪	煎蛋	鸭血	甜水面	凉皮
6	酸辣粉	鸭肠	米线	生菜	豆浆	小酥肉
7	小笼包	腐竹	番茄米线	腐竹	锅巴菜	鲜肉汤包
8	烤羊肉串	鱼豆腐	腐竹	鱼豆腐	油条	卤蛋
9	茶叶蛋	百味鸡	酸笋	西兰花	凉粉	肥肠酸辣粉
10	小米粥	鸡腿	酸豆角	油条	凉面	鸡汤面筋

资料来源：辰智餐饮大数据研究中心。

（七）消费者推荐食材

在食材上，小麦/面粉及其制品在小吃市场中被消费者选择最多，占20.9%；其次是畜肉类，占19.5%；大米及其制品、禽肉类、蔬菜类与水产类也是颇受消费者青睐的小吃食材（见图14）。

（八）消费者风味偏好分散

小吃风味偏好比较分散，咸味与鲜味最受消费者青睐，辣味作为易上瘾味型受不少消费者欢迎（见图15）。相对而言，肉类小吃更流行香辛味（主

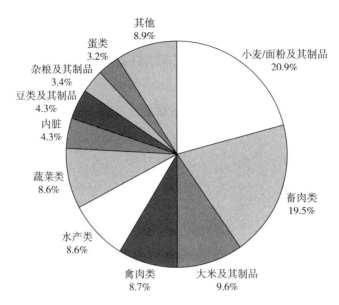

图14　2023年消费者推荐小吃食材分布

资料来源：辰智餐饮大数据研究中心。

要是卤酱风味），米类小吃更流行咸味，菜类小吃更流行辣味，豆类小吃更流行甜味，薯类小吃更流行辣味。

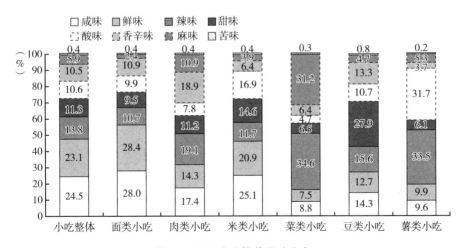

图15　2023小吃推荐风味分布

资料来源：辰智餐饮大数据研究中心。

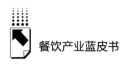
四 小吃业态发展趋势

（一）下沉市场是未来增量"主战场"

如图16所示，截至2023年末，有超过50%的小吃门店分布在一线、二线城市，与2022年第四季度相比，2023年全国小吃门店数普遍缩减，其中五线城市小吃市场相对坚挺，门店数降幅最小。一线、二线城市小吃市场饱和度高，竞争激烈，并且增长乏力，而下沉市场拥有广阔的待开发空间，未来下沉市场将是小吃门店的增量"主战场"。

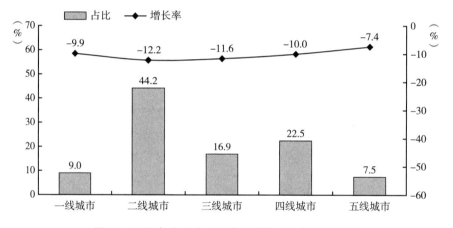

图16 2023年中国小吃门店城市级别分布及增长率

资料来源：辰智餐饮大数据研究中心。

（二）小吃连锁化趋势逐步增强

近年来，中国小吃业态的连锁化趋势显著增强，连锁店占比从2019年的39.0%增长到2023年的44.5%（见图17），这一数据的增长反映出小吃业态连锁率的稳步提升。特别是100家及以上连锁规模小吃店数量的增长，表明大型连锁小吃品牌正在扩张，在提高整个小吃业态品牌影响力的同时，增强了行业的抗风险能力。未来，小吃企业应该抓住这一发展机遇，通过加强品牌建设、供应链管理及提升服务质量等措施，进一步提高小吃业态连锁率，以增强市场竞争力。

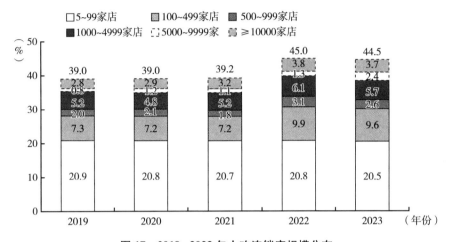

图17 2019～2023年小吃连锁店规模分布

说明：连锁标准为品牌全国门店数量≥5家，且在某一个城市至少有2家店。
资料来源：辰智餐饮大数据研究中心。

（三）预制菜与中央厨房持续建设

图18显示，2023年20.27%的小吃企业开始生产预制菜产品，小吃业态正在积极适应市场和消费者需求变化，通过提供方便快捷的预制菜来拓宽服务范围、增加收入来源。预制菜的推广不仅可以提高生产效率，还能满足消费者对快速、方便用餐的需求。同时，超过50%的小吃企业建设了中央厨房，这一举措有助于实现食品生产的标准化和规模化。小吃企业可以在中央厨房集中进行食品的加工和配送，确保食品质量和口味的统一，同时降低运营成本、提高服务效率。中央厨房的运营模式有利于小吃企业进行品牌化管理和市场扩张。以上这些变化反映了小吃企业在提升自身竞争力、满足市场需求以及推进高质量发展方面做出的积极努力。

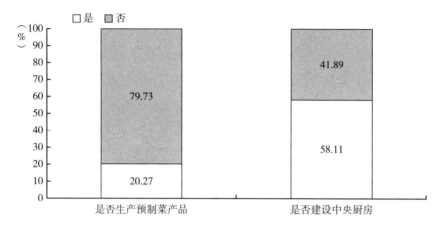

图18　2023年小吃企业预制菜生产和中央厨房建设情况

资料来源：中国烹饪协会。

（四）小吃业态加强政策支持

2024年3月28日，商务部等9部门联合印发《关于促进餐饮业高质量发展的指导意见》（以下简称《指导意见》），提出培育名小吃、发展特色小吃产业等具体措施，有助于提升小吃在市场中的影响力和吸引力[①]。

小吃业态作为饮食文化的一部分，拥有众多老字号品牌和非遗项目，承载着丰富的历史文化。《指导意见》提出加强对老字号餐饮品牌和饮食类非遗项目的宣传和保护，有助于传承和弘扬中华饮食文化。通过加大宣传力度，小吃企业的知名度和影响力将进一步提高，吸引更多消费者关注和体验。此外，《指导意见》还提出了通过规范清理涉企收费、拓展投融资渠道、提升便利化水平、规范经营秩序等具体措施来优化餐饮业营商环境。这些措施的实施将为小吃业态提供一个更加公平、透明、高效的营商环境，促进行业的健康、有序和可持续发展。

[①] 《商务部等9部门关于促进餐饮业高质量发展的指导意见》，商务部网站，2024年3月28日，http：//www. mofcom. gov. cn/zfxxgk/article/gkml/202403/20240303486737. shtml。

五　结论与展望

2023 年，面对复杂的外部经营环境，中国小吃业态呈现显著的复苏和增长，同时面临市场竞争加剧和门店数量减少的双重挑战。尽管成本普遍上涨，但品牌小吃企业通过规范化经营、标准化提升、数字化转型，不断调整经营策略，盈利能力持续提升，营业收入增长速度超过了成本增长速度。小吃业态之所以能实现复苏和增长，逐渐渗透全国市场，是因为它紧密贴合现代社会的餐饮消费趋势。随着人口老龄化的加剧、城市生活节奏的加快，老年人对便捷、快速的餐饮服务需求日益增长，青年人更倾向于外出就餐，小吃的多样化口味、省时省力特性和经济实惠的价格吸引了不同的消费者群体。

未来，政府在推动小吃业态发展上扮演着关键角色，结合商务部等 9 部门联合印发的《指导意见》，建议有关部门针对培育名小吃、发展特色小吃产业等方面出台具体措施，以推动小吃业态发展；明确扶持政策，如提供税收优惠、财政补贴和低息贷款，以降低企业的经营成本；设立专项基金，以鼓励企业进行技术创新和市场拓展，特别是在数字化转型和绿色发展方面；加强对食品安全的监管，以确保消费者的饮食健康。

行业协会作为连接政府和企业的桥梁，未来要积极发挥作用，促进行业内部的信息交流和资源共享，定期组织行业研讨会和培训课程，提高从业人员的专业技能和服务水平；收集和分析市场数据，为企业提供准确的市场趋势和消费者需求信息；通过建立行业内部的合作机制，帮助企业在品牌建设、市场拓展和技术创新等方面实现协同发展；代表行业与政府沟通协调，争取更多的政策支持和资源配置。

小吃企业在自身发展中应注重品牌建设和市场定位，通过故事化营销、文化包装和门店升级，提升品牌影响力；利用数字化技术优化供应链管理，提高效率，降低成本，发展线上平台，拓展外卖服务；坚持健康饮食理念，开发符合现代消费者需求的健康小吃产品；加强食品安全管理，确保食品质

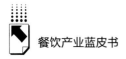

量和安全。在经营模式上，小吃企业可以探索连锁化和标准化经营，实现规模化发展。此外，小吃企业还应重点开拓下沉市场，研发符合不同地区消费者口味和消费水平的小吃产品，以满足更广泛的市场需求。

参考文献

《商务部等9部门关于促进餐饮业高质量发展的指导意见》，商务部网站，2024年3月28日，http：//www. mofcom. gov. cn/zfxxgk/article/gkml/202403/20240303486737. shtml。

《中共中央 国务院关于加快建设全国统一大市场的意见》，中国政府网，2022年3月25日，https：//www. gov. cn/gongbao/content/2022/content_5687499. htm。

B.14
2023年中国民族特色餐饮发展分析报告

民族特色餐饮研究课题组*

摘　要： 本报告通过调研民族特色餐饮企业，深入分析了2023年中国民族特色餐饮的发展趋势。从民族特色餐饮市场现状、企业经营情况等多个方面总结了2023年民族特色餐饮在传承中华饮食文化、促进地方经济发展中的关键作用。展望未来，民族特色餐饮将通过深度融合传统文化与现代消费需求、提升连锁化经营程度、提升品牌集中度以及利用大数据和人工智能技术优化顾客体验，实现更深层次的突破与创新。

关键词： 民族特色餐饮　消费者偏好　品牌集中度

中华饮食文化源远流长，民族特色餐饮以其丰富的文化内涵成为中华饮食文化的重要组成部分，兼具地方特色与民族特色，极具文化意义。2024年3月，商务部等9部门发布《关于促进餐饮业高质量发展的指导意见》[①]，提出全面提升餐饮服务品质，优化餐饮业发展环境，传承发展中华优秀餐饮文化，进一步释放餐饮消费潜力，推动餐饮业高质量发展，更好满足人民日益增

---

* 本报告课题组由中国烹饪协会、辰智餐饮大数据研究中心联合成立。课题组成员：张桐，中国烹饪协会副秘书长；高洁，中国烹饪协会行业发展部副主任；王雨曦，中国烹饪协会行业发展部副主任；陈娟娟，中国烹饪协会政策法规研究室主任；张文春，中国烹饪协会民族餐饮旅游专业委员会秘书长兼总干事；吴坚，辰智中国餐饮大数据研究中心主任，中国餐饮产业研究院院长；葛建辉，辰智大数据创始人；翟海琴，辰智大数据联合创始人。

① 《商务部等9部门关于促进餐饮业高质量发展的指导意见》，商务部网站，2024年3月28日，http://www.mofcom.gov.cn/zfxxgk/article/gkml/202403/20240303486737.shtml。

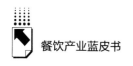

长的美好生活需要；加强地方特色餐饮文化内涵挖掘和保护，深入地方挖掘传统烹饪技艺和餐饮文化，打造地方特色餐饮品牌。民族特色餐饮的发展，不但可以满足人们对美食的需求，而且在促进文化交流、经济发展方面意义非凡。

一 民族特色餐饮市场现状

民族特色餐饮是以少数民族民俗文化为底蕴的地域美食，课题组选取名称中含有少数民族名称、民族特色菜品关键词如"清真""兰州拉面"的品牌以及少数民族聚居地区如新疆、甘肃、内蒙古、宁夏、西藏、云南、广西的特色菜作为民族特色餐饮研究对象进行分析，概括民族特色餐饮的市场现状。

（一）民族特色餐饮整体发展水平

如图1所示，截至2023年末，全国约有民族特色餐饮门店19.7万家，在整体餐饮市场中的占比约为2.6%。从2019~2023年数据来看，民族特色餐饮门店数占比呈现逐年升高的趋势，反映出民族特色餐饮抗周期性强于餐饮业整体水平。

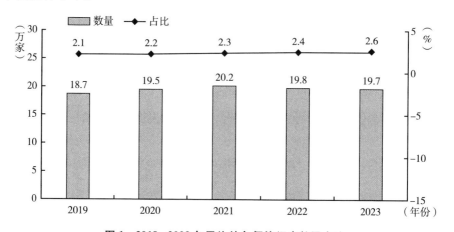

图1 2019~2023年民族特色餐饮门店数及占比

资料来源：辰智餐饮大数据研究中心。

（二）民族特色餐饮门店省份分布

民族特色餐饮门店在广东分布最多，主要为兰州拉面店和广西螺蛳粉店，超 2 万家。河南主要为新疆大盘鸡店和兰州拉面店，江苏主要为兰州拉面店，新疆、浙江、山东与云南门店数都超万家，其他省份门店数均低于 1 万家。2023 年民族特色餐饮门店省份分布见表 1。

表 1　2023 年民族特色餐饮门店省份分布

单位：%

省份	门店数占比	省份	门店数占比
广　东	10.7	甘　肃	2.6
河　南	7.3	辽　宁	2.2
江　苏	6.6	上　海	2.2
新　疆	6.6	福　建	2.0
浙　江	5.9	江　西	2.0
山　东	5.8	贵　州	1.8
云　南	5.4	北　京	1.8
内蒙古	4.7	黑龙江	1.3
广　西	4.4	重　庆	1.2
河　北	4.0	天　津	1.1
湖　北	2.9	宁　夏	1.1
四　川	2.9	吉　林	1.0
安　徽	2.9	西　藏	0.7
山　西	2.7	海　南	0.5
湖　南	2.7	青　海	0.4
陕　西	2.7		

资料来源：辰智餐饮大数据研究中心。

地区分布上，华东地区民族特色餐饮门店最多，其次是华南地区。如图 2 所示，2019~2023 年，华东与华南地区民族特色餐饮门店数年均复合增长率较高，华中与西南地区次之；华北、西北与东北地区门店规模缩减。

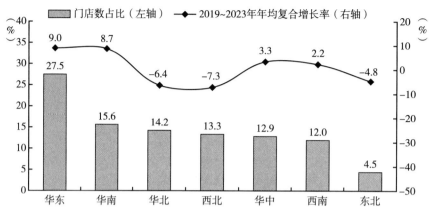

图2　2023年民族特色餐饮门店地区分布

资料来源：辰智餐饮大数据研究中心。

（三）民族特色餐饮与地域关联性分析

如表2所示，随着城市人口不断迁移，有民族特色饮食习惯的消费群体分布于全国各地，呈现"全国大分散、区域小集中"的特点，以清真餐饮为例，江苏、浙江门店数占比较高，新疆餐饮门店主要集聚在新疆、河南，壮族餐饮门店主要集聚在广东、广西，蒙古族餐饮门店主要集聚在内蒙古，傣族餐饮门店主要集聚在云南。

表2　2023年民族特色餐饮各品类门店数占比TOP10省份

单位：%

清真餐饮门店	新疆餐饮门店	壮族餐饮门店	蒙古族餐饮门店	傣族餐饮门店	其他门店
江苏（11.2）	新疆（24.8）	广东（26.2）	内蒙古（36.9）	云南（84.5）	云南（23.2）
浙江（10.7）	河南（13.5）	广西（16.5）	山东（5.7）	广东（1.9）	贵州（10.9）
山东（9.2）	山西（6.0）	河南（6.3）	江苏（5.3）	四川（1.7）	西藏（8.0）
广东（8.9）	河北（4.5）	湖南（4.5）	广东（5.0）	江苏（1.7）	江苏（6.0）
河南（5.8）	广东（4.2）	江苏（4.2）	河北（4.3）	上海（1.2）	山东（5.3）

续表

清真餐饮门店	新疆餐饮门店	壮族餐饮门店	蒙古族餐饮门店	傣族餐饮门店	其他门店
河北（5.1）	山东（4.0）	浙江（4.1）	浙江（3.3）	贵州（1.0）	浙江（4.5）
湖北（4.6）	陕西（3.9）	四川（3.9）	河南（3.0）	安徽（0.9）	广东（4.0）
安徽（4.0）	江苏（3.8）	山东（3.5）	湖北（2.8）	山东（0.7）	四川（3.9）
甘肃（3.9）	甘肃（3.5）	安徽（2.7）	安徽（2.7）	重庆（0.7）	河南（3.3）
上海（3.8）	浙江（3.1）	云南（2.6）	陕西（2.7）	黑龙江（0.7）	黑龙江（3.1）

资料来源：辰智餐饮大数据研究中心。

（四）民族特色餐饮消费者偏好

羊肉、牛肉在北方民族特色餐饮中是较为流行的食材，烹饪方式以烧烤为主，味型以咸鲜、孜然、辣味、酸甜味居多（见表3）。

表3　民族特色餐饮食材、味型及菜品 TOP3（北方）

分类	清真餐饮门店	新疆餐饮门店	蒙古族餐饮门店	朝鲜族餐饮门店	满族餐饮门店
TOP3 食材	牛肉	鸡肉	羊肉	牛肉	羊肉
	羊肉	羊肉	牛奶	猪肉	羊排
	牛骨头	酸奶	羊排	年糕	猪肉
TOP3 味型	咸鲜味	孜然味	咸鲜味	咸鲜味	咸鲜味
	孜然味	咸鲜味	咸甜味	芝士味	酸咸味
	香辣味	椒麻味	酸甜味	酸甜味	酸甜味
TOP3 菜品	烤羊肉串	大盘鸡	烤羊肉串	冷面	烤羊腿
	牛肉拉面	烤羊肉串	烤羊排	石锅拌饭	烤羊排
	大盘鸡	椒麻鸡	烤羊腿	锅包肉	烤羊肉串

资料来源：辰智餐饮大数据研究中心。

南方民族特色餐饮的流行食材较为多样，烹饪方式也很丰富，味型以酸咸、酸甜、咸鲜为主（见表4）。

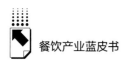

表4　民族特色餐饮食材、味型及菜品TOP3（南方）

分类	壮族餐饮门店	傣族餐饮门店	苗族/侗族餐饮门店	白族餐饮门店	土家族餐饮门店
TOP3食材	螺蛳	鸡肉	番茄	猪肉	豆腐
	米粉	鱼	鱼	豆腐	土豆
	鸡蛋	牛肉	猪肉	鱼	鸡蛋
TOP3味型	酸咸味	咸鲜味	酸辣味	咸鲜味	酱香味
	咸鲜味	酸甜味	酸甜味	酸甜味	咸鲜味
	咸甜味	酸咸味	香辣味	酸辣味	酸辣味
TOP3菜品	螺蛳粉	菠萝饭	酸汤鱼	包浆豆腐	酱香饼
	卤蛋	柠檬草烤鱼	红糖糍粑	蒸饵丝	掉渣饼
	炸腐竹	手抓饭	辣子鸡	酸辣鱼	茶叶蛋

资料来源：辰智餐饮大数据研究中心。

二　民族特色餐饮企业经营情况

（一）营业收入稳定增长

如图3所示，2023年参与调研的民族特色餐饮企业营业收入同比增长29.48%，人们对于具有民族特色的餐饮服务有着较高的需求和兴趣。伴随数智化基础设施进一步完善，营销数字化、消费数字化快速发展，民族特色餐饮企业电子商务收入同比增长38.65%，凸显了线上销售渠道的重要性和巨大潜力；食品加工收入同比增长14.09%，这一定程度上与餐饮企业延伸产品线、增加产品种类有关，多渠道经营有助于民族特色餐饮企业在不同的市场环境中保持竞争力。

如图4所示，2023年61.76%的民族特色餐饮企业利润率高于20%，表明这些企业在经营过程中能够有效地控制成本，通过提供有吸引力的产品和服务来获得较高的利润。

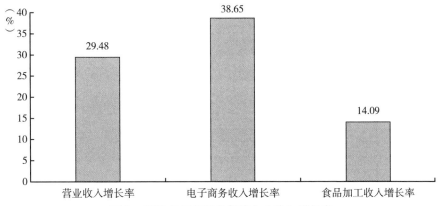

图3　2023年民族特色餐饮企业收入增长率

资料来源：中国烹饪协会。

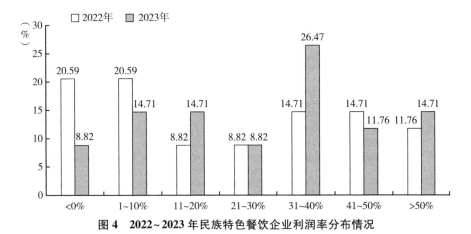

图4　2022~2023年民族特色餐饮企业利润率分布情况

资料来源：中国烹饪协会。

（二）经营成本大幅提升

此次参与调研的民族特色餐饮企业2023年成本增长情况如图5所示，在餐饮业强势复苏、总营收迅速增长的背景下，企业生产经营的各项成本也大幅提升，营销成本同比增长33.22%，原料成本同比增长23.94%，研发投入同比增长23.31%，人工成本同比增长18.87%，房租成本同比增长

11.26%。这些成本的增长一方面反映了企业经营受价格波动的影响，另一方面反映了企业在追求规模扩张和市场竞争力提升的过程中，受到了增加投入的影响。

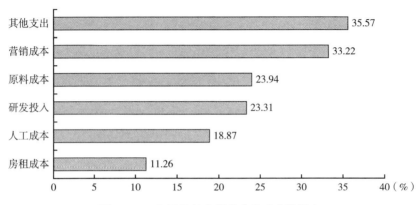

图5　2023年民族特色餐饮企业成本增长率

资料来源：中国烹饪协会。

如图6所示，虽然民族特色餐饮企业2023年各项成本出现了明显的上升，但其原料成本、人工成本、房租成本以及研发投入在营业收入中所占的

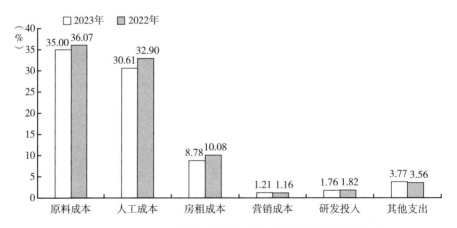

图6　2022~2023民族特色餐饮企业支出占总营业收入的比重

资料来源：中国烹饪协会。

比重相较于 2022 年有了明显的下降。营销成本在 2023 年略有上升，这一增长在一定程度上是由于企业为了扩大市场份额、提升品牌知名度和吸引新顾客，增加了在营销和广告方面的投入。民族特色餐饮企业需要在成本控制和资源优化方面做出更明智的决策，以确保可持续发展。

（三）多领域经营推动快速发展

如图 7 所示，从参与调研的民族特色餐饮企业经营类别来看，餐馆酒楼以 44.44% 的比例占据了主导地位，这表明正餐服务在展现民族特色饮食风格和提供体系化菜品方面具有独特优势，能够更好地展现民族文化属性，吸引消费者。

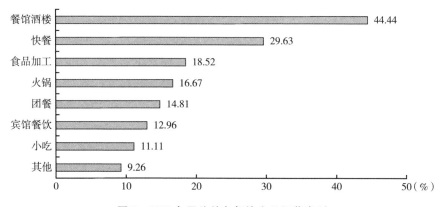

图 7　2023 年民族特色餐饮企业经营类别

资料来源：中国烹饪协会。

紧随其后的是快餐，占比接近 30%，主要以兰州拉面为代表。近年来，粉面类快餐因其便捷性和特色口味而在市场上非常受欢迎。民族特色餐饮企业通过这一领域的发展，成功吸引了大量消费者，满足了快节奏生活中人们对美食的需求。

食品加工占 18.52%，民族特色餐饮企业在这一领域也展现出了强大的活力。民族食品加工业投入的增加，在一定程度上拓展了企业的经营赛道，使民族特色食品能够以更多样的形式呈现给广大消费者。

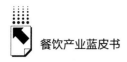

团餐占 14.81%，其是民族特色餐饮企业近年来拓展赛道的一个亮点。根据参与调研企业的经营数据，民族团餐业务的营收增长表现不俗，显示出这一领域的巨大潜力。

火锅占 16.67%，宾馆餐饮占 12.96%，小吃占 11.11%，这些类别为消费者提供了多样化的选择，满足了不同口味和场合的需求。

综上所述，民族特色餐饮企业在多个经营类别中都展现出了强大的生命力和创新能力。通过不断优化和拓展经营赛道，民族特色餐饮企业不仅能满足市场的多样化需求，还能在竞争激烈的市场中保持独特的文化魅力和竞争力。

（四）单一与多样化经营各有优势

如图 8 所示，76% 的民族特色餐饮企业选择经营单一类别，这种策略使企业能够集中资源和精力深耕某一特定领域，如餐馆酒楼、民族快餐、火锅或小吃等。通过这种方式，企业能够提升服务质量和产品特色，建立品牌和口碑，吸引和维护顾客群体。与此同时，有 24% 的民族特色餐饮企业采取

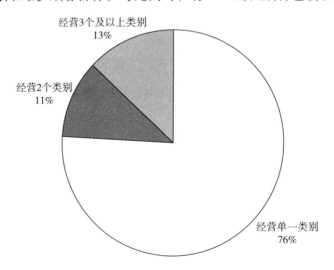

图 8　2023 年民族特色餐饮企业经营模式

资料来源：中国烹饪协会。

多样化经营策略，涉足多个经营类别。这种多样化经营策略不仅有助于企业更好地适应市场变化，满足不同消费者的需求，而且有助于企业在增强市场竞争力的同时分散投资风险。

经营单一类别的民族特色餐饮企业在利润率上低于经营多个类别的企业。这在一定程度上表明，尽管单一经营模式有助于专业化和品牌建设，但多样化经营的企业通过跨领域经营和风险分散，形成了更高的盈利能力。多样化经营的企业面临更大的管理难度，但可以通过跨类别的协同更好地控制成本，实现利润最大化。

民族特色餐饮企业在选择经营策略时，需要综合考虑市场定位、品牌建设、成本效率和风险管理等多方面因素。无论是专注于单一类别还是多样化经营，企业都应密切关注市场动态和消费者需求，灵活调整经营模式，以实现可持续发展。

（五）经营地域范围以省内为主

如图9所示，57.41%的企业选择在单一城市内经营，这表明许多企业专注于深耕本地市场，利用对消费者的深入了解提供定制化的产品和服务。这种策略有助于企业在单一城市内保持较高的品牌忠诚度和较好的口碑。

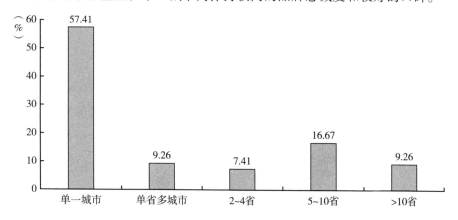

图9 2023年民族特色餐饮企业经营地域范围

资料来源：中国烹饪协会。

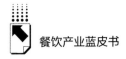
9.26%的企业在单省多城市内开展经营活动。反映了民族特色餐饮企业在地理上的集中度较高，源于文化亲近性、物流和供应链的便利性以及对省内市场的熟悉度。

与此同时，33.34%的民族特色餐饮企业已经跨越2个及以上省份开展经营活动，这表明它们具有较强的品牌影响力和市场竞争力，能够在不同地区复制运营模式，进行广泛布局。跨省经营企业相较于省内经营企业需要具备更强大的品牌推广和标准化运营能力，以适应不同地区的市场环境。

总体而言，无论是单省经营还是跨省经营，民族特色餐饮企业都需要关注消费者需求的变化，灵活调整餐品与服务，不断优化市场策略与资源分配方案，以应对运营风险和市场适应性挑战。

（六）优化品牌策略助力可持续发展

如图10所示，参与调研的民族特色餐饮企业在品牌经营模式上呈现出不同的选择。53.70%的企业选择单品牌经营，这在一定程度上反映了它们在资源分配、品牌定位和市场布局方面的经营策略。

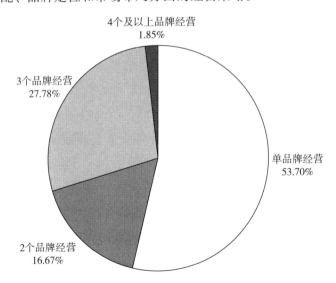

图10 2023年民族特色餐饮企业品牌经营分布

资料来源：中国烹饪协会。

16.67%的企业选择了双品牌经营，29.63%的企业则涉足 3 个及以上的品牌。企业可通过实施多品牌策略满足不同市场和消费者的差异化需求，分散经营风险，提升综合竞争力。但与此同时，多品牌经营的企业需要在品牌定位、市场策略和资源分配上进行精心策划和平衡，避免内部竞争，这在一定程度上提高了管理的成本和复杂程度。

总体而言，民族特色餐饮企业的品牌经营策略反映了它们对市场环境、消费者需求和企业资源的不同考量。无论是单品牌经营还是多品牌经营，企业都需要根据自身条件和市场情况制定合适的经营策略，以保持长期竞争优势，实现可持续发展。

三　民族特色餐饮文化传承情况

民族特色餐饮企业的经营创新点分布显示了它们对不同领域的关注和投入。如图 11 所示，文化传承是最受重视的经营创新点，占比达到31.48%，这凸显了企业在保护和弘扬民族文化方面所做的努力。品牌建设和创新发展并列第二，均占 18.52%，这表明被调研企业重视品牌形象，不断进行产品与服务创新。运营管理以 14.81%的比例位列第四，反映了企业对提高运营效率和优化管理流程方面的关注。个性服务、渠道拓展、供应链管理和公益事业占比均不足 10%，并不是当前民族特色餐饮企业的热门经营创新点。

民族特色餐饮的文化属性为企业的发展提供了重要的支持。老字号和非物质文化遗产承载着历史底蕴和传统制作工艺，是民族特色餐饮企业宝贵的无形资产。

2023 年，商务部等 5 部门印发《中华老字号示范创建管理办法》[①]，放宽了老字号的认定条件，同时提出构建老字号"有进有出"的动态管理机制，让老字号"金字招牌"的光芒可以辐射到更多坚持守正创新的企业，助力"新"

---

① 《中华老字号示范创建管理办法》，商务部网站，2023 年 1 月 3 日，http：//file. mofcom. gov. cn/article/zwgk/gkzcfb/202301/20230103381407. shtml。

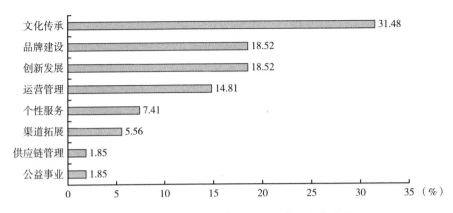

图 11 2023 年民族特色餐饮企业经营创新点分布

资料来源：中国烹饪协会。

的老字号做大做强。

如图 12、图 13 所示，此次参与调研的民族特色餐饮企业拥有老字号的比例高达 31.48%，拥有非遗项目的比例为 20.37%，同时拥有老字号和非遗项目的比例为 18.50%。

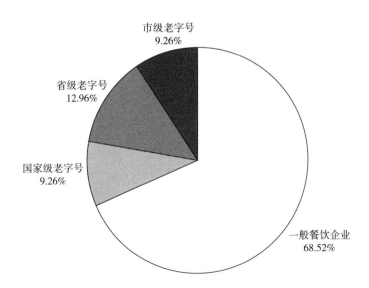

图 12 2023 年民族特色餐饮企业老字号分布

资料来源：中国烹饪协会。

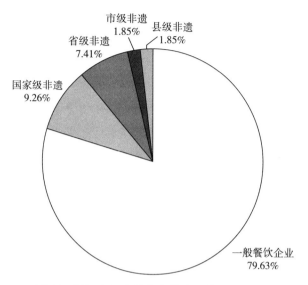

图 13   2023 年民族特色餐饮企业非遗项目分布

资料来源：中国烹饪协会。

综合来看，民族特色餐饮企业中拥有老字号和非遗项目的企业比例较高，这些企业在保护和弘扬民族文化方面扮演着重要角色，为消费者提供了独特的餐饮体验，为传统文化的传承与发展做出了积极贡献。企业在经营过程中需要保护和利用好独特的民族文化资源，在市场中树立独特的竞争优势。

四   民族特色餐饮发展趋势

民族特色餐饮门店的地理分布正在经历显著变化。如图 14 所示，2019~2023 年一线、二线城市的门店数增长速度明显超过了下沉市场，民族特色餐饮正逐渐突破传统的地域限制，开始在一线、二线城市发力布局。

如图 15 所示，清真餐饮和壮族餐饮在一线、二线城市广泛布局，一线、二线城市比例高于下沉市场。其他民族特色餐饮品牌更多地集聚在二线城市或下沉市场，在一定程度上是因为消费者对本地或本民族的饮食文化有更深的认同和偏好，且下沉市场的经营成本低、竞争压力小、发展空间大。

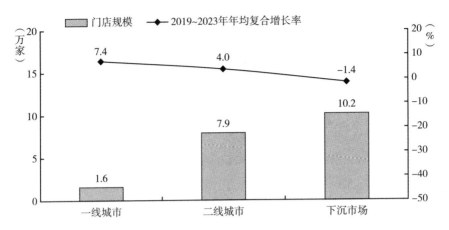

图14   2023年民族特色餐饮门店城市级别分布

资料来源：辰智餐饮大数据研究中心。

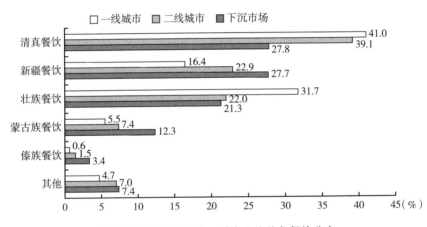

图15   2023年不同线级城市民族特色餐饮分布

资料来源：辰智餐饮大数据研究中心。

五   民族特色餐饮发展展望

随着"一带一路"倡议的推进和国际文化交流的加深，中国民族特色餐饮正迎来前所未有的发展机遇。在全球化的大背景下，消费者对文化多样性的需求日益增长，民族特色餐饮有望在以下几个方面实现更深层次的突破与创新。

文化融合与创新发展。民族特色餐饮将更加注重传统文化与现代消费需求的深度融合。这不仅意味着在菜品制作和餐厅设计上融入更多民族文化元素，也包括开发与现代生活方式相契合的创新产品和服务。通过这种融合，民族特色餐饮企业不仅能传承中华民族的丰富文化遗产，还能为全球消费者提供独特的美食体验。例如，北京阳坊胜利涮羊肉在保持传统工艺的基础上不断创新，满足消费者对高品质羊肉的需求。2023年，它首次在行业中制定了羊肉品质标准，规范了品种选择、养殖周期和屠宰技术[1]。该标准还包括对羊肉色泽、脂肪分布、蛋白质和氨基酸含量的严格检测，确保了羊肉的美味、营养和安全。同时，它还引入了感官评价，推动了涮羊肉行业的标准化和规模化发展。

品牌化与连锁化经营。提升连锁化经营程度和品牌集中度是增强民族特色餐饮市场竞争力的关键。通过建立标准化的运营模式和管理体系，企业能够实现规模化经营，提高效率和效益。同时，强化品牌建设，结合老字号和非物质文化遗产的品牌文化价值，有助于企业在激烈的市场竞争中脱颖而出，提升国际影响力。例如，2023年，民族特色餐饮企业代表西安饮食通过创新经营模式，大力发展"文化体验店+连锁便民店"，助推老字号品牌焕发新生机[2]。

数智化转型进一步深入。随着餐饮业数智化转型的深入，民族特色餐饮将迎来新的增长点。利用大数据和人工智能技术，企业可以优化顾客体验、提升运营效率。通过精准数据分析，更好地理解消费者需求，提供个性化的餐品和服务，满足消费者对个性化和定制化服务的需求。例如，北京紫光园从2020年就开始了直播，2023年策划了抖音热门话题"北京人有多少没吃

---

① 《老北京铜锅涮肉阳坊胜利公开非遗秘方！发布羊肉质量标准》，"北京日报"百家号，2023年8月26日，https：//baijiahao.baidu.com/s？id=1775297281067153721&wfr=spider&for=pc。
② 《西安饮食：2023年营业收入约7.8亿元》，《新京报》2024年4月9日。

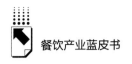

过紫光园",视频播放量超 6100 万次①。如今,紫光园通过社区餐饮联合社群营销的方式做到私域的落地,触达了更多的消费者。

国际化发展步伐加快。随着共建"一带一路"国家和地区的文化交流日益频繁,民族特色餐饮企业有机会走出国门,开拓国际市场。通过与国际文化的交融,民族特色餐饮不仅能传播中华饮食文化,还能吸收国际先进的餐饮理念和管理经验,实现创新发展。

综上所述,中国民族特色餐饮在未来发展中,将通过不断的自我革新和市场适应,成为连接传统文化与现代社会、中国与全球的重要桥梁。通过提供高质量的产品和服务,民族特色餐饮有望为增强世界餐饮文化多样性贡献独特的中国智慧和力量,实现可持续发展。

参考文献

《商务部等 9 部门关于促进餐饮业高质量发展的指导意见》,商务部网站,2024 年 3 月 28 日,http://www.mofcom.gov.cn/zfxxgk/article/gkml/202403/20240303486737.shtml。

《中华老字号示范创建管理办法》,商务部网站,2023 年 1 月 3 日,http://file.mofcom.gov.cn/article/zwgk/gkzcfb/202301/20230103381407.shtml。

《"一带一路"古与今丨舌尖上的共享共赢》,新华网,2023 年 10 月 6 日,http://www.news.cn/world/2023-10/06/c_1129900994.htm。

---

① 《紫光园总裁刘政:老字号最不应该做的就是自嗨》,央广网,2023 年 8 月 14 日,https://ent.cnr.cn/canyin/zixun/20230814/t20230814_526379294.shtml。

B.15
2023年中国团餐业态发展分析报告

摘　要：　本报告深入调研了中国团餐业态100家典型企业2023年的发展
　　　　　情况，从多个维度对团餐业态现状和经营状况进行了细致的分析。研究结
　　　　　果表明，团餐市场规模正在显著扩大，东部地区是发展优势区域，绿色生
　　　　　产和消费、智能化水平提升以及多元化经营成为发展的关键趋势，团餐业
　　　　　态的重要性持续增强。本报告提出以下对策建议：聚焦规范化经营，提升
　　　　　服务水平；把"健康"打造为团餐产品和服务的核心竞争力；提升数字化
　　　　　服务水平；加强供应链管理；等等。通过这些策略的实施，团餐业态有望
　　　　　实现更加可持续和高质量的发展，为整个餐饮业的创新和进步做出积极
　　　　　贡献。

关键词：　团餐业态　高质量发展　数字化　社会责任

一　团餐业态发展现状

（一）团餐业态稳定发展

中国团餐业态在过去几年中实现了平稳的增长，即使面对整体餐饮市场

---

*　课题组成员：张智，中国社会科学院大学应用经济学院博士研究生；曾玲，中国社会科学院
大学商学院；赵京桥，经济学博士，中国社会科学院财经战略研究院学术档案馆副主任（主
持工作）；赵馨，中国烹饪协会团餐专业委员会秘书长兼总干事；陈娟娟，中国烹饪协会政
策法规研究室主任；王雨曦，中国烹饪协会行业发展部副主任；高洁，中国烹饪协会行业发
展部副主任。

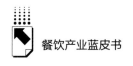

的下滑趋势，仍展现出较强的稳定性和适应力。这得益于团餐业态的服务模式在适应市场变化和满足消费者特定需求方面具有灵活性和有效性。团餐业态在整个餐饮业中的地位逐渐提升，正朝着品牌化、数字化、规范化的方向发展。

（二）团餐覆盖群体不断扩大

在校生是团餐的最大消费群体，共有 29100 万人，其次是企事业单位就业人员，共 5612 万人。这些群体因集中生活或工作特性，对团餐有着稳定且大量的需求。专任教师、公务员、城镇集体单位就业人员和现役军人虽规模不一，但也构成了团餐市场不可忽视的部分。上述群体总计 37749 万人，展现出团餐庞大的市场需求基础，特别是在校生和企事业单位就业人员是其中的关键消费力（见图 1）。

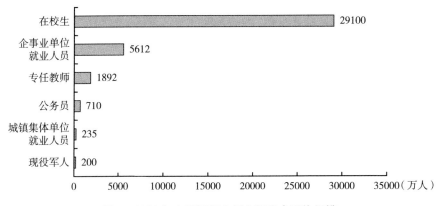

图 1　2023 年中国团餐市场主要客户群体规模

说明：城镇就业人员、教师和学生数量为 2022 年数据。
资料来源：国家统计局、人力资源和社会保障部、教育部。

从客户群体占比可以看出（见图 2），当前团餐市场的主要消费群体以在校生为主，占比为 77.1%，而专任教师占比为 5.0%，总计 82.1%。这不仅体现了教育机构对集中供餐模式的高度依赖，也反映了团餐在保障营养与健康方面的重要作用。紧随其后的是企事业单位就业人员，占比达 14.9%。

这部分群体作为稳定的团餐消费者，进一步巩固了团餐市场的需求基础。尽管公务员、城镇集体单位就业人员以及现役军人在总体中所占的比例相对较低，分别占 1.9%、0.6%、0.5%，但每个群体都有其特定的餐饮需求与服务期待，共同构成了团餐市场多样化的消费生态。面对如此广泛的市场需求，团餐服务商需不断提升服务质量，创新餐饮方案，以精准满足不同消费群体的偏好与要求。

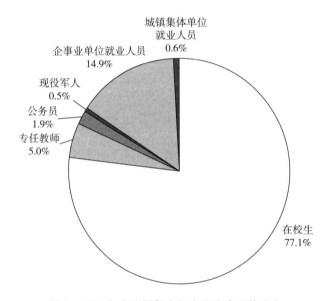

图 2　2023 年中国团餐市场主要客户群体分布

资料来源：国家统计局、人力资源和社会保障部、教育部。

（三）东部地区依然是团餐发展优势区域

2023 年中国团餐企业 TOP100 主要分布在 20 个省份，团餐市场在各省份间发展不均衡，总体显示出一定的地域集中趋势。48%的团餐企业位于安徽、北京、广东三省，其他省份占比为 1%～18%，团餐企业在全国范围内的区域差异显著。

东部地区优势明显，北京、广东、江苏、上海等东部省份占比高，北京和广东并列东部第一，均占 15%，江苏和上海紧随其后，分别占 11% 和 8%。这些地区劳动力供给充足、资本活跃度高、经济相对发达、高校资源比较丰富，团餐市场更为成熟和活跃。其他省份如福建、浙江、山东、辽宁、河北也贡献了一定比例，东部地区整体呈现较强的经济活力和企业集聚效应（见图 3）。中部地区表现不俗，其中安徽以 18% 的占比领跑中部地区，成为该地区的标杆。湖北和河南紧随其后，分别占 5% 和 3%，山西、吉林、湖南等省份的占比相对较低。总体而言，中部地区团餐市场蕴藏着较大的潜力与发展活力。相比之下，西部地区的团餐市场分布较为零散。陕西和重庆的市场份额尚可，但其他省份的团餐市场占比偏低，这些省份的团餐企业在一定程度上面临更多挑战。

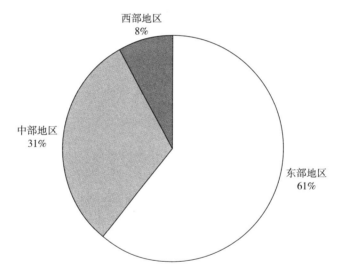

图 3　2023 年中国团餐企业 TOP100 地区分布

资料来源：中国烹饪协会。

（四）绿色生产和绿色消费引领团餐发展

在绿色发展理念的指引下，一方面，团餐业态加快推动低碳环保战略实施，包括引入节能设备、加强能源管理、制止餐饮浪费等，促进实现可持续发展，产生了积极效果。另一方面，团餐业态在健康中国战略的指引下，更加重视健康烹饪方式和营养配餐，助力健康中国建设。随着居民健康意识的增强，团餐企业越来越重视菜品的营养搭配，推出更多低脂、低糖、高纤维的健康菜品，以满足消费者对健康饮食的需求。这种趋势反映了消费者对健康生活方式的追求，也促使团餐企业在食材采购、菜品设计等方面做出相应的调整，如增加有机蔬菜的使用、减少油炸食品的供应以及提供更多的素食选项等。

（五）团餐智能化水平持续提升

数字技术不断提升团餐智能化水平，正在改变团餐的运营和服务模式，包括移动支付、智能配餐系统、智能点餐系统、大数据分析等在内的信息技术应用不断提高团餐服务效率和客户体验。这些技术的应用为企业提供了大量的用户数据，帮助企业更好地理解消费者行为，从而提供更具针对性和个性化的产品和服务。

二　2023年中国团餐企业TOP100经营情况分析

（一）营收情况与企业规模

1.营收情况

2023年中国团餐企业TOP100总营收达到1306亿元，同比增长13.47%，其中团体膳食收入1125亿元，在总营收中的占比达到86.14%，是团餐企业收入的主要来源（见图4）。与2021~2022年的调查统计结果相似，团餐企业的营收来源仍然较为单一。

从单个企业的营收分布来看，2023年中国团餐企业TOP100中营业收入达到10亿元以上的共30家，较上年增加4家，增幅达到15.38%。其中，营业收入达到30亿元以上的头部企业有9家。总体来看，TOP100企业的营业收入保持了较快增长，越来越多企业的营业收入突破10亿元大关。

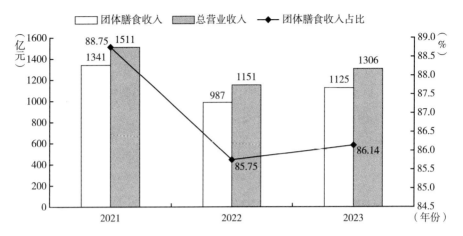

图 4　2021~2023 年中国团餐企业 TOP100 营收情况

资料来源：中国烹饪协会。

2. 企业规模

从不同营收规模的企业分布情况来看，数量增幅最大的是营业收入为 31 亿~50 亿元的团餐企业，增幅达到 50.00%（见图 5）。按可比口径，营业收入增长最快的是营业收入为 2 亿~50 亿元的团餐企业，平均营收增幅达到 12.25%。结合具体的数据表现，团餐企业 TOP100 的结构分布逐步由"金字塔"形向"橄榄"形变化，即中端企业的数量不断增加，其营收占比也不断提升。

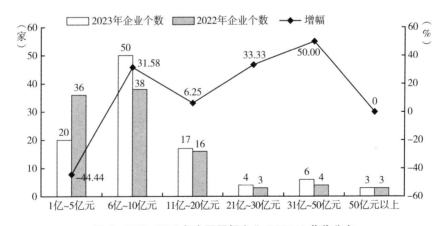

图 5　2022~2023 年中国团餐企业 TOP100 营收分布

资料来源：中国烹饪协会。

（二）利润情况

中国团餐企业 TOP100 的营业收入不断增长，但是仍需关注企业的获利情况，以进一步分析企业与团餐业态发展的可持续性。

1. 企业获利能力

2023 年中国团餐企业 TOP100 中，营业收入与利润实现双升的企业占到 83%。从利润情况来看，2023 年中国团餐企业 TOP100 的平均利润率为 5.22%，低于 2022 年的 6.30%。利润率在企业之间的分布也存在差异，利润率高于平均利润率的企业占比达到 37%，与上年基本持平，超过 60% 的企业的利润率仍然在 5% 及以下，企业的获利能力较低（见图 6）。

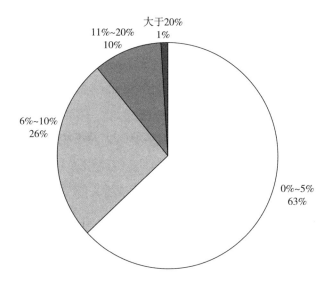

图 6　2023 年中国团餐企业 TOP100 利润率分布

资料来源：中国烹饪协会。

综合企业的获利能力以及利润分布情况，团餐企业仍需提高自身的盈利能力，从营收增长转变为利润增长。

2. 成本构成

进一步分析 2023 年中国团餐企业 TOP100 成本分布情况，占比较高的两项是"物料成本""人工费用",分别为63.13%、29.58%(见图7)。在食材和用工成本不断提高的背景下,这两项成本成为影响团餐企业利润增长的主要因素。研发投入仅占0.91%,仍然处于较低水平,说明团餐企业的科技创新力度不足。

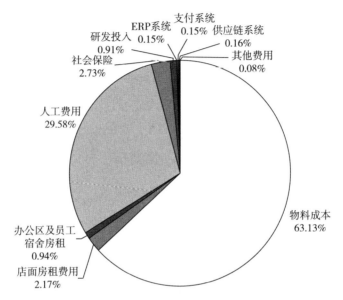

图7　2023年中国团餐企业 TOP100 成本分布

资料来源:中国烹饪协会。

(三)多元化经营情况

团餐企业的多元化经营体现在业务选择多元化和服务场景多元化两方面。

1.业务选择多元化

与2022年相比,2023年,经营单一业务的团餐企业占比下降,经营两种业务的企业占比上升,经营3种及以上业务的企业占比下降(见图8)。整体来看,团餐企业仍然在探索多元化业务经营。

在营收方面,除团体膳食及净菜、预制菜外,其他业务2023年的营收占比均低于2022年,但下降幅度不大(见图9)。净菜、预制菜成为团餐企

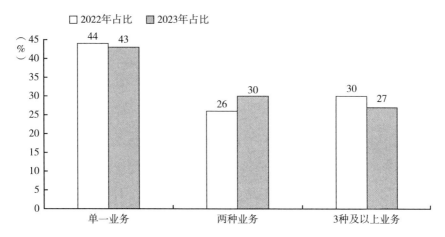

图8 2022~2023年中国团餐企业TOP100业务类型分布

资料来源：中国烹饪协会。

业多元化业务中优势较明显的分支。此外，食材配送仍在团餐企业的多元化业务中占据重要地位。

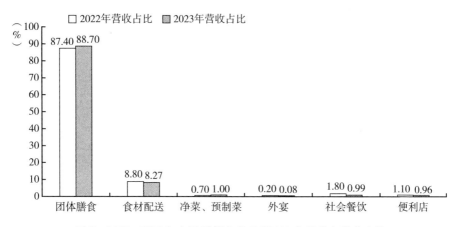

图9 2022~2023年中国团餐企业TOP100各类业务营收占比

资料来源：中国烹饪协会。

2.服务场景多元化

大多数团餐企业将服务场景拓展到多个领域，除各级各类学校、企事业

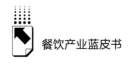

单位外，社区食堂、园区供餐也逐步成为团餐企业新的服务场景。从发展的共性来看，稳定的群体用餐需求是团餐企业赖以生存的基础。在服务场景中，团餐企业的营业收入主要来自高校、企事业单位等。

（四）吸纳就业情况

团餐企业具有较强的吸纳就业的能力，但是2023年就业总人数出现了下降，主要原因是合作（人）的减少。此外，直属就业人数仍然保持10%以上的增长，残疾人就业人数的增长率达到22.55%，体现了团餐企业在履行社会责任方面做出的努力（见图10）。

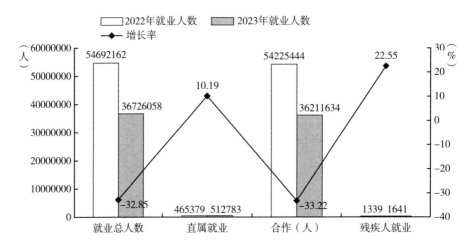

图10　2022~2023年团餐企业TOP100吸纳就业情况

资料来源：中国烹饪协会。

（五）企业扩张情况

1.团餐企业的服务范围

团餐企业的服务范围不断扩大，从本地不断向外辐射。2023年中国团餐企业TOP100中，有59%的企业实现跨省经营，其中，经营范围超过5省的企业占10%，并且有3%的企业涉及跨国经营（见图11）。

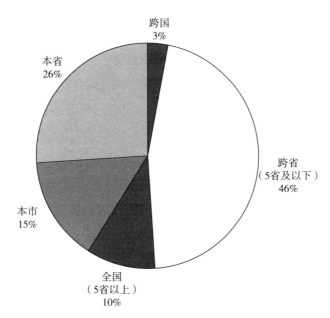

图 11　2023 年中国团餐企业 TOP100 服务范围

资料来源：中国烹饪协会。

2. 中央厨房配置情况

在 2023 年中国团餐企业 TOP100 中，使用中央厨房的企业占比 80%，其中，62% 的企业有自建的中央厨房（包括自建+合作模式）。中央厨房的使用面积大多在 1000 平方米以上（见图 12）。

团餐企业的中央厨房产品以盒餐为主，但逐渐开始制作预制菜与净菜、半成品，并且朝桶餐方向发展。但是，在产品多元化发展的过程中，盒餐仍占有绝对优势（见图 13）。

按照中央厨房的面积以及中央厨房的业务情况综合分析，单个团餐企业的中央厨房可生产多品类产品，企业的服务能力和生产能力是不断提升的。

3. 物流、仓储与采购情况

如图 14 所示，2023 年中国团餐企业 TOP100 中仍有 30% 的企业无物流、21% 的企业无仓储，较上年变化不大。但是，自建物流和自建仓储的企业都

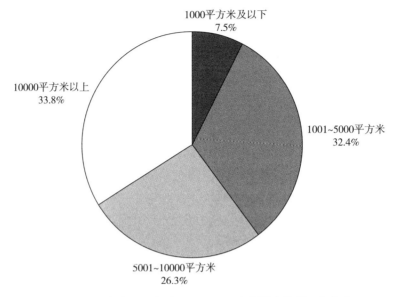

图 12　2023 年中国团餐企业 TOP100 中央厨房使用面积分布

资料来源：中国烹饪协会。

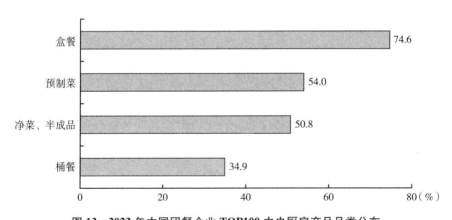

图 13　2023 年中国团餐企业 TOP100 中央厨房产品品类分布

资料来源：中国烹饪协会。

在增加，尤其是自建仓储的企业增幅达 24.5%，物流与仓储的完善为企业下一步扩大经营提供了配套保障。

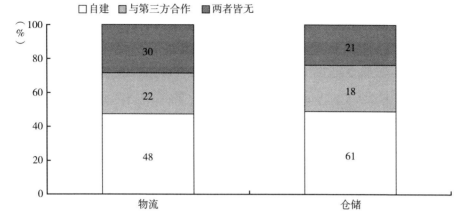

图14 2023年中国团餐企业TOP100物流与仓储情况

资料来源：中国烹饪协会。

从采购模式看，"统采+地采"仍是团餐企业采用的主要模式，占比达到83%。综合物流、仓储与采购模式分析，团餐企业的发展仍受限于物流与仓储能力不足、统采占比较低、议价能力不强，这意味着需要支出更多的物料成本。因此，加强物流与仓储设施的建设在团餐企业扩大辐射范围和加强成本控制方面都具有重要意义。

（六）标准化建设与绿色环保情况

在2023年中国团餐企业TOP100中，有98%的企业设置了质量管理专员，对企业的产品质量进行监督，并且所有企业均配有食品安全员，这样的设置为企业的健康可持续发展提供了长远的保障。

在绿色环保方面，团餐企业进一步落实节能减排的各项举措，为行业的绿色发展创造良好条件。如图15所示，95%的企业关注餐厨垃圾处理，88%的企业关注油烟排放处理，33%的企业关注热回收，其余节能举措也在逐步推广落实。

标准化和绿色环保工作的推进，是团餐企业进一步做大做强的有力依托，也是团餐企业履行社会责任的表现，有助于团餐业态的可持续发展。

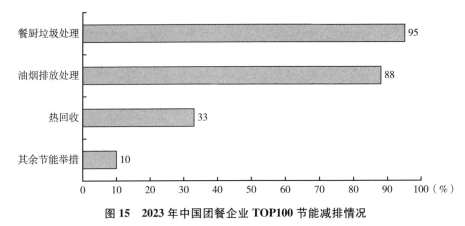

图 15　2023 年中国团餐企业 TOP100 节能减排情况

资料来源：中国烹饪协会。

三　推动团餐业态高质量发展对策建议

2024 年 3 月，商务部联合 9 个部委发布的《关于促进餐饮业高质量发展的指导意见》对团餐高质量发展提出了任务部署和发展指导。作为在餐饮业中发挥着重要保障功能的业态，团餐的高质量发展是餐饮业高质量发展的重要基础和动力。团餐企业要积极贯彻落实《关于促进餐饮业高质量发展的指导意见》，以习近平新时代中国特色社会主义思想为指导，全面贯彻落实党的二十大精神，完整、准确、全面贯彻新发展理念，加快构建新发展格局，统筹发展和安全，促进服务提质扩容，为广大人民群众提供健康、营养、绿色的餐饮产品和服务。

（一）聚焦规范化经营，提升服务水平

规范化经营是团餐业态走向高质量发展的基础要求，要推动生产和服务流程标准化，不断提升团餐服务水平。在实践中，已经有不少优秀的团餐企业形成了规范化经营的成功经验，如通过实施标准化流程和严格的食品安全管理，确保了食品质量和安全；通过标准化健康营养菜谱，为消费者提供健

康营养膳食参考，引导健康饮食习惯；通过规范服务流程，树立良好的品牌形象，增强消费者的信任，满足日益增长的市场需求和消费者期望。

（二）把"健康"打造为团餐产品和服务的核心竞争力

随着人们生活水平的提高和健康意识的增强，健康已经成为消费者选择团餐产品和服务的重要考量因素。团餐企业要想在激烈的市场竞争中脱颖而出，就必须将健康作为产品和服务的核心竞争力，从食材、烹饪方式、口味等方面入手，为消费者提供健康、美味、舒适的餐饮体验。

（三）提升数字化服务水平

数字化水平的提升对于提升团餐服务的效率和体验有着显著的正面影响，它不仅优化了内部管理流程，还改善了顾客的用餐体验，同时为团餐企业提供了应对市场变化和竞争的能力。一是数字化服务如在线预订、自助点餐和支付等，能够提供更快捷便利的用餐体验，减少排队时间，提升顾客满意度；二是利用数字管理工具，团餐企业可以更好地了解生产和消费环节的动态，有助于提高决策精准度和经营效率，降低成本。

（四）加强供应链管理

供应链管理在团餐企业的发展中扮演着至关重要的角色，不仅关乎食品的品质和成本控制，还涉及企业的整体运营效率和市场竞争力。通过有效的供应链管理，团餐企业能够更好地适应市场变化，提供高质量的餐饮服务，从而实现可持续发展。

（五）推动融合创新

融合创新为团餐企业带来了新的发展机遇，通过整合不同领域的资源，团餐企业可以提供更加多样化、个性化的服务，同时提升运营效率和市场竞争力。在融合创新发展过程中，要注重需求导向，做好质量安全工作，平衡好安全与发展的关系。

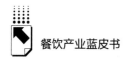

（六）强化社会责任

团餐企业要积极通过确保食品安全、提供健康饮食、实施环保措施、增加员工福利、参与社区发展、支持地方经济、快速响应紧急情况、参与公益慈善等行动，展现其履行社会责任的积极形象。这将增强企业的消费者黏性，推动社会整体福祉的增进和行业的可持续发展。

参考文献

赵京桥：《以科技创新推动健康新消费》，《经济》2024 年第 2 期。

顾雨霏：《数字化成团餐转型胜负手》，《中国食品报》2022 年 3 月 15 日。

赵京桥、于干千：《餐饮业高质量发展的挑战及应对》，《财经智库》2021 年第 5 期。

B.16
2023年中国快餐业态发展分析报告

快餐业态研究课题组 *

摘　要： 本报告深入分析了中国快餐业态的发展现状与未来趋势。2023年，快餐业态逐步复苏，市场竞争加剧。领先快餐品牌通过规模扩张，推动连锁化进程。门店升级被视为品牌增强核心竞争力的关键策略。未来，快餐业态的发展将集中于迎合消费者对健康和营养的追求；推动数智化转型，优化服务，提升运营效率；重视社会责任，推动经济效益、社会效益与环境效益的同步提升，实现全面进步。

关键词： 快餐业态　典型快餐企业　品牌核心竞争力

一　快餐业态发展现状

（一）快餐市场竞争加剧

截至 2023 年末，快餐业态以其庞大的门店规模和显著的市场占比，展现了其在餐饮市场中的核心地位。全国约有 364.2 万家快餐门店，占餐饮市场的47.3%，反映了快餐业态的广泛普及和其在满足消费者日常饮食需求方面的重要性。在快餐业态中，中式快餐占 95.1%，西式快餐占 4.9%。中式快餐占据

---

* 课题组成员：朱弘毅，中国社会科学院大学应用经济学院博士研究生；赵京桥，经济学博士，中国社会科学院财经战略研究院学术档案馆副主任（主持工作）；张桐，中国烹饪协会副秘书长；陈娟娟，中国烹饪协会政策法规研究室主任；王雨曦，中国烹饪协会行业发展部副主任；高洁，中国烹饪协会行业发展部副主任；张妍，中国烹饪协会快餐专业委员会秘书长兼总干事。

了市场的主导地位，在适应和满足国内消费者需求方面取得了一定的成功。

如图1所示，2019~2023年，中式快餐门店规模呈整体下降趋势，市场竞争加剧，优胜劣汰愈演愈烈，消费者对中式快餐的需求依然旺盛。与中式快餐相比，西式快餐门店规模呈波动趋势，但2023年增长率显著高于中式快餐，反映了西式快餐复苏势头更为强劲，这可能与西式快餐标准化程度较高、品牌影响力较强有关。

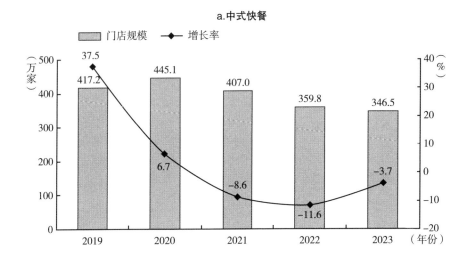

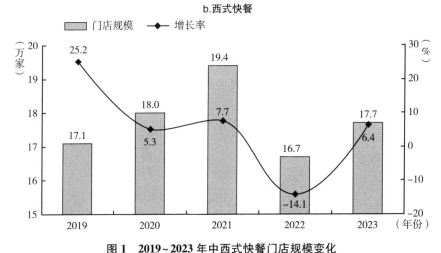

图1 2019~2023年中西式快餐门店规模变化

资料来源：辰智餐饮大数据研究中心。

（二）快餐业态连锁化进程持续

非连锁餐饮企业抗风险能力偏弱，这一现象促使餐饮业认识到走连锁化和品牌化的道路对于提升企业的市场竞争力和抗风险能力至关重要。2023年餐饮市场回暖，大量创业者涌入餐饮市场，快餐连锁化趋势有所缓和。如图2所示，2021~2023年，中式快餐和西式快餐拥有5000家及以上门店的

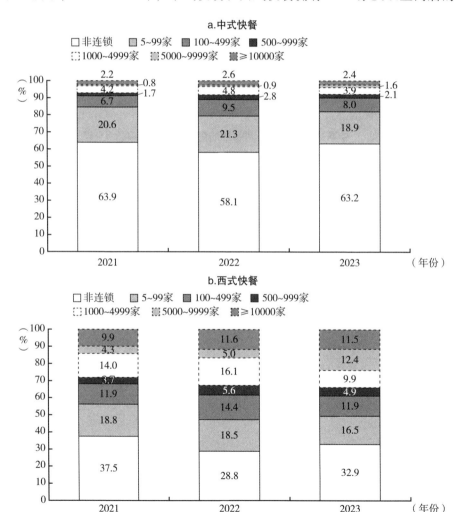

图2　2021~2023年中西式快餐连锁规模分布

资料来源：辰智餐饮大数据研究中心。

企业数占比不断攀升，头部品牌积极拓店，快餐市场集中化程度进一步提升。

（三）门店升级成为重要突破口

如表1所示，消费者不满意评价多集中在就餐环境与服务方面，这表明消费者对快餐就餐环境和服务的期望越来越高。门店升级成为快餐企业重塑品牌形象和吸引顾客入店的关键策略。通过升级门店，快餐企业可以改善消费者的就餐体验，提升自身的市场竞争力。例如，老乡鸡5次迭代完成门店升级；鱼你在一起在品牌符号与门店视觉方面做了改善；派乐汉堡升级数字化运营，实现精细化服务。

表1 中西式快餐消费者对餐厅的满意和不满意评价 TOP5

单位：%

评价类型	中式快餐		西式快餐	
	TOP5 评价	比例	TOP5 评价	比例
满意评价	性价比高（价格）	32.8	性价比高（价格）	20.7
	菜品口味好（菜品）	27.0	菜品口味好（菜品）	19.4
	上菜速度快（服务）	19.1	有我喜欢的套餐（菜品）	16.7
	菜的分量足（菜品）	16.5	菜肴品质稳定统一（菜品）	15.7
	食材新鲜（菜品）	16.3	上菜速度快（服务）	15.6
不满意评价	环境嘈杂、吵闹（环境）	11.0	没有包厢/包厢太少（环境）	7.0
	没有包厢/包厢太少（环境）	9.8	环境嘈杂、吵闹（环境）	6.8
	没有无烟区（环境）	8.7	菜的分量少（菜品）	5.3
	菜品选择少（菜品）	6.0	等位时间长（服务）	5.0
	菜的分量少（菜品）	5.7	上菜速度慢（服务）	4.0

资料来源：辰智餐饮大数据研究中心。

二 典型快餐企业情况分析

当今社会生活节奏不断加快，快餐业态因其高效便捷的特点成为人们生活中不可或缺的一部分。随着市场需求的日益增长，快餐企业不断寻求创新与发展，以适应消费者多样化的口味和需求。本报告基于课题组对93家典型快餐企业的调研数据，深入剖析了当前快餐业态的区域分布、经营模式、企业类型、收支情况、就业情况，旨在为读者呈现一个全面、细致的快餐业态现状画像。通过对调研数据的梳理和分析，发现快餐市场在东部地区尤为繁荣，其中北京和天津地区更是占据了重要位置。同时，连锁化经营模式成为快餐企业发展的主流形式，许多知名品牌通过深耕区域市场，逐步向全国扩张。此外，民营企业在快餐市场中占据主导地位，其灵活的经营机制和敏锐的市场洞察力使其能够快速适应市场变化。

（一）区域分布

通过分析典型快餐企业总部的区域分布，发现快餐企业总部主要集中在东部地区。这一地区经济发达、人口密集，为快餐业态的发展提供了良好的市场环境，特别是北京和天津地区的快餐企业总部集聚度更高（见图3）。

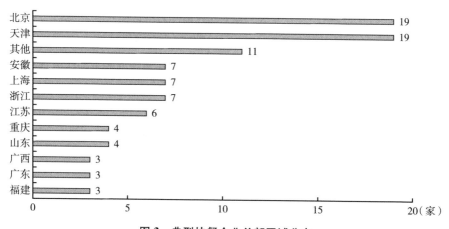

图3 典型快餐企业总部区域分布

资料来源：中国烹饪协会。

（二）经营模式

从经营模式上来看，快餐企业多业态、跨区域的集团经营程度较低，总体占比不足 8%，大部分企业仍以连锁经营模式为主。超过 60% 的快餐企业实现跨省多门店连锁经营，只有 10.11% 的企业在单一城市多门店连锁经营，显示出中国快餐业态显著的跨区域经营特征。这有助于增强企业的品牌影响力，推动行业标准的统一。国内知名的快餐品牌大多遵循"先区域后全国"的发展策略，通过深耕某一区域市场，积累品牌口碑和运营经验，再逐步向全国扩张。这种稳健的发展模式为快餐企业的长期发展奠定了坚实基础。

（三）企业类型

快餐业态的发展与变化呈现鲜明的时代特征。从典型快餐企业成立时间进行分析（见图 4），可以看出明显的更新换代趋势，在 2002 年及以前成立的企业共有 21 家，占比为 22.58%，大多具有较为深厚的品牌底蕴和市场基础。在 2003~2012 年成立的企业有 31 家，这一时期快餐企业开始注重品牌创新和市场细分。2013 年至今，大量快餐企业如雨后春笋般涌现，这一时期成立的企业有 41 家，占比达 44.09%，新兴快餐企业凭借独特的经营理念和创新的营销手段，迅速在市场中占得一席之地。同时可以发现，中国快餐企业的更新换代时间较快，这既反映了市场的活力，也体现了客户对于品牌新鲜感的高要求。

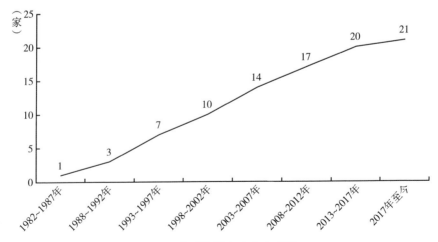

图 4　典型快餐企业成立时间

资料来源：中国烹饪协会。

93 家典型快餐企业中，有 71 家属于民营企业，占比高达 76.34%。这说明民营企业在快餐业态中具有举足轻重的地位，其灵活的经营机制和敏锐的市场洞察力使其能够快速适应市场变化，满足消费者需求。国外独资或中外合营企业数量不多、占比不高，但受益于改革开放初期吸引外资的政策、庞大的市场需求、先进的管理经验及明显的品牌优势，部分外资快餐企业在市场中牢牢占据一席之地。相比之下，国有资本在快餐业态的介入程度非常低，不足 3%。

接近 97% 的典型快餐企业都是未上市企业，资本市场对快餐业态的认可度并不高，这也和快餐企业难以实现多业态、跨区域的集团经营的现状相关。虽然未上市企业占据了绝大多数，但也有一些知名企业通过资本运作实现了快速扩张，提升了品牌影响力。随着资本市场的不断完善和投资者对快餐业态关注度的提高，未来或许会有更多快餐企业选择上市融资，实现跨越式发展。

在经营种类上，中国快餐企业呈现多元化的发展趋势。在典型快餐企业中，米饭快餐类企业占比最高，达到 35.5%，这和米饭快餐的方便实用特性以及中国人以米饭为主食的饮食习惯密切相关（见图 5）。复合式快餐、

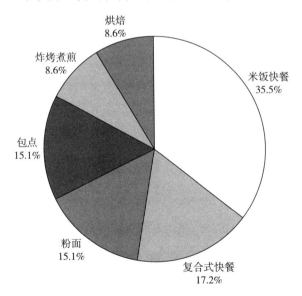

图 5 典型快餐企业经营种类分布

资料来源：中国烹饪协会。

粉面、包点等也占有一定的市场份额，显示出快餐业态在满足消费者多样化需求方面所做的努力。炸烤煮煎和烘焙类快餐企业目前市场份额较小，但具有较大的市场潜力，有待进一步挖掘。

（四）收支情况

深入分析93家典型快餐企业上报的财务数据后发现，2023年快餐企业总收入实现了显著增长，增长率高达16.80%。其中，直营收入同比增长15.34%，加盟收入同比增长24.69%，充分展现了品牌连锁化、规模化的巨大市场潜力和活力（见图6）。与此同时，企业的总成本也有所上升，同比增长11.05%。具体来看，人工成本因劳动力市场的变化而上涨了16.16%。相比之下，房租成本的涨幅较小，仅为6.40%，这主要得益于当前房地产市场较为平稳以及政府相关优惠政策的实施。酒水饮料成本和原料成本涨幅较大，分别为18.76%和20.70%，这表明企业在原料采购、供应链管理等方面仍有待优化（见图7）。尽管如此，由于成本上涨幅度低于收入上涨幅度，总利润依然实现了24.57%的同比增长。

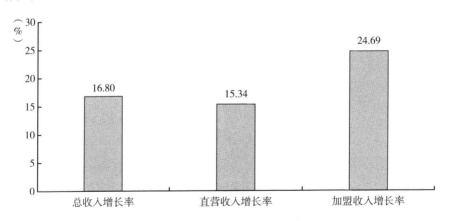

图6　典型快餐企业收入增长率

资料来源：中国烹饪协会。

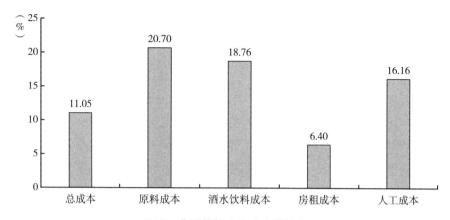

图 7　典型快餐企业成本增长率

资料来源：中国烹饪协会。

（五）就业情况

通过对 93 家典型快餐企业的员工就业和收入数据进行分析发现，2023年快餐业态的劳动力规模整体呈现积极的增长态势。具体而言，2023 年就业岗位总人数比上年增长了 11.68%，其中正式岗位增长 7.81%。临时岗位人员数量在整个快餐业态从业人员中的占比未超过三成，快餐业态的运转主要依赖正式员工群体，这一稳定的劳动力结构不仅有利于企业的日常经营，也对维护国家整体就业环境的稳定起到了重要的支撑作用。同时需要注意到，临时用工人员数量同比增长高达 22.2%，灵活就业方式对国家劳动力市场的贡献也不容忽视。

在薪酬与福利保障方面，员工工资总额同比增长 19.28%，收入水平有所提高。收入增加是促进消费的重要驱动力，对扩大内需具有积极影响。同时，"五险一金"同比增长 15.05%，其增速低于员工工资总额增速，其占员工薪酬的比重低于全国平均水平，这表明快餐企业在员工福利方面仍有待提高。

从区域差异的角度来看（见图 8），不同地区的就业环境呈现不同的特点。东北地区就业市场基本保持平稳，各项指标增速相对平衡；东部地区在工资涨幅上较为显著，同比增长 20.37%，反映出东部地区强劲的经济活力；受惠于国家和地方政府对社会保障体系的重视及政策的推动作用，中部地区"五险一金"涨幅高达 21.74%。西部地区在促进就业方面成绩亮眼，员工人数上涨 22.62%，这与西部各省份的经济发展策略、产业结构调整以及劳动力流入等因素密切相关。特别值得注意的是，东部地区存在"五险一金"占比过低的现象，这是由于东部地区快餐业态劳动力密集、员工流动性强的特征较为明显，面对较大的生活压力，许多员工不愿长期缴纳社保，尤其是年轻员工更偏好获得即时收入而非长期社会保障。同时，众多快餐企业广泛采用外包或灵活用工模式，这使劳动关系变得较为复杂，社保缴纳责任不明确。

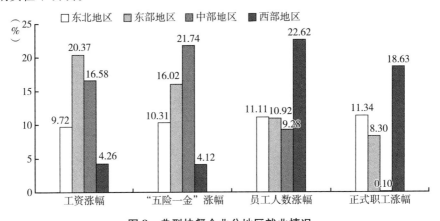

图 8　典型快餐企业分地区就业情况

资料来源：中国烹饪协会。

三　快餐业态发展未来趋势

（一）健康与营养需求不断提升

在当前的社会环境中，消费者对快餐的需求已经发生了显著的转变。他们不仅寻求方便和美味的食品，而且越来越关注食品的营养价值和对健康的长远影响。为了适应这一市场需求，快餐业态需要不断调整和创新产品线，推出更多低脂、低糖、高纤维的健康餐品，积极"减油、增豆、加奶"。目前，部分快餐企业已经开始在菜单上标注营养信息，帮助消费者做出更合理的饮食选择。

（二）数智化转型推进产业升级

快餐业态正积极推动数智化转型，这一进程通过移动支付、在线订餐和智能点餐系统的普及而不断加速。未来，随着人工智能和大数据分析技术的不断迭代升级，企业的市场洞察力将不断提升，为消费者提供个性化的餐饮服务，更快速地响应市场变化、调整运营策略，为快餐业态的创新与可持续发展奠定坚实的基础。

（三）履行社会责任

在追求经济效益的同时积极履行社会责任，是所有企业应该尽到的义务。当前，实现"双碳"目标成为重要发展方向，可持续发展的理念也已深入人心。快餐企业今后必须更加注重绿色低碳发展，采用环保材料、节能设备，降低能耗。在成本控制方面，快餐企业应注重控制原材料成本，采用更加环保、高效的采购和储存方式。知名的大型连锁快餐企业可以积极参与公益事业和慈善活动以回馈社会，设立慈善基金资助贫困地区的儿童教育、支持环保事业、开展社区服务和志愿者活动，增强企业的社会责任感和影响力。此外，应加强对员工的关爱和保障，提高员工的福利待遇和工作环境质量。

总体而言，快餐业态未来将以消费者需求为中心，以技术创新为动力，以社会责任为导向，不断迈向更高质量的发展道路，实现经济效益、社会效益和环境效益的同步提升。

（四）行业协会积极推动

行业协会应着重推动行业标准化，明确服务、卫生、食品安全等关键标准，倡导快餐企业积极研发健康、营养均衡的菜单，减少高糖、高盐、高脂

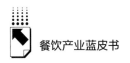

肪食品，确保行业服务质量和食品安全。建立行业内数据共享平台，促进信息交流，帮助企业更好地了解市场动态和消费者行为。同时，大力支持快餐行业内的技术创新，如推广智能点餐系统、自动化厨房设备等，以提高运营效率与顾客体验。此外，行业协会可以考虑通过统一组织专业培训来提升从业人员的专业技能和服务水平。

（五）行业政策持续助力

执法部门应加大对食品安全与卫生的监管力度，制定严格的法规，严惩违规行为，推广食品安全培训，以增强消费者的信任。同时，为了更好地普及健康饮食理念，应鼓励快餐企业减少不健康成分，通过税收优惠等形式激励企业采纳健康标准，开展公共健康教育，改善公众营养状况。此外，可以实施环保与可持续发展政策，制定包装材料环保标准，加强供应链管理，减少食物浪费，鼓励采用节能减排技术，通过政策引导和财政激励，支持企业参与环保活动，助力快餐业态的健康发展。

参考文献

邢颖主编《中国餐饮产业发展报告（2021）》，社会科学文献出版社，2021。
红餐产业研究院：《小吃快餐品类发展报告 2023》。
红餐品牌研究院：《中国中式米饭快餐品类发展报告 2022》。
艺恩：《2024 年快餐消费者洞察报告》。
荆林波：《传承饮食文化　努力建设中华民族现代餐饮文明》，《餐饮世界》2023 年第 7 期。

B.17
2023年中国火锅业态发展
分析报告

火锅业态研究课题组*

摘　要： 2023年，中国火锅业态规模恢复增长，三线城市门店占比超过新一线城市，业态下沉与细分趋势明显。火锅消费者在追求口味的同时，更加关注卫生与价格。数字化技术的渗透帮助企业优化产品、提升服务，线上直播与外卖业务的发展潜力凸显。火锅业态竞争激烈，面对同质化问题，就餐形式、品类、味型与营销策略的持续创新是火锅品牌"破圈"的关键。基于消费需求与技术发展等多方面因素，未来火锅企业需更加重视健康与营养升级，充分运用数字化提升运营效率与顾客体验，拓展多品类经营，重视消费者情感体验，走环保与可持续发展之路。

关键词： 火锅业态　典型企业案例　细分市场

一　火锅业态发展现状

（一）火锅市场规模

餐饮业作为促消费、惠民生、稳就业的重点领域，在扩大消费中发挥着

---

* 课题组成员：纪泽群，中国社会科学院大学商学院；赵京桥，经济学博士，中国社会科学院财经战略研究院学术档案馆副主任（主持工作）；陈娟娟，中国烹饪协会政策法规研究室主任；王雨曦，中国烹饪协会行业发展部副主任；高洁，中国烹饪协会行业发展部副主任；康晓红，中国烹饪协会火锅专业委员会秘书长兼总干事。

重要支撑作用，对于扩大内需、推动形成强大国内市场、服务构建新发展格局具有重要意义。2023 年，餐饮市场快速恢复增长，收入达到 5.29 万亿元，首次突破 5 万亿元①。餐饮市场的复苏反映了消费者对社会化餐饮服务的需求，也展现了市场的韧性与活力。

火锅作为餐饮市场的重要子业态，其市场规模经历了一定的波动。2016~2019 年，火锅市场规模从 0.44 万亿元增长至 0.56 万亿元，年均增长率约为 8.37%。2020 年，受到新冠疫情影响，火锅市场规模下降至 0.53 万亿元，同比下降 5.36%。2023 年，火锅市场快速恢复增长，规模达到 0.59 万亿元，同比增长 20.41%（见表 1）。火锅市场规模占比从 2016 年的 12.29%下降到 2023 年的 11.15%。虽然整体规模有所增长，但相较于餐饮市场的快速扩张，火锅业态的增长相对缓慢，导致其占比有所下降。这一趋势表明，餐饮市场其他业态的发展速度快于火锅业态。

表 1　2016~2023 年中国火锅市场规模

单位：万亿元，%

指标	2016 年	2017 年	2018 年	2019 年	2020 年	2021 年	2022 年	2023 年
火锅市场规模	0.44	0.49	0.52	0.56	0.53	0.56	0.49	0.59
餐饮市场规模	3.58	3.96	4.27	4.67	3.95	4.69	4.39	5.29
火锅市场规模增速	—	11.36	6.12	7.69	-5.36	5.67	-12.50	20.41
火锅市场规模占比	12.29	12.37	12.18	11.99	13.42	11.94	11.16	11.15

资料来源：红餐大数据，Eddid Financial。

总体来看，中国火锅业态在经历了疫情的冲击后，显示出恢复增长的势头。尽管市场规模有所下降，但火锅业态依然是餐饮市场的重要组成部分。未来，随着消费市场的进一步恢复和新兴业态的发展，火锅业态有望继续保持稳定增长。

---

① 课题组根据餐饮市场和调查数据预测，仅供行业研究参考。

（二）火锅门店分布

截至 2024 年 5 月初，火锅门店在三线城市分布最多，占比达 20.74%，超过了新一线城市（20.55%）。在二线及以上城市，火锅门店的占比达到 43.09%，知名火锅品牌在这些城市积极布局，如海底捞、呷哺呷哺和楠火锅等品牌的门店大多集中在二线及以上城市。

随着三线及以下城市消费能力的提升，这些城市的火锅门店数量也在逐步增长。三线城市的门店占比为 20.74%，四线和五线城市的门店占比分别为 18.56% 和 14.52%（见图 1）。王婆大虾、虾吃虾涮等虾火锅品牌，以及广顺兴等猪肚鸡火锅品牌凭借高性价比和主打下沉市场的策略快速拓展，一些新锐品牌也通过深入挖掘地域文化，逐步在下沉市场进行布局，或深度融合地域文化，或以高价值的有料火锅走俏市场，满足当地消费者的需求。

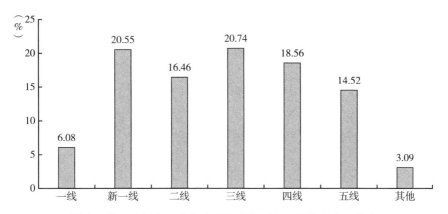

图 1　截至 2024 年 5 月初全国各线级城市火锅门店占比分布

资料来源：窄门餐眼。

火锅门店最多的十大城市分别是重庆、成都、昆明、北京、深圳、广州、西安、贵阳、上海和郑州，其中重庆拥有 26968 家门店，排名第一；成都拥有 21226 家门店，排名第二；昆明拥有 8688 家门店，排名第三（见图 2）。这些数据反映了新一线城市和部分二线城市在火锅市场中的重要地位。重庆、成都的火锅门店数量众多，产品、场景、营销玩法都更新得较快，孕育出不少火锅赛道的引领者、创新者。郑州亦是火锅品类的高地，楠火锅、朱光玉火锅馆、后火锅等热门火锅品牌先后在此开店，当地还有一批好评度较高的本土火锅品牌如巴奴毛肚火锅、拾岁火锅等。

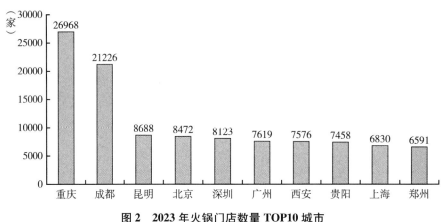

图2　2023年火锅门店数量TOP10城市

资料来源：窄门餐眼。

总体来看，火锅品牌在新一线和二线城市布局较广，反映出这些城市的市场潜力和消费需求。品牌可以在新一线和二线城市深耕细作，同时探索三线及以下城市的市场，以实现更广泛的市场覆盖和业务增长。

（三）火锅品牌分布

火锅"新势力"突围，差异化定位驱动效应明显。截至2023年底，海底捞作为老牌头部火锅品牌，拥有超过1350家门店，入驻超过250个城市。德庄火锅、广顺兴、许府牛、楠火锅、小龙坎等品牌进驻城市超过150个，入驻城市数和门店数相对均衡，显示出较为稳健的扩张策略，属于火锅品牌的"中坚力量"。新锐品牌如朱光玉火锅馆、赵美丽火锅、萍姐火锅、后火锅、珮姐老火锅等，凭借各自独特的产品、服务、定位、场景等，在众多火锅品牌中崭露头角。

（四）细分市场与供应链驱动

从火锅品类的门店数量占比来看，川渝火锅（包括四川火锅、重庆火锅、芋儿鸡、串串香和鱼火锅等）门店数量最多，占比接近40%，北派火锅（如老北京火锅、羊蝎子火锅等）占比为13.5%，粤式火锅（如打边炉、豆捞、猪肚鸡等）占比为12.4%（见图3）。火锅市场的细分化趋势愈加明显，供应链已成为品牌发展的新引擎。单品类火锅店逐渐主导市场，未来将继续深入探索各细分品类。消费者对火锅口味的关注度仍然很高，并且对多样化味型的需求日益增长。场景化营销和创新的用餐形式为火锅业态注入了新的活力。"火锅+"的多元化发展趋势愈加明显，差异化优势成为火锅企业脱颖而出的关键。完善的供应链体系对于连锁火锅品牌的质量控制、经营效益和精细化管理至关重要，是企业向上游扩展、增强自身流量效应和加速业态整合的重要因素。通过建立完善的产业链和直配体系，火锅企业能够实现更为精细的运营管理，并在降低生产成本、提高加工效率和缩短配送周期等方面取得显著成效，从而提升盈利能力和市场竞争力。

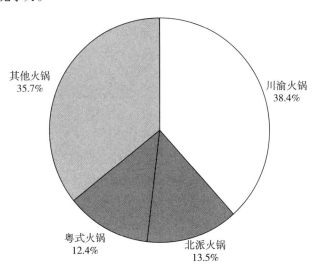

图3　2023年火锅细分品类门店占比

资料来源：餐宝典。

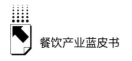
（五）消费者价值导向

在选择火锅店时，72%的消费者最看重"口味"，48%的消费者选择了"价格"，突出了消费者在价值导向上的偏好，他们更加注重在合理的价格范围内获得口味上的满足。54%的消费者选择了"卫生"，反映了消费者对食品安全和用餐环境的高度重视。综合来看，消费者在追求美食的同时，希望能够有卫生、安全且价格合理的用餐体验（见图4）。

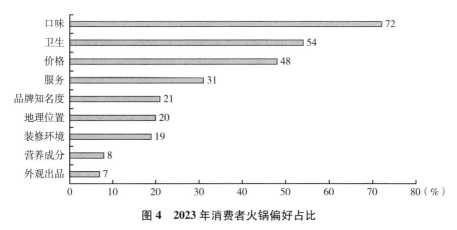

图4　2023年消费者火锅偏好占比

资料来源：红餐品牌研究院。

（六）绿色低碳运营

在绿色发展理念的指引下，火锅业态积极推行绿色环保措施。火锅企业开始采用节能技术，如使用 LED 照明设备、高效节能灶具和 UV 光解油烟净化器等，减少能源消耗和污染。这不仅有助于降低运营成本，还显著减少了碳排放。此外，可降解塑料袋和重复使用的围裙逐步在火锅店普及，通过减少一次性塑料的使用，降低环境负担。在健康饮食方面，火锅企业越来越注重菜的营养搭配，推出低脂、低糖、高纤维的健康菜品，以满足消费者日益增长的健康需求，并成立食品安全保障部门，保障食品采购、制作等环节的安全。此外，越来越多的火锅企业积极倡导垃圾分类，让消费者真切感受资源循环利用带来的变化，并鼓励消费者自带杯具、加入"光盘行动"、适量点餐、健康饮食。

（七）积极推进数字化

通过调研典型火锅企业发现，78.26%的火锅企业成立了数字化运营部门或有专人负责数字化工作，表明火锅业态在数字化转型工作中取得了显著进展，消费场景不断创新。企业通过建立线上点餐、支付平台和客户管理系统，形成数字化运营指标和监控体系，基于客观、全面的大数据分析，不断优化产品、提升服务水平、及时调整运营策略。企业通过淘宝、抖音等平台进行直播营销，推广品牌和产品，提高品牌曝光率和用户参与度，进一步传播火锅文化。多个火锅品牌已经积极探索火锅外卖业务，优化"到家"服务业态，满足不同消费者群体的需求，重塑外卖体系。

二　2023年火锅企业运营情况分析

本报告以46家火锅企业的问卷调查数据为数据源，对2023年火锅企业运营情况展开分析。

（一）营收情况

2023年，46家火锅企业总营收达到1083.18亿元，相比2022年增长了20.30%。直营店收入相比2022年增长了28.97%，消费者在线下门店的消费增加。加盟收入（指归于总公司的品牌加盟管理费和加盟店供应链销售收入）相比2022年增长了6.92%。线上销售收入（外卖+其他）相比2022年增长了32.52%，这是所有收入类别中增长最快的部分，表明随着消费者行为的变化，线上销售的需求大幅增长（见图5）。

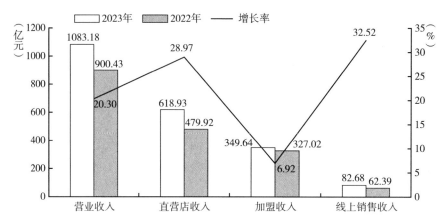

图 5　2022~2023 年典型火锅企业营收情况

资料来源：中国烹饪协会。

（二）获利能力

24.44%的火锅企业在 2023 年处于亏损状态，31.11%的企业净利润率为 11%~30%，22.22%的企业盈利情况较好，净利润率高于 30%（见图 6）。总体来看，火锅业态的盈利情况呈现较为明显的分化，有一部分企业盈利能力较强，但也有相当数量的企业需要改进其经营策略以提升盈利能力。对比 2022 年，65.22%的火锅企业净利润率提升，说明火锅业态整体的盈利能力有所提升。从翻台率来看，54.35%的火锅企业的翻台率相较于 2022 年有所提升，这表明火锅业态在提升客户流动性和餐桌利用率方面取得了进展。

（三）经营模式

从经营模式来看，火锅企业倾向于跨省甚至跨区域经营，这有助于增强企业的品牌影响力。选择跨省多门店连锁经营的企业占比高达 38%，体现出火锅品牌在全国范围内广泛经营的特征。18%的企业选择多业态、跨区域集团经营，以适应市场变化和消费者需求。选择单店经营或者在某一城市多

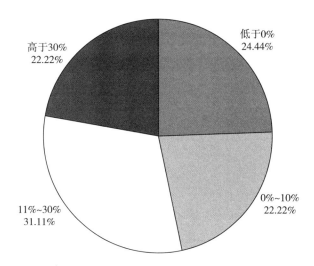

图6　2023年典型火锅企业净利润率分布

资料来源：中国烹饪协会。

门店连锁经营的企业占比分别为5%和7%，这些品牌注重本地市场，致力于提升品牌在特定区域的知名度（见图7）。

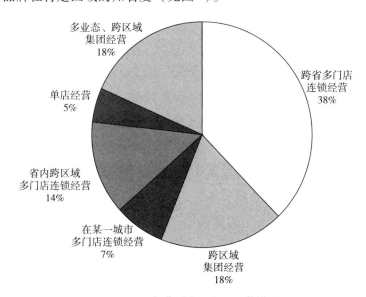

图7　2023年典型火锅企业经营模式

资料来源：中国烹饪协会。

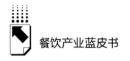

（四）人才需求

从人才需求类型来看，火锅企业对高端人才的需求最大，其次是服务人员，最后是中层干部，对高端人才和中层干部的需求反映出火锅业态正逐渐向专业化、精细化管理转型升级（见图8）。较高的服务质量是吸引和留住顾客的关键，对服务人员的需求体现出火锅业态对提升顾客体验度的重视，同时意味着火锅企业需要在人才引进和培养上投入更多资源，以适应市场的变化和消费者需求的多样化。

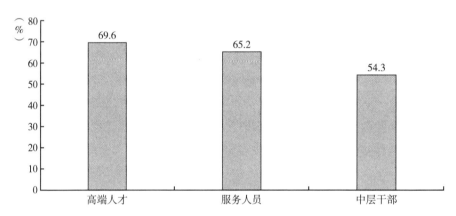

图8　2023年典型火锅企业人员需求

资料来源：中国烹饪协会。

三　火锅企业典型案例分析

（一）户外经营与新消费场景

在火锅业态的创新与发展中，户外经营与新消费场景成为一种趋势，吸引了众多品牌的参与和探索。海底捞在2023年凭借其灵活多变的经营策略和丰富多彩的用餐体验，继续引领火锅业态的创新潮流。随着户外露营热潮的升温、"摆摊"经济的"爆火"以及装置地标"打卡"活动的兴起，年

226

轻人对新奇有趣的消费体验的需求日益增长。海底捞及时抓住这一趋势，推出"户外捞"系列，包括花田火锅、露营火锅、天台泡泡屋和音乐节小吃车等创新形式，满足顾客随时随地畅享火锅美食的需求。这些新业态不仅满足了年轻人的"打卡"需求，还屡屡走红社交平台。截至2024年6月，全国各类海底捞户外新业态点位已超过100个。

歪胖子重庆老火锅以其诙谐有趣的品牌名和较高亲和力赢得了消费者的喜爱。其自由随意的市井火锅氛围，菜品自取、餐后数盘子结账的模式，满足了顾客随时解馋、自在小聚、享受夜生活的消费需求。凭借较高的性价比，该品牌的销量比传统火锅高出30%以上，复古的消费场景是其最大的优势。截至2024年6月，已开业门店达60家，总计超过100家。

笨姐居民楼火锅、山城十八号·天台火锅通过在居民楼和天台上开设门店，为顾客带来了独特的用餐体验。北步园火锅村和怪客火锅部落主打村庄设计风格，殷火锅则将门店开在公园里，升级了市井火锅的场景，体现了松弛感和氛围感。赵美丽火锅融合"喜事"元素，利用怀旧的色彩搭配、传统装饰和复古家具进行店面设计，以年代符号唤起消费者的亲切感。

火锅业态在新消费场景的探索中，不断推出创新的经营模式和独特的用餐体验，这不仅提升了品牌的吸引力，也满足了消费者日益多样化的需求。

（二）"火锅+"跳出同质化竞争

火锅业态的门槛相对较低，产品同质化问题较为严重，部分火锅品牌采用"火锅+"的多品项经营策略，通过丰富的产品线和创新的体验来吸引顾客，在一众火锅品牌中逐渐"出圈"。这样的策略不仅丰富了火锅的品类，还通过创新的方式跳出同质化竞争，打造出独特的市场优势。

部分品牌将火锅与其他美食菜系相结合。以广顺兴和川渝又一村为例，广顺兴主打"猪肚鸡火锅+粤菜"，以经典猪肚鸡、广式烧腊、广式茶点、煲仔饭为核心的经典老广味菜品组合，打造独特的菜品结构。这种模式不仅使餐厅在全年都有稳定的客流量，还强化了其"老广味道，到广

顺兴"的品牌定位,有利于在"粤菜大本营"之外的地区打开市场。川渝又一村创新推出"火锅+烤肉自助"的经营模式,单店提供 200 多种产品,以正宗重庆火锅为主体,辅以烤肉、海鲜、小吃、酒水、饮料等各类产品,形成多样化的大众餐饮研发管理体系,已成为无锡周边多城区的首选餐厅品牌。

部分品牌将火锅与甜品、奶茶以及不同的特色小吃等组成"CP"作为引流工具。如朱光玉火锅馆在多品项经营方面表现突出。首先,其特色招牌系列如虎皮凤爪、藤椒牛舌、啵啵鱼豆花和麻辣猪鼻筋等火锅必点涮品,已经成为品牌的标志性产品。这些标志性产品不仅丰富了火锅的选择,还通过独特的口味和精湛的制作工艺,吸引了大量的顾客,形成了强烈的品牌记忆点。其次,朱光玉火锅馆还推出了"四大神级路边摊系列"和"甜饮品系列"。这些产品与火锅相结合,创造出独特的美食体验,进一步提升了品牌的竞争力。

部分火锅品牌不仅注重新颖元素,还着力打造品类矩阵,进行口味创新。后火锅和楠火锅等推出了各种创新的甜品和主食,并通过社交媒体平台进行推广,增强了品牌的社交属性,吸引了更多年轻消费者,打造了线上线下相结合的多元化销售渠道,提升了市场覆盖率和销售额。这种创新的营销方式不仅满足了消费者多样化的需求,还增强了品牌的传播力。

总体而言,多品项经营已经成为火锅业态发展的重要趋势。通过丰富产品线、提升品牌竞争力和消费者忠诚度,火锅品牌能够在竞争激烈的市场中占据有利位置。

(三)品牌创新能力提升

除了提供美味的菜品,成功的火锅品牌还需要拥有独特的品牌理念和丰富的文化内涵。通过深入挖掘品牌背后的故事,传递品牌价值观和文化理念,引发消费者的强烈情感共鸣,提高消费者对品牌的认同感和归属感,进而为品牌的长远发展打下坚实基础。如豆花姐火锅作为根植于齐鲁大地的连锁火锅企业,将品牌人格化,将山东人的热情、好客、实在发挥到极致,坚持为顾客打造温馨的欢聚场景，其品牌忠实粉丝的代际传递体现了品牌的长期吸引力。

营销策略的创新也是火锅品牌发展不可或缺的一环，如今火锅品牌在传播策略上已经不再局限于单次活动或单个渠道，而是开始运用多种活动、多个渠道打造品牌"大事件"，实现全方位传播。这种策略不仅有助于提高品牌的知名度和影响力，还能在消费者心中留下"品牌印记"。比如，珮姐老火锅通过连续的周年庆典活动，吸引了大量消费者关注，2023年十周年庆典时举办现场演唱会和品牌发布会，邀请知名艺人参与，进行品牌宣传和推广，吸引消费者关注和参与；与阿里巴巴、雪花啤酒、重庆力帆足球俱乐部、重庆三峡博物馆等进行跨界合作，推出联名款火锅产品和品牌周边产品。这些创新的营销策略不仅能提高品牌的知名度和美誉度，还能为品牌带来更多的流量和更高的销售额。

品牌理念打造和营销策略创新升级能够提升品牌知名度和影响力，并在消费者心中留下深刻的"品牌印记"，赋予品牌持久的生命力。

四　火锅业态的发展趋势

火锅业态正朝着集群化、规模化和品牌化的方向发展，从要素驱动逐渐转向创新驱动，推动火锅业态的消费扩容和提质升级。火锅作为一种社交属性强且符合"减压经济"特征的餐饮品类，受到消费和技术等多方面因素的影响，预计未来将呈现以下趋势。

（一）健康与营养升级

随着中国人口老龄化趋势加剧及生活节奏不断加快，消费者健康意识日益增强，进一步推动健康消费市场增长。火锅业态在未来的发展中将更加注重食材的健康与营养。消费者对低脂、低盐、高纤维等健康饮食的需求将推动火锅底料的改良与创新。例如，企业可能推出具有功能性效益的火锅底料，甚至开发适合特定人群（如糖尿病患者、心血管疾

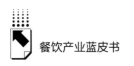
病患者）的专用火锅产品。这一趋势不仅符合健康饮食理念，也将为企业吸引更多健康导向型消费者。

（二）数字化与智能化

火锅企业在数字化和智能化方面可以进一步完善，通过全面集成顾客数据，提供更加个性化的服务，并通过 AI 和大数据分析，更加精准地预测顾客需求。此外，企业可以开发更多互动性强的功能，如线上虚拟体验、智能点餐系统和 AR 菜品展示，使顾客在用餐前就能享受到视觉和交互上的乐趣。为了提升顾客的用餐效率和满意度，智能化的排队和预订系统可以进一步优化，结合大数据实时调整餐厅的运营管理。通过建立线上线下的无缝衔接平台，企业不仅能保持与顾客的长期联系，还能提供持续的服务和互动，提升顾客的忠诚度。同时，火锅企业可以利用智能设备提升餐厅内部运营效率，如智能机器人服务员、自动调料机等，减少人工成本，提高服务质量。通过这种全方位的数字化和智能化升级，火锅企业能够在激烈的市场竞争中保持领先地位，并不断吸引和留住更多顾客。

（三）多品项经营

火锅业态的竞争日益激烈，口味和形式的创新成为吸引消费者的重要手段。未来，火锅品牌将专注于打造专属核心优势，在细分赛道发力，主打品牌差异性，让火锅食材回归本源和正宗，给消费者带来更放心的食用体验。在消费需求细分化、多元化趋势的驱动下，品牌趋向精细化运营，将会涌现更多"火锅+"形式。例如，通过增加餐品种类和锅底种类，为消费者提供更加丰富的选择，推出季节性菜单和限量特供产品以吸引消费者的注意，提升顾客的回头率。

（四）环保与可持续发展

随着公众环保意识的增强，火锅业态将更多地关注绿色环保和可持续发展。未来，火锅品牌将通过减少一次性餐具的使用、推广可降解材料以及减少餐饮废弃物等措施，积极践行环保理念。例如，通过引入可重复使用的餐具和包装材料，减少对环境的污染；通过高效的能源管理系统降低能耗；推行垃圾分类和有机废弃物的循环利用，减少环境污染。此外，火锅品牌还将倡导绿色食材采购，选择本地有机农产品，减少运输过程中产生的碳排放，并支持可持续的农业实践。这不仅是企业履行社会责任的体现，更是树立良好品牌形象的重要途径，通过将环保理念融入企业文化和运营，火锅品牌能够赢得更多消费者的信任和支持，推动行业的可持续发展。

（五）重视情感体验

火锅作为一种具有强烈社交属性的餐饮品类，不仅是一种饮食方式，更是一种重要的社交活动和文化体验。其独特的情绪价值正在成为品牌感的重要来源。未来，火锅品牌可以从"品牌新五感"——松弛感、精致感、真实感、氛围感和社交感切入，实现与顾客的深度互动。在核心服务内容设计中，有形产品的服务元素设计必须充分考虑到消费者的实际体验需求。通过营造一个轻松舒适的用餐环境，让顾客全身心地放松；在食材选择、摆盘设计、餐具选用和服务细节上精益求精，追求高品质和细节的完美；通过透明的食材供应链、开放式厨房和真诚的服务态度，增强品牌的真实感；通过独特的背景音乐、灯光效果和装饰风格，营造浓厚的氛围感；通过互动性强、适合分享的用餐场景，加强顾客之间的交流，释放品牌的社交传播效应。此外，高效便利的服务体验流程也会影响消费者的评价。

五 结语

总体来看，2023年中国火锅业态展现了显著的增长势头，火锅业态的竞争日益激烈，火锅企业需要密切关注消费者需求，在品牌战略定位与运营策略上不断优化和创新，在保障食品安全健康的基础上探索多品项经营和数字化转型，推动餐饮业的高质量发展，助力国家宏观经济的稳定增长。

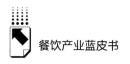
参考文献

李成刚、危小波：《移动互联网对餐饮业营销的影响分析——以重庆火锅为例》，《电子商务》2019 年第 9 期。

刘昕琳、王群智：《国际餐饮连锁企业的物流与供应链管理分析》，《交通运输工程与信息学报》2020 年第 1 期。

赵京桥：《以高质量供给助推餐饮消费复苏》，《经济》2022 年第 8 期。

江百里雪、曹乾坤：《新媒体环境下餐饮企业的 4I 营销策略研究——以 ZJ 火锅店为例》，《商展经济》2024 年第 4 期。

B.18
中国团餐业态社会责任综合
指数分析报告

团餐社会责任研究课题组*

摘　要： 作为餐饮行业重要的细分业态，团餐业态自改革开放以来得到了快速发展，近年来保持平稳增长，然而团餐供应市场却存在企业规模与能力参差不齐、缺乏有序管理等问题，正成为团餐业态发展的主要阻碍。在此背景下，本报告分析了团餐业态社会责任综合指数，助力团餐业态更好地理清现状问题，并提出了助力团餐业态未来可持续发展的一些建议，包括提升团餐企业的治理能力，面向员工、顾客与社会实施一系列有力举措等。

关键词： 团餐业态　社会责任综合指数　可持续发展

一　中国团餐业态发展概览

（一）团餐市场增长空间大，呈现稳健发展态势

在过去几年，中国团餐市场规模稳定增长，其在餐饮市场中的重要性也不断提升，显示出团餐服务模式较高的接受度和市场适应性，特别是在应对市场变化和满足特定消费需求方面表现突出，整体呈现稳健的发展态势。随

---

* 本报告课题组由中国烹饪协会、辰智餐饮大数据研究中心联合组建。课题组成员：葛建辉，辰智大数据创始人；翟海琴，辰智大数据联合创始人；赵馨，中国烹饪协会团餐专业委员会秘书长兼总干事；陈娟娟，中国烹饪协会政策法规研究室主任；王雨曦，中国烹饪协会行业发展部副主任；高洁，中国烹饪协会行业发展部副主任。

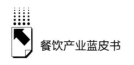
着扩内需促消费系列政策逐步见效，经济形势回暖迹象明显，团餐市场规模有望进一步扩大。

（二）团餐业态的高质量发展需要社会责任综合指标体系的引领

中国团餐业态的服务具有独特性，是以固定契约为前提，为相对固定的人群以相对固定的模式批量提供餐饮的服务形式。团餐业态与企业的发展情况目前尚缺乏统一的衡量标准。为综合了解中国团餐业态整体发展情况以及团餐企业的发展状况，本报告借鉴 ESG 指数构建了一个团餐业态社会责任综合指标体系，包括环境保护、社会贡献和公司治理 3 个维度，由 14 个具体指标构成。通过调研 273 家团餐企业，得到各具体指标得分后，利用因子分析方法，结合专家打分法，确定了 3 个维度 14 个具体指标的权重，如图 1 所示。

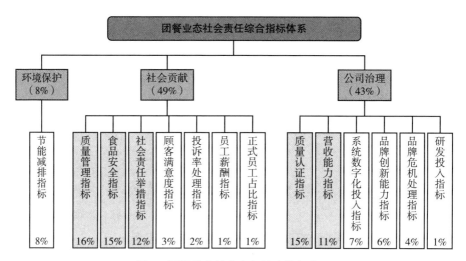

图 1　团餐业态社会责任综合指标体系

说明：因数据四舍五入，可能会出现各具体指标权重合计高于各维度权重的情况。
资料来源：中国烹饪协会、辰智餐饮大数据研究中心。

二　中国团餐业态社会责任综合指数分析

对 273 家团餐企业的社会责任相关指数进行分析，发现以下特点。

（一）2023年中国团餐业态社会责任综合指数为57.3

2023 年团餐业态社会责任综合指数为 57.3，指数为 51~60 的企业最多，占 53.1%；超 1/3 的企业指数超 60，其中指数超 70 的企业占 3.3%，可见团餐业态在社会责任方面还有比较大的提升空间（见图 2）。

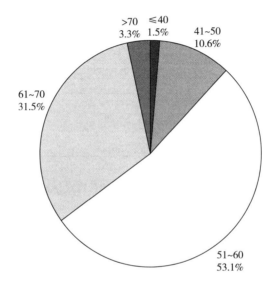

图2　2023 年中国团餐业态社会责任综合指数区间分布

资料来源：中国烹饪协会、辰智餐饮大数据研究中心。

（二）中国团餐企业需增强环境保护意识，提升社会贡献力

从三大维度来看（见图 3），2023 年中国团餐企业在公司治理维度的得分最高，为 63.4。团餐企业在品牌危机处理、品牌创新能力、质量认证指标上的表现较好，但在系统数字化投入、营收能力与研发投入指标上尚需改善。此外，企业在环境保护与社会贡献维度的得分相对较低，很多企业在节能减排指标上的表现不佳，在食品安全、员工薪酬、质量管理等指标上也有很大的进步空间。

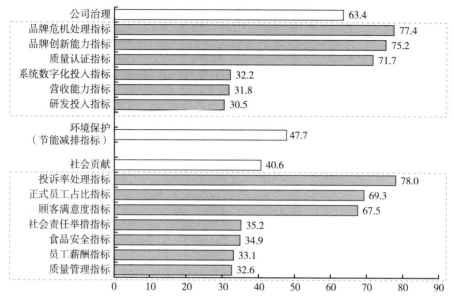

图 3　2023 年中国团餐业态社会责任综合指数各具体指标得分

资料来源：中国烹饪协会、辰智餐饮大数据研究中心。

（三）团餐企业营收规模越大，公司治理能力越强，社会责任综合指数越高

分析不同营收规模的团餐企业社会责任综合指数发现，社会责任综合表现与营收规模呈现正相关关系，营收规模越大的团餐企业，社会责任综合指数越高（见图 4）。

从三大维度来看，公司治理能力与营收规模呈现正相关关系，营收规模越大的团餐企业，在公司治理维度的得分越高；环境保护维度上，营收规模在 1 亿元及以下、50 亿元以上的团餐企业得分都相对较低，需要加强对节能减排与循环利用的重视；社会贡献维度上，不同营收规模的团餐企业得分差距并不大（见图 5）。

在具体指标上，营收规模在 50 亿元以上的团餐企业表现较为突出，在品牌危机处理、品牌创新能力、系统数字化投入、营收能力、正式员工占比

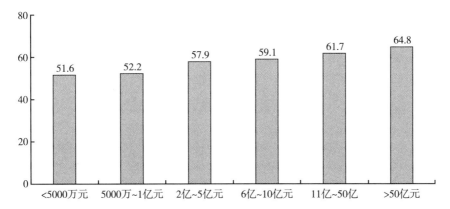

图 4　2023 年不同营收规模的团餐企业社会责任综合指数对比

资料来源：中国烹饪协会、辰智餐饮大数据研究中心。

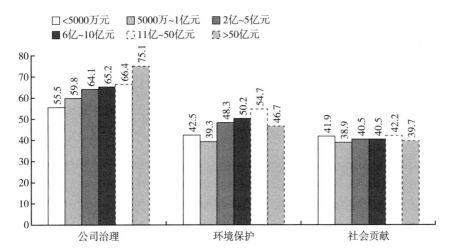

图 5　2023 年不同营收规模的团餐企业社会责任三大维度得分对比

资料来源：中国烹饪协会、辰智餐饮大数据研究中心。

及顾客满意度指标上的得分均为最高（见表 1）。品牌创新能力影响产品竞争力，系统数字化投入助力企业实现精细化管理，而顾客满意度与服务质量密切相关，这 3 项指标也是企业实现营收增长的主要助推力。

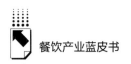

表1　2023年不同营收规模的团餐企业社会责任具体指标得分对比

指标	<5000万元	5000万~1亿元	2亿~5亿元	6亿~10亿元	11亿~50亿元	>50亿元
品牌危机处理指标	73.8	75.6	78.1	77.3	80.0	80.0
品牌创新能力指标	61.3	74.1	76.5	78.2	76.3	80.0
质量认证指标	64.7	67.3	73.1	73.3	74.1	63.3
系统数字化投入指标	30.3	30.6	31.7	33.8	33.6	39.4
营收能力指标	30.4	30.5	31.1	31.8	34.0	65.3
研发投入指标	30.0	30.0	30.2	30.6	32.3	31.4
投诉率处理指标	77.6	77.4	77.7	78.4	79.8	77.2
正式员工占比指标	70.8	69.4	70.0	68.0	65.9	79.6
顾客满意度指标	64.9	66.1	67.2	70.2	67.1	72.2
社会责任举措指标	32.3	33.1	33.2	37.1	44.9	43.2
食品安全指标	37.0	35.0	35.3	34.3	33.3	30.1
员工薪酬指标	34.4	32.2	32.7	34.0	33.6	32.3
质量管理指标	34.6	31.7	33.3	31.5	31.3	30.2

资料来源：中国烹饪协会、辰智餐饮大数据研究中心。

（四）业务覆盖全国的团餐企业治理能力更强，社会责任综合指数更高

分析不同业务覆盖区域的团餐企业社会责任综合指数发现，全国经营的团餐企业社会责任综合指数最高，为58.9；跨省经营的团餐企业社会责任综合指数次高，但与省内经营的企业差距不大；只在本市经营的团餐企业社会责任综合指数最低（见图6）。中国不同区域市场之间存在显著差异，跨区域经营能够促进企业综合能力的提升，助力企业实现更高质量的发展。

从三大维度来看，业务覆盖区域越广的团餐企业，在公司治理维度的得分越高；本市经营的团餐企业在公司治理与环境保护维度的得分明显较低，但在社会贡献维度的得分略高于其他类型团餐企业（见图7）。

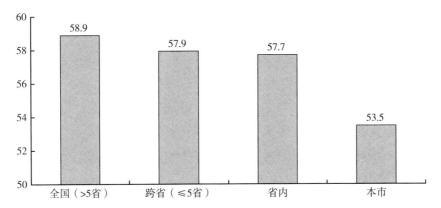

图6　2023年不同业务覆盖区域的团餐企业社会责任综合指数对比

资料来源：中国烹饪协会、辰智餐饮大数据研究中心。

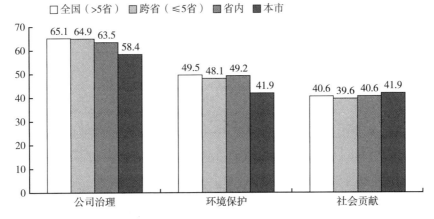

图7　2023年不同业务覆盖区域的团餐企业社会责任三大维度得分对比

资料来源：中国烹饪协会、辰智餐饮大数据研究中心。

　　在具体指标上，全国经营的团餐企业除在社会责任举措、营收能力指标上的得分相对较高外，在品牌危机处理、系统数字化投入、研发投入及投诉率处理指标上的得分也较高（见表2）。跨区域经营需要搭建能及时响应的供应链管理系统，以便能在危机出现时及时做出反应、迅速调整，支撑公司有序经营。

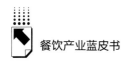
表2　2023年不同业务覆盖区域的团餐企业社会责任具体指标得分对比

指标	全国(>5省)	跨省(≤5省)	省内	本市
品牌危机处理指标	79.4	75.7	77.7	75.9
品牌创新能力指标	77.1	77.9	73.2	70.8
质量认证指标	72.5	74.0	72.9	65.9
系统数字化投入指标	32.9	32.8	31.8	30.5
营收能力指标	33.0	31.4	31.5	30.5
研发投入指标	30.9	30.3	30.3	30.1
投诉率处理指标	78.8	78.6	77.6	76.4
正式员工占比指标	69.4	68.2	70.1	69.4
顾客满意度指标	67.6	67.7	67.8	66.8
社会责任举措指标	37.2	34.3	34.8	33.3
食品安全指标	34.2	34.4	35.4	36.5
员工薪酬指标	33.1	32.7	33.3	33.1
质量管理指标	32.0	32.2	32.5	34.5

资料来源：中国烹饪协会、辰智餐饮大数据研究中心。

（五）华南、华东地区的团餐企业品牌创新能力较强，社会责任综合表现优于其他区域

分析不同归属地的团餐企业社会责任综合指数发现，华南、华东地区的团餐企业社会责任综合指数高于其他区域；西南与华中地区的团餐企业社会责任综合指数次高；指数最低的是东北地区的团餐企业（见图8）。可以看出，团餐企业的社会责任综合表现与归属地经济发展水平有一定的关系，经济发达地区的团餐企业社会责任综合表现普遍更优，南方地区的团餐企业综合治理能力优于北方地区的团餐企业。

从三大维度来看（见图9），华南、华东地区的团餐企业在公司治理与环境保护维度的得分高于其他地区的企业，但在社会贡献维度的得分并不突出；西北地区的团餐企业在公司治理与环境保护维度的得分相对较低，但在社会贡献维度的得分最高；东北地区的团餐企业在环境保护与社会贡献维度

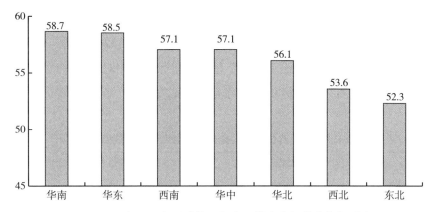

图8　2023年不同归属地的团餐企业社会责任综合指数对比

资料来源：中国烹饪协会、辰智餐饮大数据研究中心。

的得分相对较低；华北地区的团餐企业在环境保护维度的得分也不高。可见，北方地区的团餐企业需增强节能减排能力。

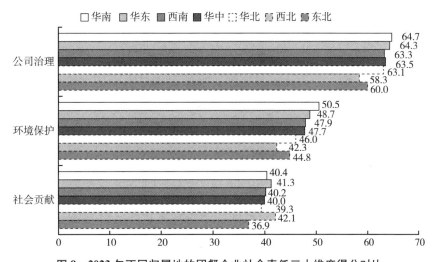

图9　2023年不同归属地的团餐企业社会责任三大维度得分对比

资料来源：中国烹饪协会、辰智餐饮大数据研究中心。

在具体指标上，华南、华东地区团餐企业的品牌创新能力指标得分明显高于其他地区的团餐企业；华南地区团餐企业的研发投入指标得分也相对较高；西南地区团餐企业的质量认证指标得分相对较高；华中地区团餐企业的顾客满意度指标得分相对较高；华北地区团餐企业的营收能力指标得分相对较高；西北地区团餐企业的系统数字化投入指标得分相对较高；东北地区团餐企业的品牌危机处理指标得分相对较高（见表3）。

表3 2023年不同归属地的团餐企业社会责任具体指标得分对比

指标	华南	华东	西南	华中	华北	西北	东北
品牌危机处理指标	74.9	79.2	76.4	73.8	75.9	77.8	80.0
品牌创新能力指标	77.4	76.3	69.3	73.8	73.9	73.5	74.4
质量认证指标	73.6	73.2	75.2	73.2	70.5	61.9	66.1
系统数字化投入指标	33.6	31.8	30.7	32.6	31.4	34.7	30.2
营收能力指标	31.3	31.2	31.1	31.7	34.2	31.0	31.1
研发投入指标	31.6	30.3	30.2	30.3	30.2	30.6	30.1
投诉率处理指标	79.6	76.9	78.9	76.4	79.1	79.0	79.1
正式员工占比指标	72.1	70.9	64.0	68.0	67.6	70.4	51.5
顾客满意度指标	67.2	67.7	66.5	68.0	67.9	67.8	65.4
社会责任举措指标	35.6	34.1	33.4	37.1	37.3	35.7	34.5
食品安全指标	34.9	36.2	34.5	34.0	32.7	34.9	32.0
员工薪酬指标	33.3	33.4	31.6	32.9	32.8	33.8	32.1
质量管理指标	31.8	33.0	34.0	31.8	31.6	34.3	31.8

资料来源：中国烹饪协会、辰智餐饮大数据研究中心。

（六）上市团餐企业社会责任综合表现更优秀，在管理、创新与服务方面都优于非上市团餐企业

上市团餐企业社会责任综合指数高于非上市团餐企业，在三大维度的得分也都相对较高，其中明显较高的是环境保护维度，高出非上市团餐企业15.8，说明上市团餐企业在节能减排方面的表现明显更为优秀（见图10）。

在具体指标上，上市团餐企业在品牌危机处理、品牌创新能力、系统数

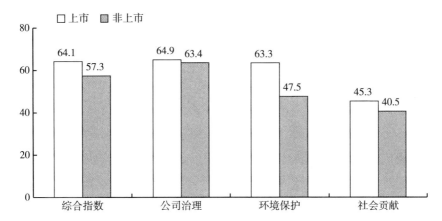

图 10　2023 年上市与非上市团餐企业社会责任综合指数与三大维度得分对比

资料来源：中国烹饪协会、辰智餐饮大数据研究中心。

字化投入、投诉率处理、正式员工占比、顾客满意度、社会责任举措及质量
管理指标上的得分都高于非上市团餐企业（见表 4）。

表 4　2023 年上市与非上市团餐企业社会责任具体指标得分对比

指标	上市	非上市
品牌危机处理指标	80.0	77.4
品牌创新能力指标	80.0	75.2
质量认证指标	71.7	71.8
系统数字化投入指标	33.1	32.1
营收能力指标	31.8	31.8
研发投入指标	30.5	30.5
投诉率处理指标	80.0	78.0
正式员工占比指标	71.6	69.3
顾客满意度指标	68.3	67.5
社会责任举措指标	50.1	35.0
食品安全指标	32.6	35.0
员工薪酬指标	33.0	33.0
质量管理指标	32.8	32.6

资料来源：中国烹饪协会、辰智餐饮大数据研究中心。

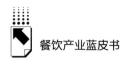
三 团餐业态可持续发展建议

（一）"数智化供应链+中央厨房+产品创新"，提升团餐企业的治理能力

数智化供应链与智慧食堂有助于团餐企业实现更为科学化、精细化的管理，实现降本增效，从而提升营收能力。很多团餐企业构建数智化供应链与智慧食堂，一站式监督和管理采购、运输、生产与消费全环节，实现上游原料可追溯、下游消费者画像可分析。

中央厨房能产出更标准化的餐品，依托冷链配送使业务覆盖区域扩大，同时开拓零售、外卖等场景，助力企业营收的增长。拥有中央厨房的团餐企业一方面能拓展服务覆盖区域，实现跨区域运营；另一方面可以开发预制菜等产品，拓展了业务。

产品是企业立身的根本，只有不断创新，才能让企业一直保持竞争力，团餐企业通过成立菜肴研发工作室、开展膳食营养餐创意大赛等举措推动产品创新。创新产品主要有定制化餐食、营养餐等。

（二）面向员工、顾客与社会实施一系列有力举措

员工方面，只有保障员工基本权益，关注员工职业发展，才能实现企业的可持续发展。要保障员工的劳动权益，包括但不限于公平薪酬、合理工时；注意建立员工激励制度；建立有效的沟通机制，倾听员工声音；积极开展一些员工福利活动；提供培训和发展机会，积极组织一些职业技术比赛、技能交流活动等，帮助员工提升技能。

顾客方面，提供高质量、安全的产品是基础，只有针对顾客需求推出产品，才能获得更高的顾客满意度。首先，严格把控食品质量，建立可追溯机制，配备专业管理人员，确保产品品质；其次，通过发放调研问卷、组织新品品鉴活动等方式加强与顾客的交流，提供定制化餐食服务，了解顾客需

求；最后，从服务态度、服务流程等方面入手，营造舒适、便捷、个性化的用餐环境，提升顾客体验。

社会方面，团餐企业在追求利润的同时要实现环境保护与社会责任目标，积极参与社会发展和公益事业，包括但不限于：关心、帮助残障人员、勤工俭学学生与困难群体，给这些人群提供就业机会；积极参与社会公益活动，通过捐赠、志愿服务等方式支持教育、环保、扶贫等公益事业；积极参与社区建设，与社区居民建立良好的关系；通过采购、种植农产品积极助力乡村振兴。

（三）团餐供应链各环节协同促进绿色环保发展

当前，环境和发展间的冲突加剧，生态环境问题日益凸显，党的二十大报告提出"广泛形成绿色生产生活方式，碳排放达峰后稳中有降，生态环境根本好转，美丽中国建设目标基本实现"的总体目标，实现人与自然的包容性发展成为共识。近年来，国家密集出台政策倡导发展绿色餐饮，坚决制止餐饮浪费，促进低碳环保发展。团餐企业应从供应链各环节入手，实施低碳环保行动，实现绿色可持续发展。

1. 采购环节

就近采购有机、无公害食材，避免长途运输造成的碳排放；使用环保包装，减少塑料包装的使用；推动供应商采取绿色生产方式，确保食材的环保。

2. 生产环节

优化烹饪与加工环节流程，减少能源消耗和废弃物的产生；加强餐饮油烟、噪声排放控制，采用高效节能设备与清洁能源；推广健康烹饪方式。

3. 运输环节

优化配送路线，提高运输效率，减少运输次数，缩短运输距离，减少运输碳排放；选择清洁能源车辆代替燃油车辆，同时推广共享配送模式，降低单车空驶率，提高资源利用效率。

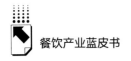

4. 消费环节

加大适量点餐提示力度,鼓励分餐制与"光盘行动",提供小份餐;引导顾客选择低碳环保的食品;提供环保餐具,减少一次性餐具的使用。

5. 废物处理环节

倡导顾客对剩余菜品进行打包;推动厨余垃圾源头减量和资源化利用,开展有机废弃物回收利用;增强回收意识,鼓励员工和顾客分类投放垃圾。

(四)政府、行业、企业共同推动团餐业态社会责任治理规则落地

随着团餐业态不断壮大,行业内需要一套行之有效的治理规则来规范与管理,以实现可持续发展。团餐业态社会责任综合指标体系将公司治理、环境保护与社会贡献综合考虑,能够帮助团餐企业进行自我评估并指引发展方向,具有落地的价值。结合参加调研的团餐企业的现状和发展诉求,本报告提出以下建议。

1. 政府层面

政府需要大力推动团餐业态社会责任治理相关规则的出台;对行业、企业社会责任治理具体行为进行监管,提高对重点企业社会责任相关信息的披露要求;推广社会责任综合指数,推动价值投资与社会责任综合治理的有机结合。

2. 行业层面

推出统一的行业标准,为企业提供指导;引导行业内企业了解社会责任综合治理的实施意义,助力规则的落地;及时披露行业社会责任指标表现,引导表现不佳的企业发现自身问题并及时改进。

3. 企业层面

将社会责任综合治理理念融入企业发展战略;完善社会责任治理架构与机制;定期评估企业社会责任指标表现,及时做出调整,实现可持续发展。

B.19
美国餐饮业发展研究

海外中餐研究课题组*

摘　要：　近年来，美国餐饮业总体上保持较快增长。2023 年，美国餐饮收入突破万亿美元大关，但各州发展不均衡，加利福尼亚州、得克萨斯州、佛罗里达州、纽约州和伊利诺伊州餐饮收入位居前五，规模较大。餐饮业作为劳动密集型行业在美国就业市场中扮演着重要角色，其也是就业人员最多元的行业之一，半数就业人员为少数族裔。未来，美国餐饮业将保持增长，市场竞争会更加激烈，政府将制定更多政策法规，增强餐饮经营主体的品牌管理意识和风险管理能力。

关键词：　美国餐饮业　经济贡献率　餐饮市场主体

美国是一个发达经济体，全球 100 多个民族的后裔生活在这里。这些族裔有着不同的饮食习惯、烹饪技艺、饮食文化等，各个族群的饮食也在相互融合。所以，美国餐饮业既有一般性，又有特殊性。

一　美国餐饮业发展概况

根据美国餐饮协会的研究，在过去的几十年里，美国餐饮业发展的动力一直是消费者的饮食便利性、社会交往以及对高品质餐饮与服务的需求。

---

* 本报告由世界中餐业联合会行业研究部根据美国餐饮协会报告整理，参与研究人员包括：刘泽润，世界中餐业联合会行业研究部干事，主要研究方向为餐饮业发展、中餐国际化、国际餐饮发展；王文江，世界中餐业联合会副秘书长，应用经济学博士后，主要研究方向为产业经济、餐饮经济、饮食文化、政策法规等。

247

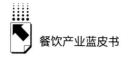

（一）餐饮经济保持较快增长

美国餐饮业收入从 1992 年的 2026.88 亿美元增长到 2023 年的 10947.00 亿美元，32 年间增长了 440.1%。2023 年，美国餐饮收入占 GDP 的 4.0%。1992 年以来，除了 2009 年、2020 年外，美国餐饮业保持了稳定增长。2000 年美国餐饮收入突破 3000 亿美元，2006 年突破 4000 亿美元，2012 年突破 5000 亿美元，2015 年突破 6000 亿美元，2018 年突破 7000 亿美元，2021 年突破 8000 亿美元，2022 年突破 9000 亿美元，2023 年突破 10000 亿美元（见图 1）。

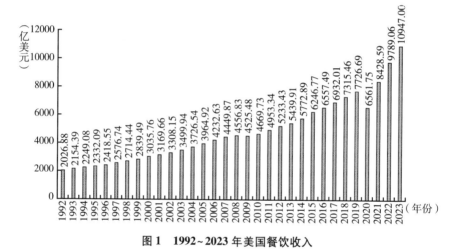

图 1　1992~2023 年美国餐饮收入

资料来源：美国餐饮协会（National Restaurant Association）。

美国餐饮收入从 2000 亿美元增长到 3000 亿美元历时 8 年，从 3000 亿美元增长到 4000 亿美元历时 6 年，从 4000 亿美元增长到 5000 亿美元历时 6 年，从 5000 亿美元增长到 6000 亿美元历时 3 年，从 6000 亿美元增长到 7000 亿美元历时 3 年，从 7000 亿美元增长到 8000 亿美元历时 3 年。从 2021 年开始，年均增长超 1000 亿美元。

（二）餐饮收入与 GDP 基本保持同步，但增长率有起伏

美国餐饮收入与 GDP 密切相关。通常，GDP 增长，餐饮收入也会增长；而当 GDP 为负增长时，餐饮收入同样呈现负增长。具体来看，1993~2019 年，美国 GDP 增长率与餐饮收入增长率相差不大，1993 年、1997 年、2000~2003 年、2006 年、2009 年、2011~2012 年、2014~2019 年 GDP 增长率略低于餐饮收入增长率。2020~2023 年，美国 GDP 增长率与餐饮收入增长率呈波动态势（见图 2）。

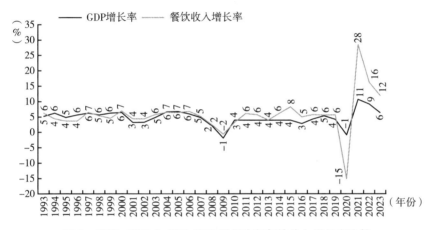

图 2　1993~2023 年美国 GDP 增长率与餐饮收入增长率比较

资料来源：美国餐饮协会。

美国餐饮业一个主要特点是餐饮收入占 GDP 的比重比较稳定。1992~2023 年，餐饮收入占 GDP 的比重总体保持在 2.9%~4.0%，2023 年最高，1999 年最低（见图 3）。

（三）各区域餐饮收入与经济贡献不均衡

美国各区域的餐饮收入不均衡。从餐饮收入看，美国的加利福尼亚州、得克萨斯州、佛罗里达州、纽约州、伊利诺伊州位居前五，2023 年收入合计为 4561 亿美元，占全美国餐饮收入的 41.7%。其中加利福尼亚州位居第

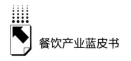

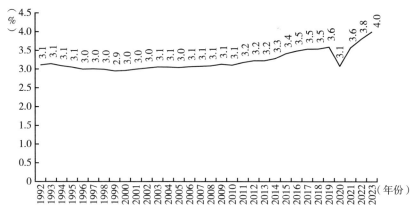

图3　1992~2023年美国餐饮收入占GDP比重

资料来源：美国餐饮协会。

一，收入为1521亿美元，占全美国餐饮收入的13.9%。

从经济贡献看，美国餐饮收入1美元的经济贡献平均为1.90美元，2023年餐饮业的经济贡献为20799.3亿美元，占美国GDP的7.6%。各州的经济贡献差别不大，最高的得克萨斯州为2.35美元，最低的华盛顿特区为1.31美元（见表1）。

表1　美国各区域餐饮收入与经济贡献

单位：亿美元，美元

序号	区域	餐饮收入	经济贡献	序号	区域	餐饮收入	经济贡献
1	加利福尼亚州	1521	2.09	10	新泽西州	304	2.11
2	得克萨斯州	1068	2.35	11	弗吉尼亚州	273	2.02
3	佛罗里达州	776	2.03	12	马萨诸塞州	273	1.98
4	纽约州	770	1.90	13	密歇根州	254	2.09
5	伊利诺伊州	426	2.30	14	华盛顿州	242	1.92
6	佐治亚州	344	2.24	15	科罗拉多州	234	2.21
7	北卡罗来纳州	339	2.12	16	亚利桑那州	221	2.02
8	俄亥俄州	331	2.15	17	田纳西州	219	2.24
9	宾夕法尼亚州	310	2.13	18	印第安纳州	191	2.04

序号	区域	餐饮收入	经济贡献	序号	区域	餐饮收入	经济贡献
19	马里兰州	176	1.90	36	艾奥瓦州	70	1.85
20	内华达州	171	1.88	37	华盛顿特区	66	1.31
21	密苏里州	169	2.17	38	新墨西哥州	59	1.69
22	南卡罗来纳州	165	2.02	39	爱达荷州	54	1.91
23	明尼苏达州	153	2.12	40	内布拉斯加州	53	1.88
24	威斯康星州	149	2.03	41	新罕布什尔州	49	1.83
25	俄勒冈州	143	2.00	42	波多黎各	40	—
26	路易斯安那州	143	1.85	43	罗得岛州	40	1.84
27	亚拉巴马州	129	1.90	44	蒙大拿州	39	1.74
28	康涅狄格州	122	1.91	45	缅因州	38	1.86
29	肯塔基州	120	1.93	46	西弗吉尼亚州	38	1.62
30	俄克拉何马州	113	1.93	47	特拉华州	33	1.78
31	犹他州	104	2.12	48	南达科他州	26	1.78
32	堪萨斯州	81	1.98	49	阿拉斯加州	26	1.64
33	阿肯色州	80	1.92	50	北达科他州	20	1.70
34	密西西比州	74	1.78	51	佛蒙特州	17	1.72
35	夏威夷州	74	1.85	52	怀俄明州	17	1.63

注：经济贡献为餐饮收入1美元对经济的贡献。

资料来源：美国餐饮协会。

（四）美国餐饮相关业态收入

根据 IBIS World 的研究数据，截至 2023 年，美国酒吧与夜总会收入为363 亿美元，占全美国餐饮收入的 3.32%；咖啡与小吃收入为 644 亿美元，占全美国餐饮收入的 5.88%。

IBIS World 预测，2024 年美国快餐收入将达到 3875 亿美元；餐饮单店企业收入将达到 2411 亿美元；餐饮连锁（5 家门店以上）企业收入将达到2276 亿美元；街头摊贩收入将达到 39 亿美元。

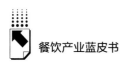

二 美国餐饮市场主体概况

据统计，2023 年美国共有餐饮门店 713885 家。加利福尼亚州、得克萨斯州、纽约州、佛罗里达州、宾夕法尼亚州、伊利诺伊州位居前六，门店数量合计为 293551 家，占全美国的 41%。其中，加利福尼亚州位居第一，数量为 85779 家，占全美国的 12%（见表 2）。

表 2　2023 年美国各区域餐饮门店数量

单位：家

序号	区域	总数	序号	区域	总数
1	加利福尼亚州	85779	21	俄勒冈州	11928
2	得克萨斯州	56739	22	马里兰州	11573
3	纽约州	49510	23	路易斯安那州	11275
4	佛罗里达州	48354	24	南卡罗来纳州	11170
5	宾夕法尼亚州	26626	25	明尼苏达州	11133
6	伊利诺伊州	26543	26	亚拉巴马州	9750
7	俄亥俄州	24821	27	康涅狄格州	9158
8	北卡罗来纳州	23471	28	肯塔基州	8594
9	佐治亚州	22915	29	俄克拉何马州	7733
10	新泽西州	20373	30	内华达州	6806
11	密歇根州	19984	31	艾奥瓦州	6435
12	弗吉尼亚州	16930	32	犹他州	6072
13	华盛顿州	16732	33	密西西比州	5904
14	马萨诸塞州	15709	34	阿肯色州	5816
15	田纳西州	14106	35	堪萨斯州	5551
16	科罗拉多州	13424	36	波多黎各	5471
17	印第安纳州	13276	37	夏威夷州	4431
18	威斯康星州	13052	38	爱达荷州	4390
19	密苏里州	12417	39	内布拉斯加州	4355
20	亚利桑那州	12321	40	新墨西哥州	3667

序号	区域	总数	序号	区域	总数
41	新罕布什尔州	3403	47	特拉华州	2264
42	缅因州	3360	48	南达科他州	2001
43	西弗吉尼亚州	3349	49	北达科他州	1803
44	蒙大拿州	3271	50	阿拉斯加州	1557
45	罗得岛州	3082	51	佛蒙特州	1462
46	华盛顿特区	2624	52	怀俄明州	1415

资料来源：美国餐饮协会。

2023 年，美国员工规模超过 50 人的大型餐饮门店有 39594 家，占餐饮门店总数的 5.5%。得克萨斯州、佛罗里达州、加利福尼亚州位居前三，门店数量合计为 12406 家，占大型餐饮门店总数的 31.3%。其中，得克萨斯州排名第一，数量为 5107 家，占大型餐饮门店总数的 12.9%（见表 3）。

表 3　2023 年美国各区域大型餐饮门店数量及占比

单位：家，%

序号	区域	数量	占比	序号	区域	数量	占比
1	得克萨斯州	5107	12.9	13	印第安纳州	929	2.3
2	佛罗里达州	3868	9.8	14	密苏里州	869	2.2
3	加利福尼亚州	3431	8.7	15	弗吉尼亚州	847	2.1
4	佐治亚州	1604	4.1	16	科罗拉多州	805	2.0
5	俄亥俄州	1489	3.8	17	路易斯安那州	789	2.0
6	纽约州	1485	3.8	18	南卡罗来纳州	782	2.0
7	北卡罗来纳州	1408	3.6	19	马里兰州	694	1.8
8	伊利诺伊州	1327	3.4	20	肯塔基州	688	1.7
9	田纳西州	1128	2.8	21	亚拉巴马州	683	1.7
10	宾夕法尼亚州	1065	2.7	22	马萨诸塞州	628	1.6
11	密歇根州	999	2.5	23	新泽西州	611	1.5
12	亚利桑那州	986	2.5	24	明尼苏达州	557	1.4

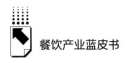

续表

序号	区域	数量	占比	序号	区域	数量	占比
25	俄克拉何马州	541	1.4	39	内布拉斯加州	218	0.6
26	威斯康星州	522	1.3	40	西弗吉尼亚州	167	0.4
27	华盛顿州	502	1.3	41	波多黎各	164	0.4
28	内华达州	476	1.2	42	特拉华州	158	0.4
29	犹他州	425	1.1	43	新罕布什尔州	136	0.3
30	堪萨斯州	389	1.0	44	蒙大拿州	131	0.3
31	俄勒冈州	358	0.9	45	华盛顿特区	105	0.3
32	夏威夷州	354	0.9	46	缅因州	101	0.3
33	阿肯色州	349	0.9	47	南达科他州	100	0.3
34	密西西比州	295	0.7	48	罗得岛州	92	0.2
35	康涅狄格州	275	0.7	49	北达科他州	90	0.2
36	艾奥瓦州	257	0.6	50	怀俄明州	57	0.1
37	新墨西哥州	257	0.6	51	阿拉斯加州	47	0.1
38	爱达荷州	220	0.6	52	佛蒙特州	29	0.1

资料来源：美国餐饮协会。

根据北美产业分类系统协会的研究数据，在美国餐饮市场主体中，快餐厅有168782家，风味餐厅有146689家，牛排和烤肉餐厅有26947家，比萨餐厅有73762家，冰激凌、软饮料和苏打水摊26593家，海鲜餐厅（牡蛎吧、海鲜吧）有12055家[①]。美国最大的餐饮集团是墨式烧烤（Chipotle Mexican Grill Inc），2023年收入为96.99亿美元；达登饭店（Darden Restaurants Inc）排在第2位，年收入为89.68亿美元。

三　美国餐饮业就业概况

餐饮业作为劳动密集型行业，在美国就业市场中扮演着重要角色。它不

① 该协会统计的美国市场主体与美国餐饮协会的数据略有出入，根据业态研究需要，参考了两者的研究成果。

仅为大量劳动者提供了就业机会，还是许多创业者实现梦想的沃土，其因相对较低的入行门槛，成为众多创业者的首选。

（一）美国餐饮业提供就业岗位超1000万个

美国餐饮协会及美国劳工统计局的数据显示，截至2023年，美国餐饮业提供的岗位总数达到15545000个，实际就业人数为12187166人，占全美国非农总就业人数的7.81%，体现了餐饮业在就业市场中的重要地位。值得注意的是，岗位数量高于实际就业人数，反映了餐饮业可能存在较强的人员流动性或岗位空缺现象。

在就业规模上，餐饮服务和饮酒场所就业人数排名全美第五，仅次于私人教育和医疗服务、专业及商业服务、政府部门及零售业（见图4）。这一排名进一步凸显了美国餐饮业就业机会的丰富及其对具有不同背景和经验的求职者的较强吸引力，尤其是吸引那些寻求灵活工作时间、临时或兼职工作机会的年轻人和职场人士。

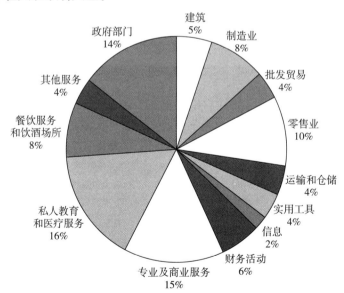

图4 2023年美国各行业就业人数占比

资料来源：美国餐饮协会、美国劳工统计局。

美国各个区域餐饮业发展水平不均衡，提供的就业岗位数量也大不相同。加利福尼亚州、得克萨斯州、佛罗里达州、纽约州、伊利诺伊州排在前5位，合计提供岗位5797900个，占全美的37.3%。其中，加利福尼亚州排在第1位，提供岗位1826600个，占全美的11.75%（见表4）。

表4　2023年美国各区域餐饮就业岗位数量及占比

单位：个，%

序号	区域	数量	占比	序号	区域	数量	占比
1	加利福尼亚州	1826600	11.75	27	肯塔基州	200200	1.29
2	得克萨斯州	1461800	9.40	28	亚拉巴马州	199600	1.28
3	佛罗里达州	1094200	7.04	29	俄克拉何马州	186900	1.20
4	纽约州	829200	5.33	30	犹他州	155500	1.00
5	伊利诺伊州	586100	3.77	31	康涅狄格州	151000	0.97
6	俄亥俄州	564100	3.63	32	艾奥瓦州	144000	0.93
7	宾夕法尼亚州	537400	3.46	33	堪萨斯州	135500	0.87
8	北卡罗来纳州	506600	3.26	34	密西西比州	129200	0.83
9	佐治亚州	495600	3.19	35	阿肯色州	126400	0.81
10	密歇根州	425900	2.74	36	内布拉斯加州	99900	0.64
11	弗吉尼亚州	383900	2.47	37	新墨西哥州	91900	0.59
12	新泽西州	365700	2.35	38	夏威夷州	90900	0.58
13	马萨诸塞州	344000	2.21	39	波多黎各	90000	0.58
14	华盛顿州	343800	2.21	40	爱达荷州	88200	0.57
15	田纳西州	336000	2.16	41	西弗吉尼亚州	68800	0.44
16	亚利桑那州	324500	2.09	42	新罕布什尔州	68100	0.44
17	印第安纳州	315800	2.03	43	缅因州	68000	0.44
18	科罗拉多州	307400	1.98	44	华盛顿特区	64800	0.42
19	密苏里州	293900	1.89	45	蒙大拿州	61600	0.40
20	威斯康星州	278000	1.79	46	罗得岛州	58400	0.38
21	明尼苏达州	268200	1.73	47	特拉华州	52100	0.34
22	南卡罗来纳州	260400	1.68	48	南达科他州	48900	0.31
23	马里兰州	255700	1.64	49	北达科他州	38600	0.25
24	内华达州	224400	1.44	50	阿拉斯加州	32800	0.21
25	俄勒冈州	203300	1.31	51	怀俄明州	30700	0.20
26	路易斯安那州	201400	1.30	52	佛蒙特州	29100	0.19

资料来源：美国餐饮协会、美国劳工统计局。

（二）美国餐饮业是就业人员最多元的行业之一

1. 主管、服务人员等职位女性占比较高

美国餐饮业中，女性的就业比例显著高于美国总体就业水平。根据美国餐饮协会的数据，54.1%的餐饮业劳动力是女性，而在美国全部就业劳动力中，女性占比则为47.3%（见图5）。

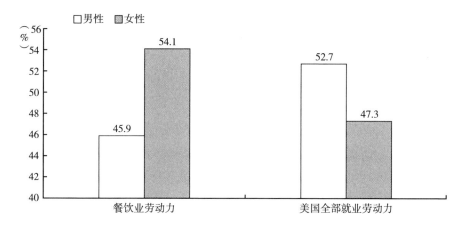

图5 2022年美国全部就业劳动力及餐饮业劳动力性别分布

资料来源：美国餐饮协会。

在经理职位上，男性占52.6%，女性占47.4%。在主管职位上，男性占42.7%，女性占57.3%。女性在后厨职位中的比例较低：女性厨师占19.1%，女性厨工占33.3%（见表5）。

表5 2022年美国餐饮业各岗位性别分布

单位：%

职位	男性	女性
经理	52.6	47.4
主管	42.7	57.3
厨师	80.9	19.1
厨工	66.7	33.3

续表

职位	男性	女性
服务员	30.9	69.1
调酒师	43.8	56.2
食物准备和柜台工	39.7	60.3

资料来源：美国餐饮协会。

2. 餐饮业员工在家庭的语言交流中体现多元化

在美国餐饮业，员工的语言分布反映了就业的多样性和包容性。根据美国餐饮协会 2022 年的数据，在餐饮业中，72.1% 的员工在家中只说英语，而在全美就业劳动力中，这一比例为 76.7%。在家中说西班牙语的员工在餐饮业中的比例为 19.1%，而在全美就业劳动力中，这一比例为 14.0%。在家中说中文的员工比例为 1.0%，而在全美就业劳动力中，这一比例为 0.7%（见图 6）。餐饮业员工的语言多样性显著，特别是非英语语言。

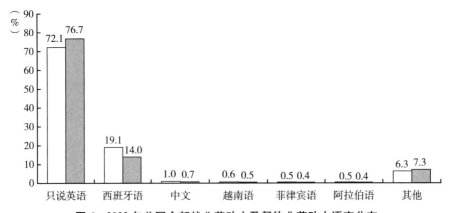

图 6　2022 年美国全部就业劳动力及餐饮业劳动力语言分布

资料来源：美国餐饮协会。

餐饮业中不同职位的员工在家庭语言和教育水平方面表现出显著的多样性和分层特征。在经理和主管职位上的员工主要是英语母语者，分别占

71.9%和76.2%，并且教育水平较高，具有学士学位或以上学历的比例分别为21.9%和12.5%。相对而言，在厨师和厨工职位上的西班牙语母语者比例较高，分别为23.1%和28.8%，而教育水平相对较低，未完成高中学业者的比例分别为19.6%和33.7%。在服务员和调酒师职位上的英语母语者比例分别为74.3%和84.0%，但这些职位对教育水平的要求相对较低，高中及以下学历的员工占多数。而在食品准备和柜台工职位上，31.5%的员工未完成高中学业，31.9%为高中学历者，这些职位对学历的要求较低，更注重操作技能。

餐饮业对少数族裔和低学历群体具有较强的吸引力，行业内工作环境的多样性和包容性更加显著。不同职位对技能和背景的需求各异，这种多样性有助于行业在满足顾客多样化需求的同时，为各类员工提供广泛的就业机会和职业发展路径，也有助于提升整个行业的创新能力和服务水平。

四　美国中餐业发展概况

近年来，美国中餐业一直保持增长态势，年均增长率约为1.2%。根据IBIS World的研究，2023年美国中餐业的收入为265亿美元，占全美餐饮收入的2.4%，就业人口为41.2万人，占全美餐饮业就业人口的3.4%。美国中餐业经营的主要成本包括采购（40.0%）、用工（31.2%）、租金与水电费（5.9%）等。加利福尼亚州、纽约州、得克萨斯州的中餐馆数量最多。小型中餐馆的竞争非常激烈。

（一）美国本土的中餐品牌

从1784年美国的"中国皇后号"商船带着贸易代表团到达中国广州起，中餐就开始进入美国人的视野。之后，中餐与中华文化随着一波又一波华人移民到达美国，在美国土地上渐渐发展，形成了美式中餐文化。

1.熊猫快餐（Panda Express）

熊猫快餐成立于1983年，是在美国崛起的中餐品牌，现已发展为拥有

超过 2400 家门店、雇佣 47000 名员工的餐饮巨头。2023 年，熊猫快餐的年收入达到 30 亿美元，成为美国中餐业中的佼佼者。熊猫快餐不仅在美国中餐市场中独占鳌头，其餐饮收入更是占据了全美中餐总收入的 11.4%，这一比例凸显了其在中餐领域的领先地位。同时，熊猫快餐的员工数量也占据全美中餐业员工总数的 11.4%。

2. 华馆（PF Chang's Bisstro）

华馆是在美国成长起来的中餐品牌，成立于 1993 年，在美国有 218 家门店，在全球 25 个国家发展了 100 家门店。根据 IBIS World 的研究，截至 2020 年 12 月底，华馆有 25000 名员工，占全美中餐业员工总数的 6.1%，餐饮收入占全美国中餐收入的 3.9%，达 10.3 亿美元。

（二）中餐品牌走进美国

近年来，一些中餐品牌积极开拓美国市场，逐步成为美国中餐业的重要组成部分，将高品质的中餐和中华饮食文化带入美国，为美国中餐业的发展注入新动能，典型品牌有鼎泰丰、洞庭春、海底捞等。

五 美国餐饮业发展趋势

根据美国餐饮协会的研究，餐饮业在美国依然是朝阳产业，未来将保持增长，主要发展趋势如下。

第一，餐饮业依然是实现创业梦想的主要行业之一，进入门槛较低，吸引了众多创业者。

第二，2024 年，美国餐饮业收入预计将突破 1.2 万亿美元，就业人数将超过 1570 万人。预计 2024~2032 年，餐饮业每年将新增 15 万个就业岗位，到 2032 年，总就业人数将达到 1690 万人。

第三，美国政府将会制定更多规范性文件，涵盖第三方平台管理、数据保密、环境保护、食品包装等方面。

第四，食品安全依然是餐饮业的核心，人们越来越关注食品安全，食品安全认证与综合管理体系将成为关键，从田间到餐桌的追溯体系将进一步完善。

第五，消费者将更加关注营养健康，对口味的要求也会更高。特色菜品和美食主题餐厅将更受欢迎，餐厅会提供更多新鲜农产品。

第六，市场竞争将更加激烈，便利店和杂货店将增加餐饮服务，边际压力增大，人工和房租成本也会增加。

第七，餐饮业依然是劳动密集型行业，人员短缺现象不可避免，经营者需要通过更好的福利待遇来吸引优秀员工。在就业人员中，女性在管理层的比例将进一步提升，老年员工的占比也会提升。餐厅的员工数量可能会减少，但员工的专业培训将加强。

第八，餐厅设计将更加科学和实用，减少资源浪费和能耗将成为主要趋势。空间利用将更加灵活，厨房中的智能设备会增加，更多餐厅将设置外卖或外带专区。

第九，餐厅将开展更具针对性的促销活动，视频营销将更加普及，并可能运用新技术定期调整菜品和价格。

第十，数据与技术将在餐饮业中普遍应用，智能烹饪将发挥更大作用。AI 设计食谱、算法饮食指导和机器可读数据（如成分和工艺）将逐步使用，AI 厨师、咖啡师和调酒师也会逐步流行。

第十一，餐厅的社会责任将进一步强化，品牌管理意识和风险管理能力将不断增强。

Abstract

Since its establishment in 2006, *Annual Report on the Catering Industry of China* (Blue Book of Catering Industry) has always focused on the forefront and hot issues of catering industry development, analyzed the development status of the industry deeply and accurately, and has become an important carrier of research results in the catering industry and an important medium for disseminating Chinese catering culture.

The "Report on the Development of China's Catering Industry (2024)" is divided into three parts: general reports, regional development reports, and special reports.

The first report of the general reports section provides a detailed introduction to the characteristics of the operation of the Chinese catering market in 2023, pointing out that the high-quality international development of Chinese cuisine is a highlight of the development of the Chinese catering industry. It deeply analyzes the new trends in the development of the Chinese catering industry and looks forward to the high-quality development of the catering industry from 2024 to 2025. The second report states that the main players in the Chinese catering market are the core force driving the high-quality development of the catering industry. In terms of regional distribution, the number and proportion of market entities in major catering provinces such as Shandong, Guangdong, Jiangsu, etc. are prominent, but the overall distribution is uneven. In addition, the catering industry is increasingly emphasizing intellectual property protection, becoming a new highlight of development.

Regional development reports selects operational data of the catering industry in Beijing, Shanghai, Guangdong, Jiangsu, Anhui, Hunan, Hainan, Shaanxi and

Macao to analyze the operational characteristics of the catering industry in each region. Various regions have driven the development of regional catering markets through initiatives such as cultural and tourism activities, promoting healthy eating, and facilitating digital transformation. Catering enterprises in various regions are adapting to market changes, paying attention to the combination of online and offline operation models, and improving service quality and efficiency.

Special reports focuses on Sichuan cuisine, snacks, ethnic cuisine, group meals, fast food, and hotpot, analyzing their current development status, market environment, successful experiences, challenges, and opportunities. Special reports also analyzed the comprehensive index of social responsibility of the group dining industry, studied the development of American catering industry and puts forward some experiences for reference.

Keywords: Catering Industry of China; Marker Entities; Social Responsibility; Consumption Formats

Contents

I General Report

Abstract: In 2023, China's overall economy will rebound and improve, high-quality development will be solidly promoted, and the main expected goals will be successfully achieved. Affected by macroeconomic factors, the consumption scale has reached a new high, the role of the consumption engine has become prominent, and the demand for catering consumption is gradually released. Coupled with tourism and holiday consumption, the catering economy has achieved a recovery growth. Entering 2024, the catering industry continues to recover, but the demand for catering consumption is undergoing significant changes. The structure of the catering market is gradually adjusting, and the growth of the catering economy is still affected by some uncertain factors. The industry is facing new development opportunities and challenges. Looking ahead to 2024—2025, the high-quality development of the catering industry will be solidly promoted, and further efforts will be made in promoting product and service innovation, innovating catering consumption scenarios, promoting digital empowerment of catering, and promoting excellent Chinese catering culture.

Keywords: High-quality Development; Standardized Development; International Influence of Chinese Cuisine

B.2 Report on the Development of the Main Players in Chinese
　　Catering Market
　　　　Research Group of Main Players in Chinese Catering Market / 022

Abstract: The changes in the main players of the catering market are a barometer of the development of the catering economy. With the optimization and upgrading of the catering market entities, the structure of the catering economy continues to be optimized. Since 2023, the main players in the Chinese catering market have entered a new period of development and adjustment. This report provides reference for deepening research on China's catering industry and promoting high-quality development of the industry by analyzing the number of catering market entities, regional distribution, business format distribution, and changing characteristics from 2023 to the first half of 2024.

Keywords: Main Players of Catering Market; Industry Development; High-quality Development

II Regional Development Reports

B.3 2023 Development Report of the Catering Industry in
　　Beijing　　　　　*Yun Cheng, Han Shuo and Zong Zhiwei / 037*

Abstract: In 2023, Beijing's catering industry will experience a strong recovery and achieve gratifying development results. Catering enterprises will develop steadily, and highlights of large-scale development in the catering industry will emerge frequently. Private catering enterprises, time-honored catering brands,

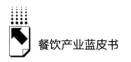

"tourism + catering" and internationalization of catering are making efforts to deliver a distinctive and outstanding development report for the catering industry in Beijing. In 2024, the catering industry in Beijing will focus on the construction requirements of the "Four Centers" in Beijing, concentrate on diverse catering needs, adhere to digital empowerment and quality improvement, deepen multi field integration and innovation, and actively create new highlights for international development.

Keywords: Catering; "Catering+Travelling"; Catering Time-honored Brand; International; Beijing

B.4 2023 Development Report of the Catering Industry in Shanghai

Zhao Weishi / 054

Abstract: In 2023, the catering industry in Shanghai has achieved significant development and overall strong growth, but the proportion of licensed units in fast food, snacks, and beverages has decreased, reflecting market saturation and fierce competition. The economic benefits of holiday catering in Shanghai are significant, with a noticeable increase in holiday catering income. The Sichuan Hunan cuisine, Shanghai style cuisine, and coffee market are developing rapidly. In the future, the catering industry in Shanghai will further promote intelligent management and diversified development. The government and industry associations will continue to promote standardization and digital upgrading, helping the catering market steadily grow in size. This report proposes the following suggestions: implement the main responsibility and improve the level of industry management; Strengthening digital empowerment and stimulating the vitality of market entities; Oppose food waste and promote green development of the industry.

Keywords: Catering Industry; Catering Market; Catering Economy; Shanghai

B . 5   2023 Development Report of the Catering Industry in

      Guangdong   *Cheng Gang* / 062

Abstract: In 2023, the overall revenue of Guangdong's catering industry reached a new historical high, becoming the first catering province in China to surpass the 500 billion yuan revenue mark, with revenue reaching 576. 3 billion yuan, achieving a growth rate of 26. 5%, an increase of about 31 percentage points from the previous year. In addition, the number of newly registered catering business entities in Guangdong has also achieved rapid growth in 2023. As of early 2024, the net stock (in operation) of Guangdong catering legal entities has exceeded 1. 52 million, fully demonstrating the vigorous development of Guangdong's catering industry. In 2023, Guangdong's catering industry has opened a new chapter of high-quality development, promoting communication, cooperation, and digital transformation within the industry, strengthening industry self-discipline, improving service quality, and enhancing regional cultural exchange and collaborative development. These measures not only enhance cultural confidence, but also provide new directions for cultural innovation and development in the national catering industry, helping to build a new situation of open, inclusive, and innovative catering culture.

Keywords: Catering Industry; High-quality Development; Guangdong

B . 6   2023 Development Report of the Catering Industry in Jiangsu

                                        Yu Xuerong / 082

Abstract: In 2023, facing the complex and ever-changing external environment, Jiangsu Province conscientiously implemented the major decisions of the Party Central Committee and the State Council. The catering industry in the province worked hard to strengthen confidence, stabilize expectations, and promote development in accordance with the deployment and arrangement of the

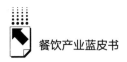

Provincial Party Committee and the Provincial Government. New consumption scenarios, new formats, and new hotspots continued to emerge, and the accommodation and catering industry revenue in the province reached 416. 734 billion yuan, a year-on-year increase of 13. 6%; The catering revenue was 490. 7 billion yuan, a year-on-year increase of 20. 4%. The catering consumption market in the province continues to recover and improve, taking solid steps towards high-quality development. Looking ahead to the future, Jiangsu's catering industry will continue to promote industrial innovation and upgrading with the development direction of digital intelligence empowerment, green environmental protection, and cultural heritage.

Keywords: Catering Formats; New Consumption Scenarios; Green and Healthy; Jiangsu

B . 7　2023 Development Report of the Catering Industry in Anhui

Xu Yingping / 091

Abstract: In 2023, the overall catering industry in Anhui Province will show a significant recovery trend, and catering enterprises in 16 cities across the province will generally experience dual growth in revenue and profit. This report investigates the development of Anhui's catering industry, covering over a thousand stores and multiple formats such as regular meals, group meals, fast food snacks, etc., to comprehensively reflect the development of Anhui's catering industry. The survey found that the revenue of the entire industry increased year-on-year, with both revenue and net profit from regular meals and group meals growing. The hotel market resumed development, while fast food snacks and hotpot performed relatively poorly. Looking ahead to the future, it is recommended that Anhui's catering industry further optimize its business strategies, increase efforts to promote consumption, in order to cope with market changes and enhance profitability.

Keywords: Catering Format; Hotel Catering; Business Strategy; Anhui

B.8　2023 Development Report of the Catering Industry in Hunan

Liu Guochu , Liu Ke / 101

Abstract: In 2023, the catering industry in Hunan Province will show a steady growth trend, but the main reasons for the decline in revenue compared to 2019 are insufficient foot traffic, high market saturation, and intense market homogenization competition. The Hunan cuisine industry continues to maintain a strong position nationwide, with mass catering remaining the core, and time-honored brands attracting young consumers through activities. Among the main formats of the catering industry, main meals account for the highest proportion, while small dishes and high cost-effective catering have become new trends. Tea beverage brands are actively seeking new growth points. In recent years, consumers have become more rational, focusing on meal delivery speed and average store prices. With high market saturation and intense homogeneous competition, brand enterprises need to enhance their competitiveness through innovation.

Keywords: Hunan Cuisine Industry; Popular Catering; Homogeneous Competition; Hunan

B.9　2023 Development Report of the Catering Industry in Hainan

Chen Heng / 112

Abstract: In 2023, the catering industry in Hainan will experience a strong recovery, with a significant increase in total revenue from hotel catering and social catering. The Hainan government actively deploys and promotes the accelerated development of the catering industry, optimizes the business environment, expands industry influence, and creates a green brand for catering. Various catering enterprises have rapidly recovered, and the rich cuisine has brought consumers diverse choices. The development of the catering business circle is active. However,

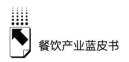
at the same time, there are still problems in Hainan's catering industry, such as the lack of ecological advantages and health features, the lack of international dialogue platforms, and the urgent need to improve industry standardization. It is urgent to vigorously develop ecological catering and health catering, create new international platforms, and actively promote industry standardization. In the future, with the deepening and refinement of consumer market demand, the demand for high-quality international development of the industry will become prominent, and the catering industry will enter a stage of exploring new business formats. Hainan should further grasp market demand, improve the quality of the catering industry with high standards, and vigorously support the development of new business formats.

Keywords: Catering Industry; Business Environment; New Demand of Catering; Hainan

B.10 2023 Development Report of the Catering Industry in Shaanxi

Wang Xiqing, Han Jie and Zhang Yan / 120

Abstract: This report reviews the development overview of Shaanxi's catering industry in 2023 and summarizes the operating conditions of various formats and regions in Shaanxi's catering industry. From the perspective of regional composition, the proportion of catering revenue above designated size in Xi'an has fallen below 40% for the first time; The proportion of catering revenue above designated size in Xianyang City has reached 30%, ranking second in the province, only behind Xi'an City, and showing a significant growth trend in recent years; The revenue of restaurants above designated size in Yan'an City has significantly decreased. The catering industry in Shaanxi will show the following development trends: consumption continues to rebound, and policy support is increasing; Innovation in marketing models, with sinking markets becoming new growth points; Community catering is on the rise, and pre made dishes urgently need to be upgraded; Frequent cross-border cooperation and popularity of local snacks; The trend of front-end diversification and back-end centralization is significant.

Keywords: Catering Industry; Market Risk; Shaanxi

Abstract: In 2023, changes in the market environment will lead to a shift in the catering market and consumption behavior in Macau. From the supply side perspective, the employment of the catering industry in Macau has slightly increased, with an average monthly revenue growth rate of 79.1%. Chinese and Western restaurants have shown significant growth, while Japanese and Korean restaurants are slightly lagging behind. From the demand side, more and more Macau consumers are accustomed to choosing takeout, and the domestic demand in the catering market continues to expand. This report suggests accelerating the digital transformation of the catering industry, improving operational capabilities, actively expanding the catering market in the Guangdong Hong Kong Macao Greater Bay Area, making good use of Macau's "capital of food" golden business card, and enhancing its soft power in the international market.

Keywords: Catering Industry; Consumer Behavior; Guangdong-Hong Kong-Macao Greater Bay Area; Macao

Ⅲ Special Reports

Abstract: High quality development has become an important direction for the development of China's Sichuan cuisine industry. In recent years, the high-quality development of China's Sichuan cuisine industry has achieved positive results, with

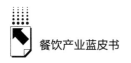

gratifying achievements in talent cultivation, digital development, standardization system construction, brand development, ecological development, cultural inheritance and innovation, and internationalization level improvement. However, there are also problems such as poor talent structure, insufficient digital transformation motivation, and insufficient awareness of ecological and green environmental protection. Looking forward to the future, the "the Belt and Road" initiative, rural revitalization, and digital China have provided new opportunities for the high-quality development of the Sichuan cuisine industry. The Sichuan cuisine industry should learn from the development experience of the food industry at home and abroad, cultivate comprehensive and diversified high-end talents, improve the level of digitalization, build a complete standardized system, enhance the connotation of the world-renowned brand, promote ecological and green development, deepen cultural innovation, and implement the international development strategy of openness and sharing.

Keywords: Sichuan Cuisine Industry; Sichuan Cuisine Culture; High-quality Development

B.13 2023 Development Research Report of Snack Format in China

Research Group of Snack Format / 152

Abstract: This report provides a comprehensive analysis of the development of China's snack industry in 2023 through in-depth research. The overall revenue of the catering industry has reached a new high, and the market is transitioning from quantity expansion to quality improvement. The Chinese snack industry is showing a trend of recovery and growth in 2023, while facing challenges such as intensified market competition and reduced store numbers. Among them, brand chain snack enterprises have demonstrated strong market resilience. In terms of regional distribution, snack shops are mainly concentrated in the eastern region. Consumers are aged 18 to 44, and affordable snacks are the mainstream. The future sinking market, chain operation, prefabricated dishes, central kitchen construction, and policy support will become key factors driving the development of the industry. This report suggests that the government introduce more supportive policies, industry associations promote resource sharing and exchange cooperation, and snack enterprises promote large-scale development and expand their downstream markets.

Keywords: Snack Format; Transformation and Upgrading; Downward Market

Abstract: This report conducts research on ethnic characteristic catering enterprises and deeply analyzes the development trend of Chinese ethnic characteristic catering in 2023. Summarize the key role of ethnic characteristic catering in inheriting Chinese food culture and promoting local economic development in 2023 from multiple aspects such as the current situation of the ethnic characteristic catering market and the operation of enterprises. Looking ahead to the future, ethnic characteristic catering will achieve deeper breakthroughs and innovations by deeply integrating traditional culture with modern consumer demand, enhancing the degree of chain operation, strengthening brand concentration, and utilizing big data and artificial intelligence technology to optimize customer experience.

Keywords: Ethnic Characteristic Catering; Consumer Preference; Brand Concentration

Abstract: The research results indicate that the size of the group meal market

is significantly expanding, with the eastern region being its advantageous area for development. Green production and consumption, improved intelligence levels, and diversified operations may become key trends for its development, and the importance of group meal formats continues to increase. This report proposes the following suggestions: focus on standardized operations and improve service levels; Make "health" an important competitive advantage for group meal products and services; Enhance the level of digital services; Strengthen supply chain management; etc.

Keywords: Group Meal Format; High-quality Development; Digitization; Social Responsibility

B.16 2023 Development Research Report of Fast Food Format

in China   *Research Group of Fast Food Format* / 205

Abstract: This report provides an in-depth analysis of the current development status and future trends of China's fast food industry. In 2023, the fast food industry will gradually recover and market competition will intensify. Leading fast food brands are expanding their scale to promote the process of chain operation. Store upgrading is seen as a key strategy for brands to enhance their core competitiveness. In the future, the development of fast food industry will focus on catering to consumers' pursuit of health and nutrition; Promote digital transformation, optimize services, and improve operational efficiency; Emphasize social responsibility, promote the synchronous improvement of economic, social, and environmental benefits, and achieve comprehensive progress.

Keywords: Fast Food Format; Typical Fast Food Enterprise; Brand Core Competitiveness

Abstract: In 2023, the scale of China's hotpot industry will resume growth, with the proportion of stores in third tier cities surpassing that of new first tier cities, and the trend of business sinking and segmentation is evident. Hot pot consumers pay more attention to hygiene and price while pursuing taste. The penetration of digital technology helps enterprises optimize products and improve services, highlighting the potential for the development of online live streaming and food delivery businesses. The competition in the hotpot industry is fierce, and in the face of homogenization, continuous innovation in dining forms, categories, flavors, and marketing strategies is the key to breaking through the boundaries of hotpot brands. Based on various factors such as consumer demand and technological development, in the future, hotpot enterprises need to pay more attention to health and nutrition upgrades, fully utilize digitalization to improve operational efficiency and customer experience, expand multi category operations, value consumer emotional experience, and take the path of environmental protection and sustainable development.

Keywords: Hot Pot Format; Typical Enterprise Cases; Segmented Market

Abstract: As an important subdivision of the catering industry, group dining has experienced rapid development since the reform and opening up, maintaining steady growth in recent years. However, the group dining supply market is facing problems such as uneven enterprise scale and capabilities, and lack of orderly management, which are becoming the main obstacles to the development of group

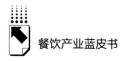
dining. In this context, this report also analyzed the comprehensive index of social responsibility of the group dining industry, which helps to better clarify the current problems of the group dining industry, and proposes some suggestions to promote the sustainable development of the group dining industry in the future, including enhancing the governance capacity of group dining enterprises and implementing a series of powcrful measures for employees, customers, and society.

Keywords: Group Meal Format; Comprehensive Social Responsibility Index; Sustainable Development

B. 19 Research of Development of Catering Industry in America

Industry Research Department of the World Federation

of Chinese Catering Industry / 247

Abstract: In recent years, the overall catering industry in the United States has maintained rapid growth. In 2023, the catering revenue in the United States will exceed one trillion US dollars, but the development of each state is uneven, with California, Texas, Florida, New York, and Illinois ranking among the top five in terms of catering revenue and having a relatively large scale. The catering industry, as a labor-intensive sector, plays an important role in the US job market and is also one of the industries with the highest number of employees, with half of the employed being ethnic minorities. In the future, the US catering industry will maintain growth, and market competition will become more intense. The government will formulate more policies and regulations to enhance the brand management awareness and risk management capabilities of catering operators.

Keywords: Catering Industry in America; Economic Contribution Rate; Main Players of Catering Market

社会科学文献出版社

皮 书

智库成果出版与传播平台

✦ 皮书定义 ✦

皮书是对中国与世界发展状况和热点问题进行年度监测，以专业的角度、专家的视野和实证研究方法，针对某一领域或区域现状与发展态势展开分析和预测，具备前沿性、原创性、实证性、连续性、时效性等特点的公开出版物，由一系列权威研究报告组成。

✦ 皮书作者 ✦

皮书系列报告作者以国内外一流研究机构、知名高校等重点智库的研究人员为主，多为相关领域一流专家学者，他们的观点代表了当下学界对中国与世界的现实和未来最高水平的解读与分析。

✦ 皮书荣誉 ✦

皮书作为中国社会科学院基础理论研究与应用对策研究融合发展的代表性成果，不仅是哲学社会科学工作者服务中国特色社会主义现代化建设的重要成果，更是助力中国特色新型智库建设、构建中国特色哲学社会科学"三大体系"的重要平台。皮书系列先后被列入"十二五""十三五""十四五"时期国家重点出版物出版专项规划项目；自2013年起，重点皮书被列入中国社会科学院国家哲学社会科学创新工程项目。

皮书网

（网址：www.pishu.cn）

发布皮书研创资讯，传播皮书精彩内容
引领皮书出版潮流，打造皮书服务平台

栏目设置

◆**关于皮书**

何谓皮书、皮书分类、皮书大事记、
皮书荣誉、皮书出版第一人、皮书编辑部

◆**最新资讯**

通知公告、新闻动态、媒体聚焦、
网站专题、视频直播、下载专区

◆**皮书研创**

皮书规范、皮书出版、
皮书研究、研创团队

◆**皮书评奖评价**

指标体系、皮书评价、皮书评奖

所获荣誉

◆2008年、2011年、2014年，皮书网均
在全国新闻出版业网站荣誉评选中获得
"最具商业价值网站"称号；

◆2012年，获得"出版业网站百强"称号。

网库合一

2014年，皮书网与皮书数据库端口合
一，实现资源共享，搭建智库成果融合创
新平台。

皮书网

"皮书说"
微信公众号

权威报告·连续出版·独家资源

皮书数据库
ANNUAL REPORT(YEARBOOK)
DATABASE

分析解读当下中国发展变迁的高端智库平台

所获荣誉

- 2022年，入选技术赋能"新闻+"推荐案例
- 2020年，入选全国新闻出版深度融合发展创新案例
- 2019年，入选国家新闻出版署数字出版精品遴选推荐计划
- 2016年，入选"十三五"国家重点电子出版物出版规划骨干工程
- 2013年，荣获"中国出版政府奖·网络出版物奖"提名奖

皮书数据库

"社科数托邦"
微信公众号

成为用户

登录网址www.pishu.com.cn访问皮书数据库网站或下载皮书数据库APP，通过手机号码验证或邮箱验证即可成为皮书数据库用户。

用户福利

- 已注册用户购书后可免费获赠100元皮书数据库充值卡。刮开充值卡涂层获取充值密码，登录并进入"会员中心"—"在线充值"—"充值卡充值"，充值成功即可购买和查看数据库内容。
- 用户福利最终解释权归社会科学文献出版社所有。

数据库服务热线：010-59367265
数据库服务QQ：2475522410
数据库服务邮箱：database@ssap.cn
图书销售热线：010-59367070/7028
图书服务QQ：1265056568
图书服务邮箱：duzhe@ssap.cn

社会科学文献出版社 皮书系列
SOCIAL SCIENCES ACADEMIC PRESS (CHINA)
卡号：985333387526
密码：

基本子库
SUB DATABASE

中国社会发展数据库（下设 12 个专题子库）

紧扣人口、政治、外交、法律、教育、医疗卫生、资源环境等 12 个社会发展领域的前沿和热点，全面整合专业著作、智库报告、学术资讯、调研数据等类型资源，帮助用户追踪中国社会发展动态、研究社会发展战略与政策、了解社会热点问题、分析社会发展趋势。

中国经济发展数据库（下设 12 专题子库）

内容涵盖宏观经济、产业经济、工业经济、农业经济、财政金融、房地产经济、城市经济、商业贸易等 12 个重点经济领域，为把握经济运行态势、洞察经济发展规律、研判经济发展趋势、进行经济调控决策提供参考和依据。

中国行业发展数据库（下设 17 个专题子库）

以中国国民经济行业分类为依据，覆盖金融业、旅游业、交通运输业、能源矿产业、制造业等 100 多个行业，跟踪分析国民经济相关行业市场运行状况和政策导向，汇集行业发展前沿资讯，为投资、从业及各种经济决策提供理论支撑和实践指导。

中国区域发展数据库（下设 4 个专题子库）

对中国特定区域内的经济、社会、文化等领域现状与发展情况进行深度分析和预测，涉及省级行政区、城市群、城市、农村等不同维度，研究层级至县及县以下行政区，为学者研究地方经济社会宏观态势、经验模式、发展案例提供支撑，为地方政府决策提供参考。

中国文化传媒数据库（下设 18 个专题子库）

内容覆盖文化产业、新闻传播、电影娱乐、文学艺术、群众文化、图书情报等 18 个重点研究领域，聚焦文化传媒领域发展前沿、热点话题、行业实践，服务用户的教学科研、文化投资、企业规划等需要。

世界经济与国际关系数据库（下设 6 个专题子库）

整合世界经济、国际政治、世界文化与科技、全球性问题、国际组织与国际法、区域研究 6 大领域研究成果，对世界经济形势、国际形势进行连续性深度分析，对年度热点问题进行专题解读，为研判全球发展趋势提供事实和数据支持。

法律声明

"皮书系列"(含蓝皮书、绿皮书、黄皮书)之品牌由社会科学文献出版社最早使用并持续至今,现已被中国图书行业所熟知。"皮书系列"的相关商标已在国家商标管理部门商标局注册,包括但不限于LOGO(　)、皮书、Pishu、经济蓝皮书、社会蓝皮书等。"皮书系列"图书的注册商标专用权及封面设计、版式设计的著作权均为社会科学文献出版社所有。未经社会科学文献出版社书面授权许可,任何使用与"皮书系列"图书注册商标、封面设计、版式设计相同或者近似的文字、图形或其组合的行为均系侵权行为。

经作者授权,本书的专有出版权及信息网络传播权等为社会科学文献出版社享有。未经社会科学文献出版社书面授权许可,任何就本书内容的复制、发行或以数字形式进行网络传播的行为均系侵权行为。

社会科学文献出版社将通过法律途径追究上述侵权行为的法律责任,维护自身合法权益。

欢迎社会各界人士对侵犯社会科学文献出版社上述权利的侵权行为进行举报。电话:010-59367121,电子邮箱:fawubu@ssap.cn。

社会科学文献出版社